重庆市 2020 年度博士后出站留（来）渝资助项目；重庆师范大学博士启动基金、人才引进项目"中国农业社会化服务模式研究"（20XLB026）

中国农业社会化服务模式研究

穆娜娜　著

中国农业出版社

北　京

图书在版编目（CIP）数据

中国农业社会化服务模式研究 / 穆娜娜著. —北京：
中国农业出版社，2023.5
ISBN 978-7-109-30667-7

Ⅰ.①中… Ⅱ.①穆… Ⅲ.①农业社会化服务体系-
研究-中国 Ⅳ.①F326.6

中国国家版本馆 CIP 数据核字（2023）第 074854 号

中国农业社会化服务模式研究
ZHONGGUO NONGYE SHEHUIHUA FUWU MOSHI YANJIU

中国农业出版社出版

地址：北京市朝阳区麦子店街 18 号楼
邮编：100125
责任编辑：贾　彬　　文字编辑：王玉水
版式设计：杨　婧　　责任校对：张雯婷
印刷：北京中兴印刷有限公司
版次：2023 年 5 月第 1 版
印次：2023 年 5 月北京第 1 次印刷
发行：新华书店北京发行所
开本：700mm×1000mm　1/16
印张：12.5
字数：231 千字
定价：68.00 元

目　　录

第一章 导　　论

第一节　研究背景与研究问题

一、研究背景

（一）中国农业现代化的辉煌成就

中国农业现代化建设在"十三五"时期取得了诸多辉煌成就。根据2021 年农业农村部发布的《农业现代化辉煌五年——"十三五"农业现代化发展报告》，中国农业现代化整体处于转型跨越初期阶段，东部沿海发达地区、大城市郊区、国有垦区和国家现代农业示范区等已基本实现农业现代化。中国的农业现代化正面临重要的发展机遇：首先，农业综合生产能力不断提升。2015—2021 年全国粮食总产量连续 7 年稳定在 65 000 万吨以上（图 1-1），人均占有量稳定在 470 千克以上，远高于国际公认的人均 400 千克安全线。此外与 2015 年相比，2019 年中国的蔬菜、水果、禽蛋、水产品产量分别增长 8.5%、11.7%、8.6%、4.3%，果、菜、茶、肉、蛋、鱼等产量稳居世界第一。这些都极大地保障了中国粮食安全和重要农产品供给。其次，农业生产的科技装备水平不断提高。2020 年中国的农业科技进步贡献率已经达到 60%，2019 年全国农作物耕种收综合机械化率达 70%。"十三五"期末全国农业机械总动力稳定在 10 000 亿瓦以上（图 1-2）。这为提升农业生产效率提供了强大科技支撑。再次，新型农业经营主体不断发展壮大。到 2020 年全国县级以上产业化龙头企业约 9 万家，依法登记的农民合作社达到 221.8 万家，家庭农场名录系统填报数量超过 100 万家。这为解决"谁来种地、怎么种地"的问题提供了重要保障。最后，农业绿色发展稳步推进。如 2019 年中国耕地质量平均等级较 2014 年提升了 0.35 个等级；2020 年水稻、小麦、玉米三大粮食作物的农药、化肥利用率分别比 2015 年提高 4 个百分点、5 个百分点。绿色发展已成为现代农业建设的题中应有之义[①]。

[①]　除特别说明，本部分的数据来源于《中国农村统计年鉴 2021》及农业农村部"十三五"农业现代化发展报告（http://www.moa.gov.cn/xw/zxfb/202105/t20210510_6367489.htm）。

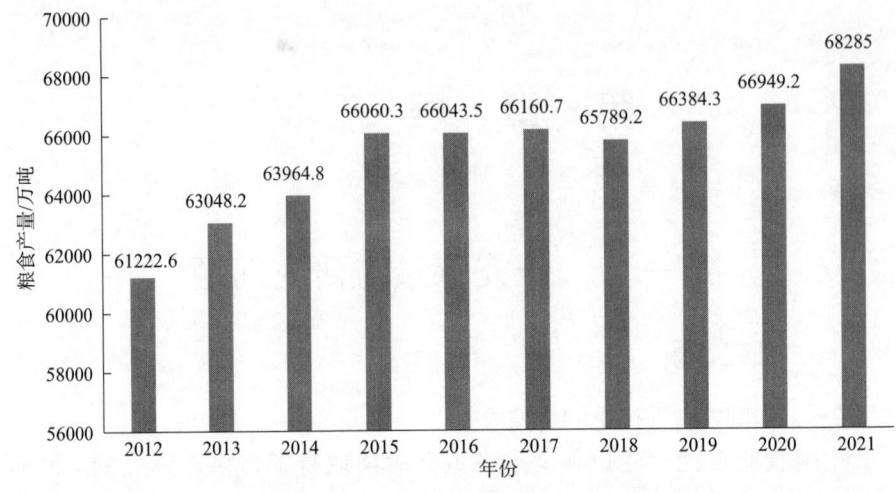

图 1-1 2012—2021 年中国粮食产量

资料来源：2012—2020 年数据来自《中国统计年鉴 2021》，2021 年数据来自《中华人民共和国 2021 年国民经济和社会发展统计公报》

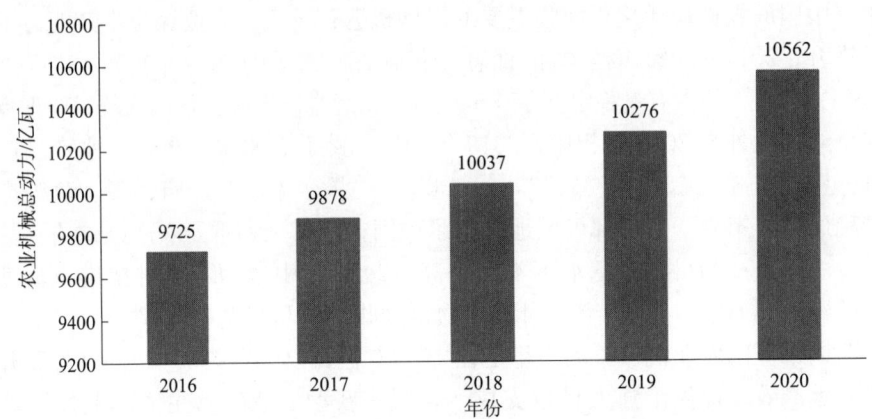

图 1-2 "十三五"时期中国农业机械总动力变化

资料来源：《中国统计年鉴 2021》

（二）中国农业现代化的现实困境

与发达国家相比，目前中国的农业现代化水平仍然偏低。这其中最突出的便是农业生产成本不断攀升。以稻谷、小麦和玉米三大主粮为例，2019 年中国的稻谷、小麦和玉米亩①均生产总成本分别比 2014 年上升了 5.54%、6.61% 和 -0.77%（玉米的生产总成本有小幅下降），其中，物质与服务费

---

① 亩为非法定计量单位，1 亩=1/15 公顷，下同。——编者注

用分别上升了 12.06%、12.18%和 6.96%；每 50 千克主产品平均出售价格分别下降 9.53%、6.92%和 19.87%；在生产成本上升和销售价格下降的双向挤压下，中国三大主粮亩均净利润分别下降 90.02%、82.83%和 254.94%①。而 2019 年美国的稻谷、小麦和玉米亩均生产总成本分别比中国低 148 元、671 元和 296 元；以 50 千克主产品来计，美国的稻谷、小麦和玉米的出售价格也比中国分别低 33 元、55 元和 40 元②。可见，中国农产品还不具备较强的国际竞争力，农业增收难度较大。

制约中国农业现代化进程的重要因素是小农户家庭经营的基本面。第三次全国农业普查的统计数据显示，中国小农户数量占到了农业经营主体的 98%以上，小农户从业人员占农业从业人员总数的 90%，小农户经营耕地面积占全国耕地总面积的 70%。冀名峰（2018）指出，新时代中国农业现代化有 2 个大局：一个大局是以小农户为主体的基本经营方式；另一个大局是以粮棉油糖为主体的农业生产。20 世纪 30 年代，英国经济学家托尼（2014）在中国农村进行调研时就指出，中国农户的小规模经营这一事实，是中国农业整体规划需要注意的根本问题。20 世纪 80 年代，中国通过实施家庭联产承包责任制提高了农业产出（林毅夫，1998），但也加剧了中国农业小规模、细碎化经营的局面（Tan et al.，2006；许庆 等，2007）。虽然土地流转在中国得到了迅速发展，但按照农村土地流转面积年均增长 3%～4%的速度估算，到 2050 年中国仍将有 1 亿户左右的农户经营耕地总面积一半左右的耕地（屈冬玉，2017）。总之，当前中国农业经济的真正主体和关键在小农户，不在想象中的规模化经营（黄宗智，2021）。

尽管小农户在保障中国的粮食安全、重要农产品供给中发挥着"压舱石"的作用，但小农户经营中存在的诸多不足已成为中国农业现代化的主要障碍。随着市场经济的发展，小农户已不再处于自给自足的生产经营状态。农民进入充满不确定性的市场，他们生产的农产品可能由于变化无常的市场行情而丧失市场价值（潘璐，2021）。仅仅依靠自身的资源条件，普通小农户很难融入社会化大生产和现代农业发展框架，更缺乏参与市场竞争的能力。如常明杰（2020）所述，小农户无法真正做到以市场为导向进行生产和供给，这是因为小农户进行生产和销售的组织成本较高，影响了农业生产效益；同时，这也使得小农户在农产品深加工、增加农产品附加值以及农业产

---

① 国家发展和改革委员会价格司，2021. 全国农产品成本收益资料汇编 2020 [M]．北京：中国统计出版社：6-26.

② 国家发展和改革委员会价格司，2021. 全国农产品成本收益资料汇编 2020 [M]．北京：中国统计出版社：609.

业化经营上很难迈出实质性的步伐。潘璐（2021）也指出，小农户经营面临来自生产和销售 2 个环节的效率约束。张文宣（2020）还详细分析了小农户生产现代化面临的挑战：①在激烈的市场竞争中，大多数小农户往往处于资源、产品和要素价格被动接受者的弱势地位；②小农户面临"丰产不丰收"的尴尬境地；③小农户面临自然、市场、技术和社会等领域农业风险防范的困境。

二、研究问题

面对小农户家庭经营的基本面与现实困境，中国应如何实现农业现代化呢？黄宗智（2021）认为，东亚农协模式堪称高人口密度小农经济成功现代化的典范。所谓东亚农协模式，是指由国家确定合作社的民主自治原则，由农民作为主体通过由他们主宰的公益性合作社来追求其自身的利益，国家保证农民成为掌控信用社、供销合作社、农机推广服务站等机构资源和功能的实体，在此基础上，再建立金融服务体系，让国家机构为合作社和小农户提供低息贷款，甚至保险、理财等服务的农民组织模式。新中国成立后到改革开放前，中国政府也曾尝试通过成立互助社、人民公社等合作组织来实现农业现代化，但由于脱离了当时的农业生产力发展水平而以失败告终；尽管如此，中国政府在这一时期仍建立了从农业的种子、植保、农机到林业、水利、畜牧兽医等较齐全的服务组织（王西玉 等，1996）。

党的十八大以来，中央坚持把解决好三农问题作为全党工作重中之重，为巩固家庭承包经营的基础地位、促进农民增收和农业现代化营造了良好的制度和政策环境。2015 年中共中央办公厅、国务院办公厅印发《深化农村改革综合性实施方案》，强调"家庭经营在相当时期内仍是农业生产的基本力量，要通过周到便利的社会化服务，把农户经营引入现代农业发展轨道"；2017 年党的十九大报告则明确提出要通过"健全农业社会化服务体系，实现小农户和现代农业发展有机衔接"，中国政府由此确立了农业社会化服务在将小农户引入现代农业发展轨道中的重要地位与作用。2018 年习近平总书记在十九届中央政治局第八次集体学习时进一步指出，"'人均一亩三分地、户均不过十亩田'，是我国许多地方农业的真实写照。这样的资源禀赋决定了我们不可能各地都像欧美那样搞大规模农业、大机械作业，多数地区要通过健全农业社会化服务体系，实现小规模农户和现代农业发展有机衔接"，再次强调了农业社会化服务在促进小农户实现农业现代化中的现实意义。2020 年《中共中央 国务院关于抓好"三农"领域重点工作 确保如期实现全面小康的意见》，继续强调"鼓励发展多种形式适度规模经营，健全面向小农户的农业社会化服务体系"；2021 年《中共中央 国务院关于全

面推进乡村振兴 加快农业农村现代化的意见》则更加明确地指出，要"发展壮大农业专业化社会化服务组织，将先进适用的品种、投入品、技术、装备导入小农户"。从政策视角来看，发展农业社会化服务显然是缓解中国人多地少的资源禀赋约束、促进农业现代化的重要举措。

中国学术界对发展农业社会化服务的必要性与现实意义也进行了一系列探讨。如孔祥智等（2012）分析认为，中国致力于建立新型农业社会化服务体系，主要是因为家庭经营规模较小，农业劳动力呈现低质化、老龄化、妇女化的特点，新型农业经营主体不断涌现，对公共产品性质的农业社会化服务有较大需求。因为绝大多数农业经营主体都不可能亲自完成从耕、种、收到储、运、销等贯穿农业生产全过程的所有环节，所以从现实中来看，不仅小规模的专业农户需要农业社会化服务，规模较大的家庭农场和农民专业合作社也需要农业社会化服务（孔祥智，2016）。冀名峰（2018）则指出，农业生产性服务业能够同时解决中国农业现代化两方面的矛盾，既能解决机械对人力畜力的替代问题，又能解决对接大市场、融合社会化大生产的问题。农业社会化服务参与程度越高，对农户技术效率促进作用越显著（张永强等，2021）。罗必良等（2019）进一步分析指出，由农业生产性服务外包所诱导的农业服务规模经营，不仅能够成为土地规模经营的重要替代策略，而且能够将小农户、多地块的分散经营纳入分工经济，由此有效化解农地撂荒的困境。正视以家庭经营为基础的农业生产过程中的问题，改善小农生产条件（贺雪峰，2017），是当前农业社会化服务的主要目标（韩庆龄，2019），实现小农户和现代农业发展有机衔接迫切需要大力发展农业社会化服务（阮文彪，2019）。并且用扩大现代农业技术的服务规模弥补耕地经营规模的不足，还是农业经营体系创新方面的一种独特要求（陈锡文，2017）。

但面向小农户的农业生产性服务业往往存在较高的交易成本（姜长云，2018）。所以将中国小农户引入现代农业发展轨道最有效的方式是发展具有整合功能的服务组织载体（郭庆海，2018），即要在小农户基础上实现农业现代化，一是把农民组织起来，二是建立健全完善的农业社会化服务体系（孔祥智 等，2018a）。正如黄宗智（2015）所述，中国"人多地少"的现状决定了由"小农场＋合作社"提供"纵向一体化"服务的"小而精"的东亚模式才是中国农业的出路。目前，中国各地所开展的不同形式的服务规模经营，如山东省的"土地托管"、四川省崇州市的"农业共营制"、江苏省射阳县的"联耕联种"、湖北省的"代耕代种"等，其中最关键的部分都是农业社会化服务（冀名峰 等，2020）。这些不同类型的农业社会化服务模式，在降低生产成本、提高产出和农技装备水平、增加农民收入等方面均取得了显著的成效（程国强 等，2015；桂华 等，2017；刘守英 等，2019）。不同类型的农业社会化服务模式之间究竟有何共性与差异，使其能够适应各地不同的农业生产力发展水平和资源禀赋特征，带动小农户融入现代农业发展框架，进而实现增产增收的呢？面对日益激烈的农产品国际竞争环境和日趋紧张的资源条件，中国的农业社会化服务模式未来又将如何助力小农户持续增收和农业现代化不断发展？这些将是本书重点讨论和研究的问题。

第二节　研究界定与研究意义

一、研究界定

(一) 农业社会化服务的内涵及其具体内容

本质上来看，农业社会化服务（agricultural socialized service）就是农业生产经营各环节活动或操作的外包。而与社会化服务相对的是"自服务"，即由农业生产经营主体自行组织实施生产经营活动。与国外学术界惯用的农业服务（agricultural service）的概念相比（Carney，1995；Ragasa，2014；Wairimu et al.，2016），中国的政策界和学术界更加强调社会化的农业服务。究其原因，本书认为，自新中国成立到改革开放前，在计划经济的影响下，中国这一时期的服务组织作为"体制内循环"服务的一部分，不仅被国家所完全控制，还负有协助国家完成工业资本积累的使命，如供销合作社服务组织（杨汇泉 等，2010）；20 世纪 80 年代，随着家庭联产承包责任制的实施，1983 年中央 1 号文件首次提出"社会化服务"的概念，应该是为了突出强调农业服务的社会化、市场化属性，以区别于计划经济体制下的农业服务体系。其实这在一定程度上决定了涉农服务公司、合作社[1]等市场主体在农业社会化服务中的重要与主导地位。

关于农业社会化服务的具体内容，结合已有研究（孔祥智 等，2009；庄丽娟 等，2011）及《农业部　发展改革委　财政部关于加快发展农业生产性服务业的指导意见》（农经发〔2017〕6 号）中的表述，可以按照农业生产过程将农业社会化服务分为产前、产中和产后服务[2]。如图 1-3 所示，产前服务一般包括农资（种子、化肥、农药、薄膜等）供应和育种等；产中服务涉及技术培训与指导、田间管理、灌溉、施肥、耕种防收等农机作业及维修等；产后服务包括农产品初加工（烘干、清选分级、包装等）、精深加工，以及农产品的仓储、运输和营销等；金融、保险、市场信息和法律咨

---

[1]　根据 2021 年 4 月 14 日国务院第一百三十一次常务会议通过的《中华人民共和国市场主体登记管理条例》，农民专业合作社（联合社）及其分支机构，也属于市场主体的范畴。

[2]　本书所研究的农业为狭义上的农业——种植业。

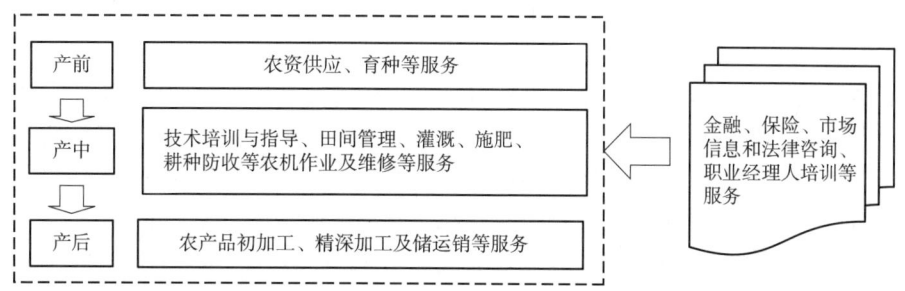

图1-3　农业生产过程中不同环节的社会化服务内容

询、职业经理人培训等农业社会化服务则贯穿农业生产全过程。芦千文（2019）指出，近来存在以农机作业服务的业务特征代表农业生产性服务业发展规律的研究倾向……，如果仅以农机作业服务为研究对象，极容易对农业生产性服务业发展规律形成错误认知。因此本书的研究基本涉及了涵盖农业生产过程所有环节的服务。另外值得注意的是，农业生产经营过程还涉及诸多决策权，如种植计划决策权、农资品种决策权及外包环节数量决策权等。农户对决策权"放权"程度的不同，现实中会对应不同的农业社会化服务模式。当农户将所有决策权给予服务主体时，服务外包实际就"异化"为了土地流转。关于这一点，我们将在本书后续章节中进行更加详细的介绍。

（二）农业社会化服务与农业生产性服务的概念辨析

由前文可知，除农业社会化服务外，相关政策文件（《农业部　发展改革委　财政部关于加快发展农业生产性服务业的指导意见》）和部分文献研究（姜长云，2018；冀名峰，2018；罗必良 等，2019；芦千文，2019）中还出现了农业生产性服务的概念。为了加深对农业社会化服务的内涵及其具体内容的理解，同时避免在文献引用中产生误解，这里需要将农业社会化服务与农业生产性服务的概念进行简单的辨析。

实际上，农业生产性服务与农业社会化服务的内涵基本一样，区别在于所强调的重点不同。农业生产性服务为一种新型生产要素（王玉斌 等，2019a），主要指直接替农民或帮农民种地的那部分农业社会化服务（冀名峰，2018）。相比农业社会化服务，农业生产性服务的内容更为具体、目标性更强，其针对的是与农业生产过程直接相关的那部分社会化服务。农业生产性服务业则是市场化、外部化的农业生产性服务提供者的集合体，诸如农机服务业、植保服务业、农业科技服务业、农产品运销服务业、农业供应链管理服务业等（姜长云 等，2015）。农业生产性服务业与农业社会化服务体系在方向和内容上大致相同（姜长云，2018）。姜长云（2016）曾提出，应该明确提出发展农业生产性服务业的政策基调，代替"加强农业社会化服务体系建设"的传统提法。本书将统一使用农业社会化服务的概念。原因有三：①就涉及的范围和包含的内容来讲，农业社会化服务比农业生产性服务更为广泛；②农业社会化服务更契合当前中国政府在农业农村领域的战略方针与政策，农业弱质性较强且存在一定的公益性特征，不太可能完全通过市场机制来获得各项服务，政府不仅需要在农业社会化服务发展中发挥重要的引导作用，也需要承担起部分公益性农业社会化服务的供给功能；③现有的绝大多数文献中都倾向使用农业社会化服务的概念，相比农业生产性服务，农业社会化服务在学术界的认可度更高一些。

二、研究意义

（一）理论意义

国内外学术界对农业社会化服务的本质、经济效益、影响因素及其实践模式都进行了大量的理论研究和实证分析，并取得了丰富的学术成果，从而为本书研究的开展奠定了坚实的理论基础。与已有研究相比，本书通过充分运用劳动分工和交易成本理论，对中国现有的农业社会化服务模式进行剖析，主要有 2 个方面的理论意义：①有助于进一步深化对农业社会化服务本质的理解。农业社会化服务的分工本质已经得到了学术界的认可。本书通过将农业生产过程中的各个环节进一步划分为决策和操作 2 个阶段，并对农户参与农业社会化服务的行为进行理论分析，在拓展劳动分工理论内涵的基础上，深化了服务外包的理论内涵。②有助于拓展交易成本的理论内涵和应用范畴。一方面，学术界在运用交易成本理论进行一些问题的研究时，一般指的是市场交易成本。本书则综合运用市场交易成本和组织内部交易成本的概念来对各式各样的农业社会化服务模式展开分析。另一方面，本书基于交易成本的理论框架，从农业社会化服务主体自身的组织结构、农业社会化服务供需双方的垂直协作模式、农业社会化服务过程中的"统分结合"结构等3 个维度分析中国农业社会化服务模式的选择逻辑，不仅拓展了交易成本的应用范畴，也实现了中国农业实践与西方经济学理论的融合，从而促进了中国农业社会化服务模式实践的理论化。

（二）现实意义

发展农业社会化服务的必要性及现实意义在于，缓解中国农业现代化面临的现实约束，促进小农户与现代农业发展实现有机衔接。与已有研究相比，本书对中国农业社会化服务模式的分析，主要有 3 个方面的实践意义：①有助于全面总结农业社会化服务的经济效益，从而帮助政府有关部门更好地引导小农户接受农业社会化服务。本书将充分说明农业社会化服务对于提高土地生产率、促进小农户增收的作用效果与机制，有助于鼓励更多的农业生产经营主体，尤其是小农户进行服务外包，由此实现与现代农业发展的有机衔接。②有助于为实践中各类农业社会化服务主体选择恰当的组织结构、因地制宜地与服务需求方采取最优的垂直协作模式，以及为选择服务的内容与方式提供实际的参考。③有助于为政府部门制定相关的惠农强农政策提供借鉴与思考。本书将详细分析中国农业社会化服务不同的实践模式，总结得出不同服务模式选择的内在逻辑。在该过程中将充分展示政府参公事业单位，以及村"两委"（指村党支部委员会和村民委员会，下同）、村集体经济组织等村社组织在建立健全农业社会化服务体系中的积极作用，进而为政府在制定完善农业社会化服务政策支持体系、促进小农户与现代农业发展有机衔接中进行角色和功能定位提供参考。

第三节 研究目标与研究内容

一、研究目标

从整体上来看，本书的总研究目标在于，通过对中国现有农业社会化服务不同模式的比较分析，为进一步建立健全中国的农业社会化服务体系、促进小农户与现代农业发展的有机衔接提供政策建议与理论思考。总目标之下，主要包含如下 4 个子目标：

（1）基于组织结构的视角，对当前中国农业社会化服务的不同模式进行总结归纳，并据此分析出公司主导型社会化服务模式的运营逻辑。

（2）基于农业社会化服务供需双方垂直协作模式的视角，分析出服务供需双方之间不同的垂直协作紧密程度与农业社会化服务模式选择及土地生产率提高之间的关系。

（3）基于农业社会化服务过程中对农地经营的"统分结合"结构的重塑，分析得出农业社会化服务助推中国农业经营体制机制创新的逻辑，并据此总结出农业社会化服务促进小农户增收的路径及其效果。

（4）基于对现实中农业社会化服务主体服务功能演变逻辑的观察分析，讨论中国农业社会化服务模式的发展方向，并最终为促进中国农业现代化的进程提供政策建议。

二、研究内容

为实现上述研究目标，本书将聚焦以下 5 个方面的研究内容：

（1）中国农业社会化服务的发展现状。主要为本书第三章的内容。具体包括 2 个方面的研究内容：①通过对陕西、山东、安徽、吉林与河北等 5 省

15 个县（区、市）农业经营主体问卷调查样本数据的描述性统计分析，总结出中国农业社会化服务的基本供需现状并分析其存在的问题；②通过对中国各地共计 24 个农业社会化服务典型案例的分析，总结出中国农业社会化服务模式的实践经验与存在的问题。

（2）农业社会化服务主体的组织结构。主要为本书第四章的内容。具体包括 2 个方面的研究内容：①以第一批全国农业社会化服务典型案例作为研究对象，基于组织结构的视角，将当前中国优秀的农业社会化服务典型案例分成层级型（职能型、事业部型）、平台型和网络型（普通网络型、网络"生态圈"）等三大类 5 种农业社会化服务模式；②以公司主导型社会化服务模式——"绿能模式"为例，分析联邦分权制原则与平台化优势在农业社会化服务公司组织结构创新中的应用。

（3）农业社会化服务供需双方的垂直协作模式。主要为本书第五章的内容。具体包括 3 个方面的研究内容：①以克山县仁发现代农业农机专业合作社（以下简称"仁发合作社"）为例，通过对该合作社自身的发展进行纵向对比分析，探究当农业社会化服务供需双方采取不同紧密程度的垂直协作模式时土地亩均利润的变化，并在此基础上运用交易成本的相关理论解释说明农业社会化服务供需双方垂直协作紧密程度的提高对土地生产率的作用机制；②以荥阳市新田地种植专业合作社（以下简称"新田地合作社"）作为案例研究的实验组，通过与对照组案例即仁发合作社的对比，论证组织内部交易成本对农业社会化服务供需双方一体化的影响，并从交易成本视角解释新田地合作社中服务供需双方选择当前垂直协作模式的经济合理性；③以在山东省供销合作社改革背景下实现发展的滕州市舜耕粮蔬专业合作社（以下简称"舜耕合作社"）为例，通过对其服务供需双方所采取的垂直协作模式的解释分析，深入探究供销系统在降低农业社会化服务市场交易成本和农业社会化服务供需双方一体化的组织内部交易成本等方面的优势，同时对村社组织在农业社会化服务中可能发挥的作用进行介绍和说明。

（4）农业社会化服务中的"统分结合"结构。主要为本书第六章的内容。本章以第一批全国农业社会化服务典型案例作为研究对象，从服务内容和服务方式 2 个维度，通过剖析不同农业社会化服务模式中的"统分结合"结构，一方面说明"统分结合"是实践中很多农业社会化服务模式服务供给过程的典型特征，分析农业社会化服务过程中对农地经营的"统分结合"结构的重塑逻辑；另一方面详细说明在"统分结合"的服务结构下，农业社会化服务促进小农户增收的具体逻辑。

（5）中国农业社会化服务模式的未来。主要为本书第七章的内容。本章以仁发合作社为例，通过剖析该合作社的农业社会化服务功能的演变逻辑，讨论中国农业社会化服务未来的发展或运营模式。

三、技术路线

聚焦种植业的农业社会化服务，本书将从不同维度对中国现有发展较为良好的农业社会化服务模式展开理论分析与探讨。具体来看，本书的研究思路如下（图1-4）：

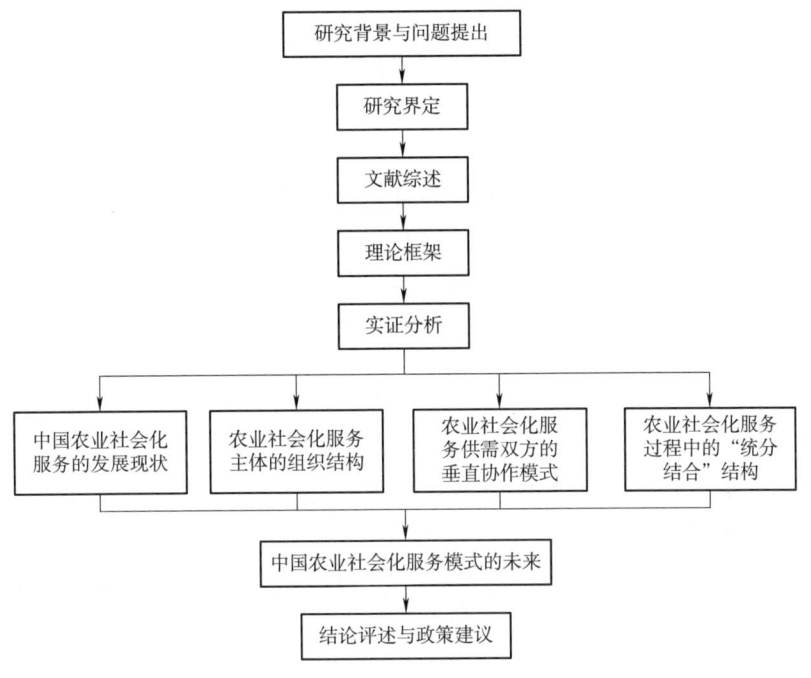

图1-4 技术路线示意

首先是在提出本书研究背景和研究问题的基础上，对农业社会化服务等相关概念进行界定并明确开展本书研究的意义、提出本书研究的具体目标和具体内容；其次是在梳理分析有关学术文献基础上，形成本书的整体理论框架；再次是本书的实证分析部分，也是本书的核心研究内容，该部分共涉及5章的内容——第三章中国农业社会化服务的发展现状、第四章农业社会化服务主体的组织结构、第五章农业社会化服务供需双方的垂直协作模式、第六章农业社会化服务中的"统分结合"结构、第七章中国农业社会化服务模式的未来；最后是本书研究的结论评述与政策建议。

第四节　研究方法与数据来源

一、研究方法

首先是文献研究法。文献研究法是指通过对文献的研究来形成对客观事实全面认识的一种方法，包括搜集、鉴别、整理文献及综述文献等几个环节。针对本书的研究目标，笔者收集、整理并认真研读了大量与劳动分工理论、交易成本理论、农业社会化服务等有关的学术论文与论著，最终在文献综述基础上形成了本书研究的理论分析框架。

其次是描述性统计分析法。描述性统计分析法是一种简单地认识事物概况和事物之间关系的统计方法。通过描述性统计分析法，本书分析了当前中国各类农业经营主体对不同类型农业社会化服务的需求意愿和接受现状及其所接受服务的供给来源，并对其中存在的问题进行了总结分析。

最后是案例研究法。案例研究法最适合用于研究诸如"怎么样"和"为什么"等类型的问题，研究对象为目前正在发生的事件，并且研究者对当前正在发生的事件不能控制，或者极少能够控制（殷，2004）。案例研究法是本书研究的核心研究方法。事物发生的原因总是很复杂的，借助数学计量工具可以抽丝剥茧提炼出主要的因素和变量，但也使事物失去了其本身的个性特点和生动性，案例研究法在抓住主要矛盾的同时便于从更加广阔的视角对研究对象进行全方位分析。

Pettigrew（1990）、殷（2004）都曾一再强调案例研究要选取典型和极端的情形才更为合适。选择中国各地具有典型性和代表性的农业社会化服务模式作为研究对象，可以达到如下研究目标：①总结当前中国农业社会化服务模式的实践经验和存在的问题；②分析不同农业社会化服务主体的组织结构；③分析中国农业社会化服务供需双方的垂直协作模式；④分析不同农业社会化服务模式在服务供给中的"统分结合"结构；⑤分析农业社会化服务模式的演变逻辑。

二、数据来源

在对案例资料进行收集的过程中，本书通过借鉴证据三角形法（殷，2004），综合采用了半结构访谈法、实地调查法和文献资料分析法（图1-5）。其中，半结构访谈法是一种比较灵活的资料收集方式，通过与访谈对象开展自由而有目的的聊天，能够获得比较翔实的第一手资料，且在访谈过程中，双方可以进行互动以激发思维，有利于产生新的思想；实地调查法主要是指现场观察法和询问法，通过对研究对象的现场考察和直接询问，可以对其经营状况等有更加直观的感受；文献资料分析法是指通过查阅历史资料、相关报道和学术论文等文献，挖掘出在半结构访谈和实地调查中没有获取的信息，是进一步了解研究对象和收集相关资料的重要来源与补充。

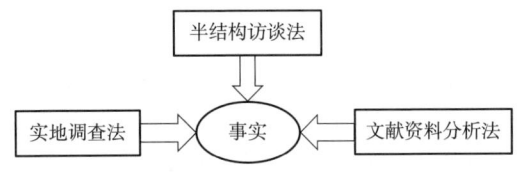

图 1-5　农业社会化服务案例资料收集方法

具体来看，本书所用数据主要有以下 3 个组成部分：

（1）中国人民大学农业与农村发展学院课题组于 2015 年的 7—8 月和 2016 年的 7—8 月，在陕西、山东、安徽、吉林与河北省调研获得的农业经营主体数据。课题组在这 5 个省份共计选择了 15 个县（区、市）①，其中每个县（区、市）各随机抽取了 20～40 个不等的农业经营主体进行问卷调查。课题组所调查的农业经营主体的范围包括了普通农户、专业大户、农民合作社和农业企业；所选样本范围覆盖了中国的东、中、西部三大地域，保证了样本选择的区域多样性，避免了选择偏差。这部分数据主要用于在第三章分析中国农业社会化服务的供需现状及存在的问题。

（2）农业农村部推介的全国第一批农业社会化服务典型案例。为总结推广各类主体在发展农业社会化服务中的典型经验，进一步发挥典型模式的引领示范作用，从而促进小农户与现代农业发展有机衔接，农业农村部自 2019 年开始在全国范围内遴选农业社会化服务典型案例。第一批共推介了 20 个农业社会化服务典型案例。2019 年 9 月全国农业社会化服务工作现场推进会在山东齐河县召开，会上公布了第一批全国农业社会化服务典型案例。这些案例为农业农村部从全国 300 多个农业社会化服务案例中筛选出的典型，其文本资料都是从地方各级政府部门到农业农村部经过层层筛选、反复凝练而形成的，充分展现了不同类型农业社会化服务模式的服务开展情况，具备真实性、可靠性、权威性与代表性。分别为②：江西绿能农业发展

---

①　15 个县（区、市）分别是陕西省的杨凌示范区、眉县和白水县，山东省的临沭县、莒南县和沂水县，安徽省的广德市、宁国市和郎溪县，吉林省的公主岭市、农安县和九台市，河北省的临城县、平乡县和清河县。

②　第一批全国农业社会化服务典型案例共计 20 个，这里列出了 19 个，未被选中的案例为北京农信互联科技集团有限公司，由于该公司聚焦服务生猪产业，即畜牧业，因此不在本书的研究范围之内。

有限公司（以下简称"绿能公司"）、山东高密市宏基农业发展有限公司（以下简称"宏基公司"）、山西新翔丰农业科技有限公司（以下简称"新翔丰公司"）、四川绵阳市川椒王子农业开发有限公司（以下简称"川椒王子公司"）、陕西白水县美华果业有限责任公司（以下简称"美华果业公司"）、福建司雷植保技术有限公司（以下简称"司雷植保公司"）、山东丰信农业服务连锁有限公司（以下简称"丰信公司"）、湖南隆平现代农业科技服务有限公司（以下简称"隆平现代公司"）、河南安阳全丰航空植保科技股份有限公司（以下简称"全丰植保公司"）、山东临沂金丰公社农业服务有限公司（以下简称"金丰公社公司"）、甘肃谷丰源农工场农业社会化服务有限公司（以下简称"谷丰源公司"）、黑龙江宝清美来现代农业服务有限公司（以下简称"宝清美来公司"）、吉林德惠市惠泽农业生产专业合作社（以下简称"惠泽合作社"）、黑龙江龙江县超越现代玉米种植农民专业合作社（以下简称"超越合作社"）、重庆田中秧农业科技股份合作社（以下简称"田中秧合作社"）①、湖北钟祥市春源农作物种植农民专业合作社联合社（以下简称"春源联合社"）、浙江乐清市金穗水稻专业合作社联合社（以下简称"金穗联合社"）、安徽黟县有农优质粮油生产联合体（以下简称"有农联合体"）和江苏泰州市姜堰区家庭农场服务联盟（以下简称"姜堰农场服务联盟"）。这些案例主要用于第三章分析中国农业社会化服务模式的发展实践，以及第四章和第六章的案例研究。

（3）中国人民大学农业与农村发展学院课题组于2013—2019年实地跟踪调查的若干农业社会化服务案例。通过实地调查所获取的案例主要有：山东省供销合作社系统的农业社会化服务模式（包括滕州市的舜耕合作社）、黑龙江省克山县的仁发合作社、河南省荥阳市的新田地合作社、山东省嘉祥县鸿运富民土地托管专业合作社（以下简称"鸿运富民合作社"）及全国第一批农业社会化服务典型案例中的绿能公司和宏基公司等。这些案例主要用于第三章分析中国农业社会化服务模式的发展实践和第四章、第五章的实证分析，以及第七章对合作社农业社会化服务功能演变逻辑的分析。

三、可能的创新之处

本书研究可能存在如下 2 个方面的创新：①理论视角及研究内容的创新。本书将综合运用劳动分工理论和交易成本理论，从农业社会化服务主体自身的组织结构、农业社会化服务供需双方的垂直协作模式、农业社会化服

---

① "重庆田中秧农业科技股份合作社"曾用名为"梁平区新农人农产品股份合作社"，2021年3月更为现用名。

务中的"统分结合"结构等 3 个维度全面分析中国农业社会化服务模式的选择逻辑。这不仅有助于拓展交易成本等经济学理论的应用范畴，也有助于多维度了解中国农业社会化服务模式的内在逻辑，实现了理论视角和研究内容的创新。②数据来源及研究范围方面的创新。本书通过多个渠道收集了近年来在中国发展比较好的农业社会化服务案例，数据来源广泛且真实可靠，同时涵盖了粮食作物和蔬果等经济作物领域的农业社会化服务典型案例；此外，相比现有多数研究只聚焦农业生产过程中某单一环节的服务而言，本书基本涵盖了农业生产过程中所有环节的服务。

第二章　文献综述与理论框架

第一节　农业社会化服务相关研究综述

一、农业社会化服务的本质及其影响因素

（一）农业社会化服务的本质

学者们对劳动分工的研究多集中在制造业领域，甚少对农业领域展开研究。亚当·斯密在《国富论》中指出，农业的性质与制造业不同，其很难实现如此细致的劳动分工。让·巴蒂斯特·萨伊在《政治经济学概论》中也指出，农业是3种产业（商业、制造业和农业）中最不允许分工的，原因在于不可能把许多人集中在同一个地点来种植同一种农产品……此外，农业也不允许一个人不断地从事同一种工作……而且很少有一个人的土地全部用于种植同一种农作物，一块土地也很少连续多年种植同一种农作物。在《经济学原理》中，马歇尔同样指出，农业生产中没有很多分工，也没有大规模生产。然而，随着经济社会的发展，农业中出现了分工。在美国，一个农场的耕地、播种、施肥、除草、喷药，甚至于收割环节都可以雇用专业化的公司来操作；而在饲养业中，人们也往往只负责家禽或家畜整个生长期中特定阶段的饲养，然后卖给完成下一工序阶段的人（孙耀君，1980）。对于一个不断发育的专业化的农业经济，农户的分工将首先从自给自足转向生产与服务的局部分工，接着通过降低相邻农户之间的距离并转型到生产与服务的完全分工（罗必良 等，2017）。

而农业分工的深化最终将会带来农业社会化服务的发展。实际上，农业社会化服务在本质上就属于专业化分工的范畴（龚道广，2000）。夏蓓等（2016）也指出，农业社会化服务就是将原来由单个农户自己完成的一些农业生产经营环节交给专业组织或机构，最终以更低成本、更高效率与质量完成这些生产经营环节，即农业生产经营的进一步分工。根据李颖慧等（2019）的观点，按照分工理论，可以将农业生产性服务分为2类：①改进生产效率的服务，包括农资、农机、农业基础设施、农技推广和农业金融等服务；②改进交易效率的服务，包括农产品销售、农产品物流、农业信息、农产品质检和土地流转等服务。现实中人们还会经常使用生产或服务外包的

概念。外包是指农民将生产经营工作交给专业的人或组织来处理并支付报酬给他们（Vernimmen et al.，2000）。农业生产外包是将农业生产的部分或全部环节外包给生产大户、专业化服务队或农民专业合作社来作业的一种行为（蔡荣 等，2014）。农业生产或服务外包的本质就是社会化服务。目前，在中国各地兴起的土地托管等农业经营模式，其实质也都是社会化服务（孔祥智，2015；仝志辉 等，2015）。农业社会化服务产生的经济合理性，在于它能给农业生产者带来耗费上的节约，从而增加经营效益（庞晓鹏，1997）。这一点从劳动分工理论中也可以推出，劳动分工能够带来专业化经济、提高生产效率，而农业社会化服务作为农业生产经营领域的一种分工，自然能够提高农业的经济效益。

（二）农业社会化服务的影响因素

1. 交易成本　结合前文的劳动分工理论可知，农业经营主体在购买社会化服务或进行生产（服务）外包时会受到交易成本的影响。江雪萍（2014）指出，农户生产环节的分工参与及外包，会因以下原因而可能面临高昂的交易费用：第一，操作的专业化及其迂回投资会显著提升资产专用性；第二，中间环节的增多会增加交易频率。卢峰（2007）在其研究中同样指出，交易成本的高低及其分布特点对外包发生的广度与深度具有根本性的制约作用。即随着农业生产环节外包的增加，农业社会化分工程度不断深化，同时农户面临的总交易成本也将大幅度增加。如表 2-1 所示，很多研究都表明，交易成本会对农户生产环节外包行为产生负向影响。

表 2-1　交易成本对农户服务外包行为影响的研究

出处	交易成本的测量指标	对农户服务外包的影响
Shi 等（1995）	协调费用	负向
Aubert 等（1996）	交易频率	负向
Vernimmen 等（2000）	交易频率	负向
陈文浩等（2015）	监督成本	负向
胡新艳等（2015）	地理和物资产专用性、风险性	负向
陈昭玖等（2016a）	人力资产专用性、风险性	负向

2. 土地细碎化程度和规模　很多研究表明，土地细碎化对生产外包具有负向影响（纪月清 等，2016；展进涛 等，2016；张燕媛 等，2016）。而关于土地规模和生产外包的关系则存在一些争议。胡新艳等（2015）、陈昭玖等（2016b）分析指出，农地经营规模与生产外包行为之间是倒 U 形关系。罗小锋等（2016）、王钊等（2015）、姚寿福（2012）及李俏等（2011）则指出，土地规模与生产外包之间是正向关系。由于社会化服务需要一定的

农场规模来支撑（何秀荣，2016），一般来说规模经营农户总是比一般农户更能得到良好的社会化服务和不断改善的农田基础设施条件（黄祖辉 等，1998）。也有学者指出，农地经营规模与生产外包行为之间是负向关系。如Masayo 等（2008）指出，规模越小，农户越倾向于进行生产外包。对于小规模农户而言，在市场上购买农机服务，能够获得外部社会化服务所带来的分工经济及其规模经济（胡新艳 等，2016a），经营规模的有限性约束会衍生出对农机等生产环节外包的需求（罗必良，2015）。Vernimmen 等（2000）对比利时农场的调查同样表明，农场规模的减小会增加外包的可能性。

3. 农业生产的内外部环境 ①农业自身特性。商品或服务是自己做还是外包的决定因素是产品的复杂性和商业不确定性（Laios et al.，1999）。而生命、季节、市场及生产组织等特性导致了农业分工的有限性（罗必良，2008）；任务复杂性或不确定性高的生产环节外包程度低（蔡荣 等，2014）。②外部环境。张燕媛等（2016）及王建英等（2018）的研究都表明，服务价格与农户生产外包行为之间是负相关关系。但申红芳等（2015）的研究表明，在劳动密集型的生产环节中农户的外包行为遵循需求与价格关系的一般规律；随着生产环节技术密集程度的增强，价格机制在生产外包上的作用逐渐减弱，到病虫害防治环节基本失灵（申红芳 等，2015）。同时，江雪萍（2014）还指出，农业技术的不断进步和农业机械的广泛使用，使得农户越来越倾向于在那些具有劳动替代可能性的生产环节实施外包。政策、文化和近邻行为也是影响农户外包行为的重要因素。如胡新艳等（2016a）就在研究中发现，区域政策环境与经济环境会对农户生产环节外包产生显著的正向作用。陈江华等（2016）、胡宜挺等（2014）及王志刚等（2011）也分析了外部区域政策环境对农户生产环节外包的影响。Masayo 等（2008）通过对日本和荷兰的农业服务外包进行对比分析后发现，文化可能是导致日本农业外包服务不发达的原因。应瑞瑶等（2014）研究指出，已经采纳病虫害统防统治服务的农户会影响到周边其他农户采纳病虫害统防统治服务的决策。除此之外，农户生产的市场化程度及良好的地理与基础环境均有助于改善生产环节外包行为（陈昭玖 等，2016b）。

4. 家庭特征 ①年龄。周丹等（2016）认为，随着户主年龄的增大，农户在劳动密集型环节的水稻生产中将会选择外包，而对于技术密集型的水稻生产环节，其选择外包的意愿则较低；宋海英等（2015）的研究则表明，年龄与生产环节外包之间是负向关系。②收入。Zhang 等（2017）分析认为，随着真实工资的增加，对于农民来说，将动力集中型的环节外包给专业服务提供者，会比人工收获更划算；周丹等（2016）、张燕媛等（2016）也指出，家庭收入的增加会促进生产环节外包；张清津等（2016）、王建英等

（2018）同样认为，提高非农收入水平能够促进农户生产环节外包；宋海英等（2015）则认为，越是以农业为主要收入来源的小麦种植户，越舍不得花钱购买农机社会化服务，在耕地环节选择农机社会化服务的概率越低。③家庭劳动力数量。Gillespie 等（2010）曾在研究中深入探讨了外出务工人数、农户兼业时间等非农就业变量对农户外包行为的影响。并且，学术界的多数研究结果都表明，家庭劳动力数量与生产环节外包是负相关关系（蔡荣 等，2014；陈超 等，2012a；Masayo et al.，2008）。

二、农业社会化服务的经济效益及其实践模式

（一）农业社会化服务的经济效益

农户进行服务外包的根本动因在于节本增效。Picazo 等（2006）以西班牙的柑橘种植户为例研究发现，柑橘种植户将修枝整形、施药和施肥等生产环节外包给专业服务队主要是为了节约劳动成本。Tiwana 等（2007）指出，节约成本、提供合适的产品或服务以及接包方的专业技能能够帮助发包方实现预期目标，是影响外包的 3 类激励因素。Gillespie 等（2010）则以美国西部地区的牧场主为例研究指出，追求专业化生产效率优势、降低初始投资成本是牧场主进行青贮饲料外包的 2 个重要因素。Kakabadse 等（2000）从资源基础理论角度分析认为，生产环节外包的原因在于：第一，发包方可以获取接包方的高效技能和优质产品以增加业务覆盖范围；第二，发包方可以促进管理过程创新以改善产品质量、扩张市场范围；第三，接包方可以充分发挥规模经济和延长业务需求时间以使服务供给更专业。国内很多研究也都表明，农业社会化服务有利于提高农业生产率和增加农民收入（穆娜娜 等，2016；魏修建 等，2015；张忠军 等，2015；陈超 等，2012b；郝爱民，2011）。

关于社会化服务对农业经营效率的具体影响效果，学术界也基于不同视角展开了一系列研究。如刘明等（2018）分析指出，从细分的农业生产性服务业来看，农业配送服务、农业信息服务、农产品销售服务和农技推广服务对农林牧渔业总产值均有显著的正向影响。姜长云（2016）也指出，农业生产性服务作为小农户与现代农业有机衔接的桥梁，能够显著促进农民收入增长。陈宏伟等（2019）的实证分析结果同样表明，农户使用劳务服务、农机服务或技术服务均能够显著提高收入水平，其中农机服务的收入提升效果最好，其次是技术服务和劳务服务。而基于技术改进效应和劳动替代效应的实证研究表明，施肥服务对高收入农户的增收效应更为明显；相比高收入农户可自购农机，整地和收割服务对低收入农户增收效果显著（邱海兰 等，2019）。就粮食生产来讲，Kenneth（1998）在其研究中指出，农业社会化服务与农业发展存在空间协同效应，有利于粮食生产。杨彩艳等（2018）的

实证分析结果则表明，农户种植水稻的总产量受到金融服务、农技服务及机械服务的显著正向影响。并且机耕机收等农机作业服务还能有效缓解老龄（指 65 岁以上）农业劳动力对粮食生产的负向影响（彭柳林 等，2019）。

（二）农业社会化服务的实践模式

关于中国农业社会化服务的实践模式，国内学者分别从不同视角进行了研究。

首先是产业链视角。从产业链视角出发，王方红（2010）将现代农业服务模式分为"农民参股式股份合作制公司农业＋农户"纵向产业链服务模式、"公司＋中介组织联合体＋农户"平行产业链混合服务模式、"合作经济组织＋农民自办公司＋农户"混合一体化产业链服务模式、"社区集体经济组织＋农民自办公司＋农户"混合一体化产业链服务模式、"合作（社区集体）经济组织＋农业园区＋农户"混合一体化产业链服务模式，以及农民主导型农工商综合企业纵向一体化产业链服务模式等六大类；彭建仿等（2019）则分析了当前中国农业社会化服务模式的运营逻辑——龙头企业作为集成商发起构建农业社会化服务供应链，形成由龙头企业、合作社等中介服务组织（功能商）和规模农户（客户）组成的价值网络，通过农业社会化服务资源整合集成、有效配置，协同响应规模农户服务需求。

其次是服务主体之间的协作关系视角。该视角与产业链视角有较大共同之处，只是二者的侧重点有所区别。在该视角下学者们多聚焦某一典型案例来展开具体的分析研究。如杨慧莲等（2014）分析了陕西省"政府＋企业＋农户＋农技专家"的大荔市场化运作模式。程莹莹等（2015）分析了湖北老农民高新农业科技有限公司"以龙头企业为主体和平台，以专业合作社为单元和基础，以政府公共部门为支撑和补充"的多层次农业社会化服务体系。胡霞等（2019）则专门研究了三峡库区的农业社会化服务组织模式，并将三峡库区的社会化服务组织模式归纳为 4 类：新型主体"抱团发展"型联合供给模式、龙头企业主导的复合型联合供给模式、互联网公司主导的平台型联合供给模式和金融机构主导的延伸型联合供给模式。胡霞等（2019）认为，根据服务组织之间是否有关联、是否有分工协同，以及关联和分工协同的程度，农业社会化服务组织转型升级的目标取向沿着"单干型服务组织→随机合作型服务组织→抱团发展型服务组织→联盟型服务联合体"逐次演进。

最后是契约视角，也即服务主体与其服务对象之间的利益联结机制的视角。从契约视角出发，王玉斌等（2019b）将现有的农业生产托管模式划分为无收益约束型、监督主体介入型、保底产量型、"保底产量＋分红"型和合同外附加收益型等 5 种类型；并进一步指出，重构监督主体介入型与"保底产量＋分红"型相结合的利益分配模式更贴近农业生产托管发展实际，更具有比较优势与发展潜力，而村"两委"具有内联小农户等农业生产托管委托方、外接农机合作社等托管服务供给方的组织优势，是较为理想的监督主体，应充分发挥其在农业生产托管中的中介作用。值得注意的是，服务组织（或主体）相互之间的协作关系及其与服务对象之间的利益联结机制，都与社会化服务的形式紧密相关。冯小（2018）曾根据实践，将中国现有的农业社会化服务模式分成了以江苏射阳联耕联种为代表的组织化服务供给模式、陕西白水基于校地合作实验站平台的社会化服务供给模式、皖南平镇基于土地规模流转的农业服务的资本化供给模式。实际上，联耕联种、校地合作，以及基于土地流转的农业服务都是具体实践中国农业社会化服务的不同形式。

三、总结评述

作为农业生产经营领域中的一种分工，农业社会化服务得到了国内外学术界的诸多关注并产生了一系列丰富的研究成果。具体包括如下几个方面：

首先是关于农业社会化服务的影响因素。农业社会化服务本质上属于分工的范畴。农业生产的可分性导致了农业社会化服务的发展；反之，农业社会化服务的发展也进一步促进了农业分工深化。很多学者的研究结果已经充分地论证了交易成本对农户服务外包行为的消极作用。所以降低交易成本是鼓励农户外包、深化农业分工的关键措施。此外，农户家庭特征、外部环境、土地规模等对农户服务外包行为也均有不同程度的影响。

其次是关于农业社会化服务的经济效益。服务外包的根本动力在于节本增效。对于农业服务的发包方来说，可以获得服务接包方提供的优质社会化服务，进而促进自身农产品质量的改善；对于服务接包方来说，则能够充分发挥其专业化服务的优势、获得规模经济。概括来讲，即农业社会化服务有助于提高农业经营效率和增加农民收入。在此基础上，农业社会化服务还有助于缓解劳动力老龄化对粮食生产的负面影响。

最后是关于农业社会化服务的实践模式。由已有研究可知，中国的农业社会化服务模式正呈现多元化发展态势。在服务供给主体方面，涉农企业、合作社、村社组织及政府有关部门等各类主体都已成为农业社会化服务的重要力量；在服务主体与服务对象的利益联结方面则探索出了保底产量型、"保底产量＋分红"型等各种各样的契约形式；在服务主体的协作关系方面，既有新型经营主体的抱团式发展，也有龙头企业的主导式发展；在服务的具体形式方面，既有对土地经营权流转没有要求的联耕联种、生产托管，也有基于土地流转的资本化的农业社会化服务模式。

但现有研究仍存在一些不足之处。一方面，现有文献没有对实践中不同农业社会化服务模式的内在逻辑进行全面系统的理论分析。农业社会化服务中存在着各种各样的交易成本，而如何选择恰当的农业社会化服务模式，实现农业社会化服务交易成本最小化或经济效益最大化是很多文献尚未系统研究的问题。另一方面，现有文献尽管多角度讨论了农业社会化服务的经济效益及带动农民增收的成效，但对农业社会化服务带动小农户增收的机制与效果尚未进行比较全面深入的讨论。

第二节　理论框架

一、相关理论基础

（一）劳动分工理论

学术界通常将亚当·斯密视为劳动分工理论的开创者。事实上，根据《理想国》的记载，早在约公元前4世纪，柏拉图在谈及城邦起源时就对劳动分工有过讨论，他说道："我们个人分别地无法满足我们自己的需要，每一个人都缺乏许多东西。……遵照这个原则的结果是，一个人为了获得某一种服务，会召另一个人来，而为了获得另外一种服务，再召第三个人来。由于我们需要很多东西，于是我们聚集了许多人到我们的住处来，成为我们的合伙人和帮手。"可见，分工的思想由来已久。亚当·斯密在《国富论》中则指出"劳动生产力的极大进步，还有劳动技能、劳动熟练程度和判断力的大幅提高，似乎都是劳动分工的结果"。在《资本论》第一卷中，马克思将分工划分为"工场手工业内部分工和社会内部分工"2种形式。盛洪（2006）则进一步区分了专业化和分工的概念：专业化是指一个人或组织减少其生产活动中的不同职能的操作的种类；而分工是指2个或以上的个人或组织，将原来1个人或组织的生产活动中所包含的不同职能的操作分开来进行。

分工能够促进劳动生产力的进步，提高经济效益。这一点亚当·斯密在《国富论》的开篇就已有过阐述。亚当·斯密指出，劳动分工使得相同数量的劳动者能够完成的工作量比分工之前大大增加，这种情况的出现，可以归纳为以下3个原因：第一，每一位劳动者的熟练程度因分工而提高；第二，从一种工作转换为另一种工作通常要损失一定时间，分工节省了这些时间；第三，由于发明了大量的机器，劳动变得更便利、更简单了。这样一来，1个人就可以干好以前需要许多人才能干的活了。之后，Andrew（1999）通过现实中2个长笛制造工厂的对比分析，论证了分工能够提高产出和降低生产成本。杨小凯等（1999）也指出，分工是能够导致人均真实收入增长的，如果分工可以到达足够高的程度，那么人均真实收入的增长率就会上升。而关于分工能够提高经济效益的原因，盛洪（2006）在其研究中指出，分工和专业化的经济性主要表现为生产费用的节约，严格来说是单位生产费用的节约。

既然分工对劳动生产率和经济进步有如此显著的积极效应，那么分工是否可以无限细分呢？经验事实告诉我们，答案是否定的。因为交换能力导致了劳动分工，所以分工程度必然会受制于交换能力的大小，正如亚当·斯密曾在《国富论》中所指出的，分工程度要受到市场范围的限制。1928 年 Allyn 在 *Increasing returns and economic progress* 一文中进一步发展了亚当·斯密的观点，其认为，劳动分工取决于市场规模，但是市场规模又取决于劳动分工，因此分工一般地取决于分工。Allyn 将市场作为总产品的输出口，市场规模由生产的数量所决定。从 Allyn 的观点来看，某一产业或领域的分工取决于整个社会的总分工水平，而分工水平由产品和服务的产出数量，准确地说，由产品和服务的商品化水平所体现。1982 年 Bryan 等（1982）利用内科医师的例子进一步论证了亚当·斯密的观点，即分工程度受市场范围的限制。

除了市场范围外，分工程度还会受到交易成本的影响。North（1984）曾指出，专业化和分工的增长导致了交易成本的增长。具体的，分工不仅仅受市场范围的限制，更经常的情况是分工受协调执行互补任务的专业化工人的各类成本的限制，包括委托-代理冲突、"敲竹杠"问题、通信困难以及其他组织专业工人进入生产团队的成本（Gary et al.，1992）。1992 年米勒在《管理困境：科层的政治经济学》一书中也曾指出，分工产生的协调成本是限制分工发展的关键因素，交易成本会随专业化程度的提高而直线上升。根据张五常（2003a）的观点，专业生产而交换，比起自给自足，可以有千倍计的收入增长；但交换是需要费用的，也就是交易费用。在盛洪（2006）看来，市场的扩张为专业化的发展提供了必要条件，专业化程度的提高导致了单位生产费用的下降，但同时也带来交易总成本的增加。从个人的角度来看，除非自己能够生产其所需的全部产品，若想得到一种产品，不仅要支付该产品的生产费用，还需支付获得该产品的交易费用，任何一个现实中的人都需综合考虑这 2 种费用，只有如此，才能作出"自己生产"或"从别人那里获得"某种产品的抉择（盛洪，2006）。实际上，市场范围和交易成本属于一枚硬币的两面，市场范围或规模的扩大会在一定程度上降低市场交易成本，反之，市场交易成本的降低也会在一定程度上促进交易的增加进而扩大市场范围或规模。总之，分工可以带来专业化经济，提高生产率和收入水平，但分工同时会受到交易成本的限制。

（二）交易成本理论

1. 交易成本的内涵 目前学术界对于交易成本经济学的研究，基本还是以 Williamson 的理论范式为基础而开展的。从构成上看，Williamson（1975）将交易成本分为搜寻、信息、议价、决策、监督和违约成本。从原因上来看，Williamson（1985）认为，交易本身具有资产专用性、不确定性与交易频率等 3 个维度的特性。高交易成本则意味着资产专用性强、不确定性高、交易频率低，而农民作为经济行为主体被认为会寻求能够减少交易成本的安排（Williamson，1991；Williamson，2005）。资产专用性在 Williamson 的交易成本理论范式中占据了核心地位。虽然交易成本存在的前提条件是人的有限理性和机会主义行为倾向（Williamson，1989）。但人们的机会主义行为很大程度上是由资产专用性阻碍交易双方选择参与市场其他交易的程度所决定的（Scott，1986）。Marta 等（2009）进一步指出，交易成本理论的一个基本假设是所有的交易都是在不完全信息的条件下实现的，不完全信息有多种表现——行为的和环境的，都可以影响交易；……Williamson 提到，环境的不可预测性只有在与资产专用性的互动中才会影响垂直一体化。也就是说，资产专用性是决定垂直一体化程度的最重要的因素，其次是不确定性（Williamson，1979）。

对资产专用性的内涵进行解释有助于进一步加深对 Williamson 交易成本理论范式的认识与了解。Anderson（1985）、Jan 等（1990）都曾提出，资产专用性是为特定交易而定做的资产并且不能在这种特定的交易关系之外轻松地重新部署，包括在特定交易关系中的建筑、设备、学习和品牌名称资本投资等。1996 年 Williamson 在《治理机制》中曾指出，资产专用性指的是在不牺牲其生产价值的前提下，某项资产能够重置于备择用途的程度及该资产被备择使用者重置的程度；同时 Williamson 将资产专用性分成了场地专用性、物质资产专用性、人力资产专用性、专用性资产、品牌资本和临时专用性等 6 类。Royer（1999）则指出了 4 种不同的资产专用性：地点专用性、物质资产专用性、专用性资产和人力资产专用性。Sykuta 等（1999）进一步增加了对农业交易很重要的另一种资产专用性，即时间专用性。因为农业产品，以及其创造另外边际利润的生产过程的时间敏感性，可能导致贸易当事人的机会主义行为（Ortmann et al.，2007）。

在 Williamson 的交易成本理论范式之外，学术界关于交易成本的概念还存在许多其他视角的解读。如 Coase（1937）认为，交易成本是利用价格机制的成本，如发现相关价格的成本、协商并且形成每一次交易合同的成本。North（1984）认为，交易成本是在交换的基础下制定和执行契约的成本。斯蒂格利茨（1997）则把交易成本定义为"达成一项交易所需的额外成本（购买价格外的成本），无论这种成本是金钱、时间，还是麻烦的事"。而在张五常（1999）的观点里，交易成本包括一切不直接发生在物质生产过程中的成本，如信息、谈判、拟定和实施契约、界定和控制产权、监督管理和制度结构变化的成本等；交易费用是在鲁滨孙的一人世界中不可能出现的所有费用（张五常，2003b）。总之，张五常倾向于以制度成本来代替交易成本。与前述研究不同，杨小凯等（1999）将交易费用分为了内生和外生2类交易成本，交易费用水平要在决策的交互作用发生后才看到的为内生交易费用，反之则为外生交易费用。在近年的研究中学术界进一步细化了交易成本的内容，以便对其进行测量。如卢峰（2007）指出，交易成本包括商务运输成本、信息交流成本、潜在风险成本及因为谈判、签约、沟通而发生的费用。在江雪萍等（2017）的研究中，交易成本则包括发现和通知交易者、谈判、签订合同及为保证合同条件的履行而进行必要检查的费用等。

根据前述学者对交易成本理论的研究分析，本书认为交易成本主要包括2个方面的内容：①交易特性，即交易成本产生的原因；②构成，即交易成本的具体内容。如图2-1所示，交易特性由交易频率、资产专用性和不确定性3个维度刻画，交易频率为交易发生的次数，资产专用性包括地理位置专用性、物质资产专用性、人力资产专用性、专用性资产、品牌资本、临时专用性和时间专用性，不确定性包括行为和环境的不确定性；交易成本的具体种类则可以总结为搜寻成本、谈判成本、实施成本、监督成本和违约成本等5个方面。交易成本产生的根源在于交易本身的特性，如因为人们的行为存在不确定性，所以要进行监督管理，从而导致了监督成本的产生；资产专用性会带来"敲竹杠"的风险，所以人们需要讨价还价，从而增加了谈判、监督以及违约等成本。此外，依据不同的分类标准，还可以将交易成本进一步细分为"事前的"交易成本和"事后的"交易成本（Williamson，1985），或者内生交易费用和外生交易费用（杨小凯 等，1999）。

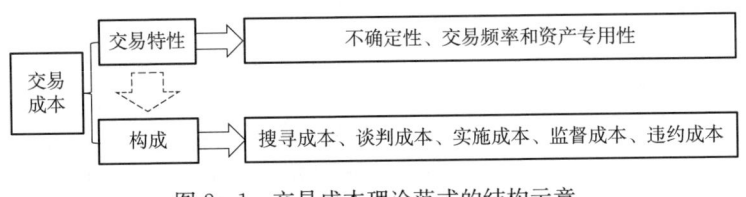

图2-1 交易成本理论范式的结构示意

2. 交易成本的测量 基于交易特性和交易成本的构成这2个视角，可以对已有文献中交易成本的测量指标和方法进行简单的归纳梳理。表2-2所示文献是从交易特性的角度衡量交易成本的大小，表2-3所示文献则是从交易成本的构成角度衡量其大小。尽管在指标选择上学者们各有侧重，但衡量方法基本一致，即主要采用量表法。也有学者通过定性分析的方法比较不同情形下交易成本的大小，如 Vernimmen 等（2000）、Gaudiose 等（2013）及蔡荣等（2014）。实际上，量表法也有一定的主观性，只不过主观性来自研究对象本身而不是研究者，所以就实证检验来讲，量表法在准确性上应该要更高一些。因为缺少直接的定量信息（Anderson et al.，1984），所以对资产专用性和不确定性进行主观估计的方法在很多实证研究中都有使用。

表 2-2 基于交易特性的交易成本测量指标和方法

出处	测量维度	测量指标	测量方法
Vernimmen 等（2000）	资产专用性	工作的困难性和复杂性	主观序数比较法
	不确定性	能否获得政府的许可	
	交易频率	与政府当局联系的次数	
Marta 等（2009）	资产专用性	收购商和生产者的物质资产专用性；农产品被特定收购商拒收后，生产者不得不支撑的超额生产能力	定量分析（量表法）
	不确定性	收购商了解生产者在农产品生产中努力程度的难度；问卷回答者对农产品产量和质量的不确定性	
史冰清等（2012）	资产专用性	有无专用设备投入；针对目标产品有无借款；专用性资产投入的沉没成本；所需技术复杂与否	定量分析（量表法）
	不确定性	市场价格波动情况	
	交易频率	交易频率程度等级	
Gaudiose 等（2013）	资产专用性	种植的规模；农产品的易腐性	描述性的定性分析
	不确定性	获取生产性投入和支付的方式	
	交易频率	预期交易频率	
蔡荣等（2014）	资产专用性	任务复杂性	描述性的定性分析
	不确定性	生产环节对产量的影响	
胡新艳等（2015）	资产专用性	土地细碎化程度；拥有农机＋租赁；老龄化程度	定量分析（量表法等）
	风险性	外包服务的监督难度	
	规模性	农户经营的土地总规模；农户是否参与组织	
陈文浩等（2015）	资产专用性	劳动技术含量；机械投资于其他用途的难度；节省劳动力的农艺与技术；作业的质量对土地的依赖	模糊数学和层次分析法
	风险性	劳动的细心程度；劳动用工的季节性；面临的自然与环境风险；面临的技术难度与风险	
	规模性	劳动用工量；机械作业对土地规模的要求；周期内需经常重复进行的作业	

（续）

出处	测量维度	测量指标	测量方法
陈昭玖等 （2016a）	资产专用性	农机设备价值；地块类型及距离镇中心距离；50 岁以上劳动力比例	定量分析 （量表法等）
	规模性	种植耕地面积；平均地块面积；产品市场化程度	
	风险性	农地细碎化程度；灾害发生次数；农地流转纠纷	

表 2 - 3　基于交易成本构成的交易成本测量指标和方法

出处	测量维度	测量指标	测量方法
黄祖辉等 （2008）	信息成本	是否通过中介；交易前是否认识买主、了解其他市场价格次数	定量分析
	谈判成本	价格谈判回合；农户是否可以对质量提出异议；双方通话次数	
	执行成本	成交数量；交易所需时间；现金支付的比例	
	运输成本	果园到成交地点的运输时间；单位质量的运输费用	
蔡荣等 （2011）	信息成本	市场价格波动幅度；获取信息的困难程度；是否参加技术培训	定量分析 （量表法）
	谈判成本	市场价格满意度；市场定级满意度；交易谈判次数；交易时间	
	执行成本	交通运输距离；交通运输难度；货款结算方式	
段利民等 （2013）	信息成本	生产资料价格和农产品销售价格的了解情况	定量分析 （量表法）
	监督成本	生产资料采购时假冒伪劣或缺斤少两情况；农产品销售时故意压级、压秤情况	
	执行成本	生产资料送货上门、允许赊销情况；农产品销售上门收购、现金结算情况	
	谈判成本	购买生产资料时价格谈判花费的时间；农产品销售中价格谈判花费的时间和支付中介费的情况	
王丽佳等 （2013）	信息成本	获取生产资料价格所用时间；获取农产品市场价格所用时间；参加农产品展销会的费用	定量分析
	谈判成本	农产品分级所用时间；交易前与交易对象联系所用时间；农产品运输到交易地点的损失率	
	执行成本	收到全部货款等待的时间；接待交易对象费用；交易对象违约造成的损失	
	运输成本	从田地运输到农户家所用时间；将农产品运输到交易地点费用	
江雪萍等 （2017）	搜寻成本	信息获取难易程度	定量分析 （量表法）
	谈判成本	难以掌握的技术的多少；雇用劳动力的程度	
	实施成本	价格信息的来源途径；运输的方便程度	

交易成本的测量困难由此可见一斑。一个交易的组成要素经常是难以评估的，尤其是在服务交易中（Aubert et al.，1996），因为大多数服务都具有经验品和信誉品的性质（卢峰，2007）。关于这一点，Kool（1994）的研究中早有涉及。在 Nelson（1970）提出的属性分类基础上，Kool（1994）指出，服务一般拥有很少的搜寻品属性，但拥有很多经验品和信任品属性，而这阻碍了农民的评估和决策制定。同样的，Howard 等（1995）曾指出，大量关于交易成本经济学的实证文献中包含各种各样的案例分析，这主要是因为有意义的交易成本经济学变量——资产专用性、不确定性和频率，很难在不同的公司和产业中进行一致性的测量。为避免交易成本的度量困难，张五常（2003b）指出，对交易费用的处理，其往往会用序数，从边际变动的升或降处理就足够了。本书后续章节在研究中就一定程度上采取了张五常（2003b）对交易成本的处理方式。

总之，通过上述分析可知，交易成本主要源于交易活动本身所具有的 3 种特性，分别为不确定性、资产专用性和交易频率。其中，资产专用性是影响交易成本大小的最关键的因素，而不确定性对交易成本的影响往往以资产专用性的存在为前提。从交易成本的构成来看，其主要包括搜寻、谈判、实施、监督和违约成本。值得注意的是，无论是基于交易特性的视角还是基于交易成本构成的视角，交易成本的测量都存在一定的主观性，而量表法是衡量其大小的最主要的方法。但已有文献多聚焦市场交易成本，鲜有学者提及组织内部的交易成本。交易成本不仅存在于组织或个人与外部市场进行交换的过程中，也存在于组织内部——当组织进行内部的生产、控制、管理、协调或监督时，同样会产生制度性的交易成本。

二、理论框架建构

（一）农业生产经营活动具有可分离性

由前文已知，农业社会化服务的本质是分工。所以，农业生产经营活动的可分离性是农户进行服务外包的基本前提条件。农业生产经营活动的可分离性包括 2 层含义：一是指各个生产经营环节之间能够明确地区分开来；二是指每个生产经营环节本身可以再次进行阶段的划分。农业的生产经营过程一般是由田间管理、灌溉、施肥、耕种防收、仓储、运输等环节组成。根据前面章节中农业社会化服务的划分方式，这里也可以将农业的生产经营过程划分为产前、产中与产后等 3 个阶段。如图 2-2 所示，实际上农业生产经营过程中的每一个环节本身又都涵盖了决策和操作 2 个组成部分（阶段）。其中，决策须依赖于土地经营权的占有，而操作就是指服务。在多数农业生产经营环节中，决策基本都是由普通农户等农业生产主体自己制定，操作部分则既可以由农业生产主体自己完成，即"自服务"，也可以外包给农业服务公司、农民合作社等其他农业服务主体。在农业生产操作（服务）外包的过程中，农业生产主体被称为农业社会化服务的需求方（需求主体），农业服务主体被称为农业社会化服务的供给方（供给主体）。

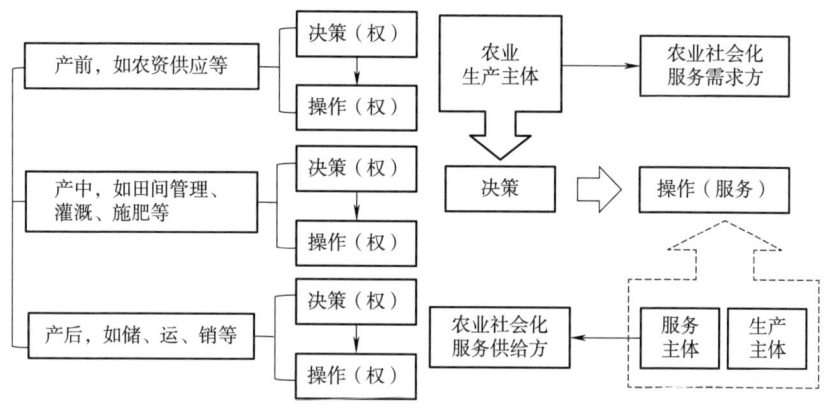

图2-2 农业生产经营过程示意

（二）交易成本影响农户的服务外包行为

实践中农户接受的农业社会化服务越多，表明农业分工越细，越有利于实现农业生产经营的专业化，进而增加分工与专业化经济、提高土地生产率。而农户进行服务外包，也就是接受农业社会化服务的条件，则是指其在何种情况下会将农业生产经营环节的操作（服务）外包给其他农业服务主体（农业社会化服务的供给方）。

从经济学的视角出发，农户是否接受农业社会化服务，根源在于成本和收益的比较。与"自服务"相比，如果接受农业社会化服务能够降低成本或提高收益，那么农户就有进行操作（服务）外包的激励。Gupta 等（1992）的研究表明，降低成本的动机会促使外包行为发生。但在服务外包的过程中，除去农业社会化服务本身的生产成本，服务需求方还需要支付购买农业社会化服务的交易成本，具体来说是市场交易成本，这两者共同构成了农业社会化服务的总成本。值得注意的是，在一段时期内农业社会化服务供给方所面临的农业技术环境通常不会有太大的变化，这就导致其所提供的农业社会化服务本身的生产成本也是相对固定的。如此一来，市场交易成本就成为农户服务外包以及从农业社会化服务中获取分工和专业化经济的主要影响因素；劳动分工的相关理论也表明交易成本会制约农业社会化服务的发展。并且，国民收入中有很大的比重来自交易费用（张五常，2003a）。总之，市场交易成本是阻碍农户进行服务外包的重要因素之一。

降低市场交易成本就一定能够促进农户选择服务外包吗？蔡荣等（2014）指出，只有在交易成本较低的情况下外包才会被选择。对规模经营主体而言，外包服务的价值在于降低生产成本，获取更有效的规模经济效应，其决策的关键是外包服务和自购农机的交易成本比较（董欢，2017）。庞晓鹏（1997）则认为，当农业生产者自己完成某项操作的单位生产费用大于交给农业社会化服务组织完成的单位生产费用与交易成本之和时，农业生产者才有可能接受服务。可见，前述学者都是仅就成本方面来研究农户接受农业社会化服务的条件。但单纯地考虑成本，并不能对农户的服务外包行为作出准确的解释。农户是一个复杂的生产和消费综合体，即使外包成本比"自服务"更低，农户仍会因其转移就业机会的限制而选择"自服务"。所以本书主张从边际成本和收益的视角来分析农户选择服务外包的条件。如图 2-3 所示，在将农业生产经营各环节服务逐个外包出去的过程中（农业生产经营过程是由很多环节组成的，多数农户一般只选择将部分环节的操作外包），农户所获得的边际收益是递减的，边际成本则是逐渐上升的，二者交点即为农户接受农业社会化服务的边界。只有当农业社会化服务的边际收益大于边际成本时，农户才有服务外包的激励。

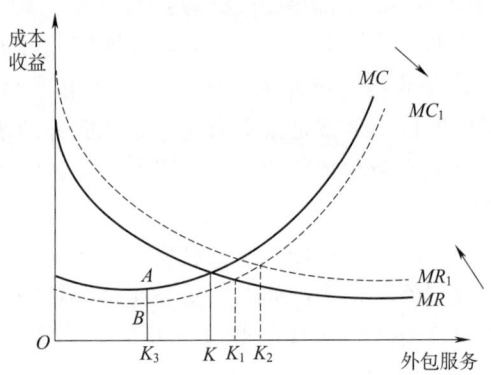

图 2-3　农户服务外包的逻辑

为什么边际收益和成本曲线分别向右下方和右上方倾斜呢？在这里，边际收益不仅指农户通过将某一环节操作外包所提高的土地生产率，还有因务农时间减少而增加的休闲收益及非农务工收入等。边际收益曲线之所以向右下方倾斜是因为，农户一般会优先选择将机会成本大、专业化经济效益显著的生产操作外包出去，如耕种收。这样可以节约较多的时间和资金用于享受闲暇或外出打工，并提高土地生产率。随着外包服务的增加，农户所享有的闲暇和资金积累也增加，而农业社会化服务的分工和专业化经济效益逐渐减弱。根据边际效用递减规律，边际收益曲线将会向右下方倾斜。边际成本是指农户因接受农业社会化服务而付出的成本，包括外包服务的生产成本和市场交易成本。通常来讲农户进行服务外包时，必定优先选择市场需求量大、发展较为完善的农业社会化服务，因为其市场交易成本和生产成本都相对较低；进而农户才会选择将市场交易成本和生产成本偏高的生产操作外包，直到与边际收益曲线相交，所以边际成本曲线向右上方倾斜。需要特别指出的一点是，上述推论以普通农户直接与农业社会化服务市场对接的情境为例。实际上，在家庭农场等农业社会化服务需求主体与其农业社会化服务供给主体的交易中，结果也是如此。

显然，降低市场交易成本能够促进农户等农业社会化服务需求主体进行服务外包或接受农业社会化服务。如图 2-3 所示，降低市场交易成本会使 MC 曲线下移到如 MC_1 的位置。MC_1 与 MR 的交点为 K_1，较 K 点而言，在 K_1 点服务需求方外包的操作（服务），即接受的农业社会化服务更多；同时也降低了服务需求方已外包服务的总成本，如在 K_3，BK_3 明显小于 AK_3。对于某单一农业社会化服务需求主体而言，MC 曲线下移到 MC_1 表明其外包服务增多、农业社会化服务成本降低，当将某一空间范围内的所有农业社会化服务需求主体的 MC_1 曲线组合起来时，就表现为某一农业生产经营环节的农业社会化服务市场范围的扩大。一项农业社会化服务市场范围的扩大，会进一步诱导农业技术革新和分工深化，提高农业社会化服务的分工与专业化经济效益，促使 MR 上升到如 MR_1 的位置，进一步增加服务需求方的收益。在这一过程中，关键是要降低农业社会化服务的市场交易成本——使 MC 下降到如 MC_1 的位置。事实上市场交易成本不仅影响服务需求方的服务外包行为，也影响服务供给方的服务供给行为。如果一种农业社会化服务的市场交易成本太高，农业社会化服务主体可能也不会提供。但无论如何，可以肯定的一点是，农业社会化服务的供需双方是否就某一项服务达成交易，与市场交易成本密切相关。基于此，本书认为，降低市场交易成本是实践中不同农业社会化服务模式所考虑的重要影响因素。

第三章　中国农业社会化服务的发展现状

改革开放至今，经过 40 多年的发展，中国的农业社会化服务体系构建已取得了显著成效。根据 2021 年《国务院关于加快构建新型农业经营体系推动小农户和现代农业发展有机衔接情况的报告》，目前中国的农业专业服务公司等各类农业社会化服务组织已超过 95 万个，服务小农户 7 800 万户；2020 年全国农业社会化服务营业收入超过 1 600 亿元，服务面积达 16.7 亿亩次①。当然，中国的农业社会化服务体系也存在一些亟待完善之处。本章将通过对中国农业社会化服务的供需现状及农业社会化服务实践模式的分析，总结中国农业社会化服务的发展经验与存在的问题。

第一节　农业社会化服务的供需现状分析

学术界对于农业社会化服务供需问题的研究颇多。李荣耀（2015）曾基于中国 15 省的调查数据分析指出，农户对各类农业社会化服务的需求顺序依次是种苗提供、农产品销售、农资采购、技术、信息和生产计划安排、农业基础设施、农产品加工、农机作业和其他。同时，孔祥智等（2010）分析指出，中国许多农户存在农业社会化服务需求得不到满足的情况；具体来看，谈存峰等（2010）认为，中国不发达地区的农业社会化服务供给环节及内容存在片段性和不稳定性等问题。高强等（2013）还探讨了中国新型农业社会化服务体系建设面临的供需结构不合理等问题。但近些年来，中国的农业社会化服务体系建设及各类农业经营主体的农业社会化服务需求和供给结构都发生了诸多变化。基于此，本节将对当前中国农业社会化服务供需现状作进一步介绍，以总结分析其目前存在的问题。

一、样本农业经营主体的基本情况介绍

（一）样本构成及其区域分布特点

本节所用数据来自 2015 年 7—8 月和 2016 年 7—8 月，中国人民大学农业与农村发展学院课题组，在陕西、山东、安徽、吉林与河北等 5 省 15 个

---

① 邓小刚，2021. 国务院关于加快构建新型农业经营体系　推动小农户和现代农业发展有机衔接情况的报告［R/OL］.（12 - 21）［2022 - 12 - 20］. http：//www. npc. gov. cn/npc/c30834/202112/e0995f9916d747e38bcc7deafda97048. shtml.

县（区、市）的调研。在被调查的 481 个样本中有普通农户、专业大户、农民
合作社及农业企业等 4 类农业经营主体。如表 3-1 所示，普通农户有 115 个，
占比 23.91%；专业大户有 168 个，占比 34.93%；农民合作社有 155 个，
占比 32.22%；农业企业有 43 个，占比 8.94%。显然，专业大户和农民合
作社的数量最多，其次是普通农户，农业企业的数量最少。在该样本中的普
通农户和专业大户大多以从事农业生产为主，农民合作社和农业企业则兼有
生产和服务的功能。就区域分布而言，陕西省的样本最多，为 136 个；其次
是山东省和河北省，分别为 100 个和 98 个；安徽省和吉林省的样本最少，
分别为 85 个和 62 个。此外，从表 3-1 中还可以发现，陕西省普通农户、
专业大户和农民合作社的数量基本是相同的，而山东、安徽以及河北省以专
业大户和农民合作社为主，吉林省则以普通农户和农民合作社为主。

表 3-1　样本农业经营主体的构成及其区域分布特点

单位：个

省份	普通农户	专业大户	农民合作社	农业企业	小计
陕西	39	38	42	17	136
山东	19	41	31	9	100
安徽	5	50	27	3	85
吉林	32	7	20	3	62
河北	20	32	35	11	98
合计	115	168	155	43	481

（二）样本农业经营主体的主营内容分布

根据问卷调查结果，本书将全部样本农业经营主体的主营内容分成了粮
食、蔬菜水果、特种种植业（指花卉苗木、中草药等）、畜牧业及其他等 5
大类。其他类别中主要包含了水产业、林业、休闲服务业和农业生产性服务
业等内容，由于经营这些内容的样本较少，所以将其归为一类。从样本农业
经营主体的总体情况来看，粮食和蔬菜水果是经营最多的 2 类农作物。如
表 3-2 所示，分别有 31% 和 36% 的样本农业经营主体种植粮食和蔬菜水果；
而经营特种种植业和畜牧业的样本农业经营主体则分别仅有 12% 和 9%。

表 3-2　不同类型样本农业经营主体的主营内容

主营内容	普通农户		专业大户		农民合作社		农业企业		合计	
	数量/个	占比/%	数量/个	占比/%	数量/个	占比/%	数量/个	占比/%	数量/个	占比/%
粮食	45	39	61	36	39	25	4	9	149	31
蔬菜水果	44	38	57	34	60	39	13	30	174	36

（续）

主营内容	普通农户		专业大户		农民合作社		农业企业		合计	
	数量/个	占比/%	数量/个	占比/%	数量/个	占比/%	数量/个	占比/%	数量/个	占比/%
特种种植业	7	6	18	11	24	15	7	16	56	12
畜牧业	10	9	16	10	15	10	4	9	45	9
其他	9	8	16	10	17	11	15	35	57	12

不同样本农业经营主体的主营内容存在一定程度的差别。由表3-2可知，普通农户、专业大户和农民合作社以经营粮食和蔬菜水果为主，且占比都在25%～39%。此外，对于专业大户和农民合作社而言，还分别有11%和15%的样本农业经营主体主营特种种植业。这说明与普通农户相比，专业大户等规模经营主体由于实力雄厚加上其以追求营利为目的，所以比较倾向于经营经济效益偏高的项目。值得注意的是，与其他3类农业经营主体相比，农业企业的主营内容有较为明显的不同。在43家样本农业企业中，有15家主营休闲服务业等其他类别的业务，13家主营蔬菜水果，7家主营特种种植业，而主营粮食作物和畜牧业的都仅为4家。由于资本具有逐利性，所以对企业来说，经营休闲服务、蔬菜水果、花卉苗木及中草药等风险虽大但经济效益偏高的产业是比较理性的选择。粮食的经济效益偏低且存在一定的经营风险，因此农业企业一般都不会选择种植粮食作物。

二、农业社会化服务供需现状及存在的问题

（一）样本农业经营主体的社会化服务需求意愿与接受现状

1. 样本农业经营主体的服务需求意愿 服务需求意愿与样本农业经营主体在实际中是否接受过该项服务无关，即农业经营主体可能对某项服务有需求意愿但不一定接受过该项服务。整体来看：对技术、农资、销售、物流、信息、品牌、金融、质量、作业和基建等服务有需求意愿的经营主体数量都超过了一半（表3-3）；其中，对技术、农资和信息服务有需求意愿的主体数量是最多的，分别占到总样本的85%、74%和75%；其次是质量、销售、品牌和金融服务，有需求意愿的样本农业经营主体占比都超过了60%。接下来将分别基于农业经营主体的类型及其主营内容的视角对其农业社会化服务的需求意愿进行分析。

表3-3　不同类型样本农业经营主体的社会化服务需求意愿

服务内容	普通农户		专业大户		农民合作社		农业企业		合计	
	数量/个	占比/%	数量/个	占比/%	数量/个	占比/%	数量/个	占比/%	数量/个	占比/%
技术服务	89	77	152	90	137	88	31	72	409	85

（续）

服务内容	普通农户		专业大户		农民合作社		农业企业		合计	
	数量/个	占比/%	数量/个	占比/%	数量/个	占比/%	数量/个	占比/%	数量/个	占比/%
农资服务	80	70	135	80	115	74	25	58	355	74
销售服务	69	60	114	68	101	65	25	58	309	64
物流服务	51	44	88	52	93	60	25	58	257	53
信息服务	71	62	135	80	127	82	30	70	363	75
品牌服务	56	49	117	70	108	70	27	63	308	64
金融服务	40	35	127	76	110	71	33	77	310	64
质量服务	55	48	121	72	112	72	25	58	313	65
作业服务	56	49	111	66	92	59	22	51	281	58
基建服务	47	41	118	70	98	63	23	53	286	59

（1）基于农业经营主体类型的视角。不同类型农业经营主体的经营规模、目标及资源禀赋等一般会存在差异，从而可能影响其对农业社会化服务的需求意愿。如表3-3所示，首先是普通农户。普通农户需求最多的依次是技术、农资、信息和销售服务，有需求意愿的主体占比都在60%以上，而对其他服务有需求意愿的主体占比则都小于50%。其次是专业大户。除物流服务外，专业大户对其他服务有需求意愿的主体占比都在60%以上；其中对技术服务有需求意愿的专业大户达到了90%。再次是农民合作社。农民合作社中有技术和信息服务需求意愿的主体最多，占比分别为88%和82%；对农资、质量、金融、品牌、销售、物流及基建服务有需求意愿的主体占比也都在60%以上，但农民合作社中有作业服务需求意愿的仅占59%。最后是农业企业。农业企业中对金融、技术、信息和品牌服务有需求意愿的主体是最多的，占比都在60%以上；而对其他服务有需求意愿的农业企业占比则为50%～60%。可见，专业大户、农民合作社和农业企业等规模经营主体对各项服务都有较大的需求意愿，而普通农户可能由于经营规模小且目标单一，所以很少对金融等服务有需求。

（2）基于农业经营主体主营内容的视角。农业生产经营风险、经营周期及产品需求弹性等方面的差异可能也会对从事不同种养业的农业经营主体的服务需求意愿产生影响。如表3-4所示，无论是在粮食等种植业领域还是畜牧业领域，对技术、农资、销售和信息等服务有需求意愿的样本农业经营主体都是最多的；在每一项服务中都有超过60%从事畜牧业的经营主体表示有需求意愿，这表明畜牧业经营主体对各项服务的需求非常迫切。另外值得注意的是，与粮食和蔬菜水果等种植业不同，在特种种植业和畜牧业领域，有金融和质量服务需求意愿的样本农业经营主体占比都达到了70％以上；从事蔬菜水果、特种种植业及畜牧业的样本农业经营主体还对品牌服务有较大的需求意愿，占比分别为70％、66％和71％；粮食作物可能由于同质性较强、标准较统一且生产成本低，所以粮食经营主体很少会对品牌、金融和质量服务有需求。但与主营其他内容的样本农业经营主体相比，很多粮食经营主体有作业服务的需求意愿且比例高达64％，原因在于粮食的机械化作业程度很高，经营主体自购农机具进行作业会面临较大的资金压力，所以粮食经营主体普遍有作业服务的需求意愿。

表3-4　不同种养业样本农业经营主体的社会化服务需求意愿

服务内容	粮食		蔬菜水果		特种种植业		畜牧业	
	数量/个	占比/％	数量/个	占比/％	数量/个	占比/％	数量/个	占比/％
技术服务	123	83	158	91	49	88	38	84
农资服务	112	75	133	76	44	79	33	73
销售服务	92	62	118	68	35	63	32	71
物流服务	79	53	93	53	29	52	29	64
信息服务	106	71	133	76	46	82	40	89
品牌服务	80	54	121	70	37	66	32	71
金融服务	89	60	105	60	40	71	36	80
质量服务	82	55	119	68	42	75	35	78
作业服务	95	64	100	57	29	52	30	67
基建服务	91	61	96	55	37	66	31	69

2. 样本农业经营主体的服务接受现状　服务接受现状是指农业经营主体在现实中接受农业社会化服务的情况，能够反映出农业经营主体的农业社会化服务需求意愿得到满足的程度。如表3-5所示，从全部样本农业经营主体接受服务的现状来看，除技术和农资服务外，接受过其他服务的样本农业经营主体占比都未超过50％。对于品牌、物流、金融和质量等各项服务而言，已知有超过50％的样本农业经营主体表示有需求意愿（表3-3），但实际却均仅有20％～30％的样本农业经营主体接受过这些服务，即大部分样本农业经营主体的品牌、物流、金融和质量等服务需求没有得到满足。值得肯定的一点是，样本农业经营主体需求最多的服务在现实中也是其接受最多的服务。接下来分别基于农业经营主体的类型及其主营内容的视角来对其农业社会化服务的接受现状进行统计分析。

表 3-5　不同类型样本农业经营主体的社会化服务接受现状

服务内容	普通农户		专业大户		农民合作社		农业企业		合计	
	数量/个	占比/%	数量/个	占比/%	数量/个	占比/%	数量/个	占比/%	数量/个	占比/%
技术服务	80	70	131	78	124	80	28	65	363	75
农资服务	62	54	85	51	81	52	18	42	246	51
销售服务	45	39	37	22	37	24	13	30	132	27
物流服务	21	18	24	14	36	23	7	16	88	18
信息服务	44	38	68	40	73	47	12	28	197	41
品牌服务	28	24	25	15	40	26	13	30	106	22
金融服务	8	7	57	34	35	23	11	26	111	23
质量服务	29	25	45	27	51	33	11	26	136	28
作业服务	29	25	48	29	43	28	7	16	127	26
基建服务	17	15	36	21	41	26	8	19	102	21

　　（1）基于农业经营主体类型的视角。如表 3-5 所示，技术和农资服务是所有种类的样本农业经营主体在实际中接受最多的服务。如普通农户中分别有高达 70% 和 54% 的主体接受过技术和农资服务；专业大户中接受过技术和农资服务的主体比例为 78% 和 51%；农民合作社中接受过技术服务的主体比例则达到了 80%；农业企业中接受过这 2 项服务的主体比例相对较低，这可能与很多农业企业可以实现技术和农资"自服务"有关。信息服务也是各类样本农业经营主体现实中接受较多的服务。除技术、农资和信息服务外，销售、质量和品牌服务在普通农户、专业大户、农民合作社和农业企业中也都有较高的接受频率。结合表 3-3 可知，对于不同类型的农业经营主体而言，需求意愿最高的服务在现实中也是其接受最多的，即意愿和行为实现了一定程度的匹配；但在数量上仍存在很大的差距，很多经营主体迫切需求的农业社会化服务还没有得到满足和实现。

　　（2）基于农业经营主体主营内容的视角。如表 3-6 所示，除技术和农资服务外，接受过其他服务的经营主体都较少。粮食经营主体接受最多的依次是技术、农资、信息和作业服务，占比分别是 68%、58%、37% 和 30%；蔬菜水果经营主体接受最多的依次是技术、农资、信息和质量服务，占比分别是 83%、52%、44% 和 36%；特种种植业经营主体接受最多的依次是技术、农资和信息服务，占比分别是 77%、50% 和 43%；畜牧业经营主体接受最多的依次是技术、信息、农资和销售服务，占比分别是 78%、49%、44% 和 36%。总之，从事不同种养业的样本经营主体在实际中接受的服务与前文所描述的其服务需求意愿的顺序基本吻合；但是，接受过服务的经营主体数量要远小于有服务需求意愿的经营主体数量。如表3-4所示，从事不同种养业的样本农业经营主体对各项服务有需求意愿的都超过了50%；而表3-6显示，所有种养业经营主体需要的如基建、物流、品牌等诸多服务，都仅有10%~30%的经营主体表示接受过。

表3-6　不同种养业样本农业经营主体的农业社会化服务接受现状

服务内容	粮食		蔬菜水果		特种种植业		畜牧业	
	数量/个	占比/%	数量/个	占比/%	数量/个	占比/%	数量/个	占比/%
技术服务	102	68	145	83	43	77	35	78
农资服务	86	58	91	52	28	50	20	44
销售服务	36	24	54	31	13	23	16	36
物流服务	27	18	34	20	8	14	13	29
信息服务	55	37	77	44	24	43	22	49
品牌服务	17	11	51	29	12	21	6	13
金融服务	28	19	39	22	16	29	9	20
质量服务	24	16	62	36	16	29	13	29
作业服务	45	30	49	28	11	20	10	22
基建服务	24	16	52	30	16	29	3	7

（二）样本农业经营主体的农业社会化服务供给来源分析

前文从农业经营主体的类型及其主营内容的视角，分析了其各项服务的需求意愿与接受现状。那么，前述样本农业经营主体所接受过的农业社会化服务又主要是由哪些单位、组织或个人提供的呢？如表3-7所示，首先，政府部门在各项农业社会化服务的供给中发挥了关键的作用。政府部门是技术、信息、品牌、质量、作业和基建等服务的第一供给主体，分别有45%、53%、40%、49%、29%和71%的样本经营主体表示通过政府部门接受服务；同时政府部门在农资、销售及金融服务的供给中也占有较为重要的位置。其次，合作社或协会供给最多的是销售和物流服务，分别有39%和23%的样本农业经营主体表示其是通过合作社或协会获得这2项服务的。此外，合作社或协会还是技术、农资、信息、品牌、质量和基建服务的第二主要供给主体以及金融和作业服务的第三供给主体。最后，专业服务公司、农业企业和普通农户也在农业社会化服务供给中起到了较为重要的作用。其中，专业服务公司主要提供有物流、信息、品牌和基建服务，农业企业提供的主要是销售和质量服务，普通农户提供的主要是物流和作业服务。还需要特别说明的是，提供农资服务最多的是农资供应商，金融服务最主要的供给主体是金融机构。

表3-7　不同农业社会化服务最主要的三种供给来源

服务内容	第一来源		第二来源		第三来源	
	名称	占比/%	名称	占比/%	名称	占比/%
技术服务	政府部门	45	合作社或协会	18	科研单位	14
农资服务	农资供应商	42	合作社或协会	27	政府部门	19
销售服务	合作社或协会	39	政府部门	17	农业企业	13
物流服务	合作社或协会	23	专业服务公司	22	普通农户	17
信息服务	政府部门	53	合作社或协会	23	专业服务公司	6
品牌服务	政府部门	40	合作社或协会	32	专业服务公司	13
金融服务	金融机构	71	政府部门	15	合作社或协会	6
质量服务	政府部门	49	合作社或协会	24	农业企业	7
作业服务	政府部门	29	普通农户	26	合作社或协会	23
基建服务	政府部门	71	合作社或协会	9	专业服务公司	8

（三）样本农业经营主体农业社会化服务供需中存在的问题

农业经营主体自身对其所获农业社会化服务的评价如何？为了对此有一个整体的了解和把握，课题组在问卷中设置了"你认为，现在从事农业生产经营所能获得的社会化服务总体上充分吗？"这一问题。在481个样本经营主体中，有16.84%的经营主体回答很不够，19.54%认为较差，24.95%认为一般，28.48%认为较好，10.19%认为很充分。可见，只有少部分样本农业经营主体认为目前所获得的服务水平还可以，能够满足其基本需求；近40%的样本农业经营主体认为当前的农业社会化服务远没有满足其需要。进一步结合前文的描述性统计分析可以认为，中国的农业社会化服务供需现状中主要存在不平衡、不充分的问题。具体来看：第一，就农业社会化服务的需求现状而言，中国很多农业经营主体的社会化服务需求都没有得到满足。不管是哪类农业经营主体、从事何类种养业生产，技术、农资和信息服务基本都是其需求最多，且获得也最多的社会化服务。但接受过服务的农业经营主体的占比远低于有服务需求意愿的主体占比。第二，就农业社会化服务供给现状而言，目前中国的农业社会化服务供给主体总体呈现来源单一的特点。政府部门、合作社或协会是农业社会化服务的主要供给主体，而企业、科研单位、专业大户或家庭农场、村集体等在农业社会化服务供给中的作用非常有限。中国的农业社会化服务供给主要依靠政府行政力量、市场主体作用发挥不足的现状亟须转变。

第二节 农业社会化服务模式的发展实践

通过本章第一节的分析可以发现，政府部门和合作社或协会在农业社会化服务中发挥了重要的作用。农业服务公司、科研机构、专业大户、家庭农场和村集体等主体的农业社会化服务供给则十分有限。为了更加全面地了解不同类型农业社会化服务主体的服务功能，本节选择了全国各地由不同服务主体主导的农业社会化服务典型模式，通过对其进行简单的分析和介绍，以期总结出当前中国农业社会化服务模式的发展经验与存在的问题。

一、各地农业社会化服务典型模式的介绍

（一）供销合作社主导的农业社会化服务模式

1. 山东省供销合作社联合社的农业社会化服务体系 山东省供销合作社联合社改革过程中构建形成的农业社会化服务体系，是目前中国供销合作社系统参与农业社会化服务比较典型的案例。孔祥智等（2018b）专门针对山东供销合作社的改革情况，撰写了《合作社的再合作——山东供销社综合改革与联合社发展研究》一书，书中提到，供销合作社在服务农民方面，开展土地托管，以服务规模化促进农业适度规模经营；加强科技推广应用，提升服务规模化能力；等等。

山东省供销合作社的改革始于 2014 年《国务院办公厅关于同意供销合作总社在河北等 4 省开展综合改革试点的复函》。文件提出"按照改制自我、服务农民的要求，大力推进组织创新、服务创新、经营创新，完善体制机制，健全基层组织，激发内在活力，进一步密切与农民利益联系，拓展服务领域、提高服务质量，推进服务规模化、流通现代化，促进实体性合作经济组织建设，努力将供销合作社打造成为为农民生产生活服务的生力军和综合平台"。之后《中共中央 国务院关于深化供销合作社综合改革的决定》进一步指出："……供销合作社要采取大田托管、代耕代种、股份合作、以销定产等多种方式，为农民和各类新型农业经营主体提供农资供应、配方施肥、农机作业、统防统治、收储加工等系列化服务，推动农业适度规模经营。"在前述中央文件及《中共山东省委 山东省人民政府关于深化供销合作社综合改革的实施意见》的指导下，山东省最终探索研究出了适合当地农业发展、促进农民增收的农业社会化服务模式。

首先，山东省供销合作社形成了"以土地托管为切入点推进现代农业服务规模化，以为农服务中心为依托打造 3 千米土地托管服务圈，以'党建带社建、村社共建'创新工程为引领搭建协同为农服务机制，以'3 控 3×6＋1'

双线运行机制为核心"的综合性规模化可持续为农服务体系。"3 控 3×6＋1"双线运行机制顶层设计的详细情况如图 3－1 所示，其中，"3 控 3"指的是省（市）供销合作社联合社控股省（市）的龙头公司，县一级的供销合作社联合社控股各县的农业服务公司，而镇一级的农民合作社联合社则控股各为农服务中心；"×6"指省（市）龙头公司、县农业服务公司和为农服务中心各自承担的 6 项农业社会化服务功能；"＋1"指在各为农服务中心所设立的政府涉农部门服务窗口；"双线"则是指由联合社机关所主导的行业指导体系以及由社有企业所支撑的经营服务体系。显然，图 3－1 侧重的是种植业领域的生产性服务，在山东称"土地托管"，也即中央文件中提到的生产托管。山东省供销合作社系统所主导的土地托管分为 2 类：一种是半托管服务，农业社会化服务组织受托，为各类农业经营主体的生产经营活动提供 1 项或几项服务；另一种是全托管服务，农业社会化服务组织受托为各类农业经营主体的生产经营活动提供涵盖耕、种、管、收、储、售等全程农业社会化服务。

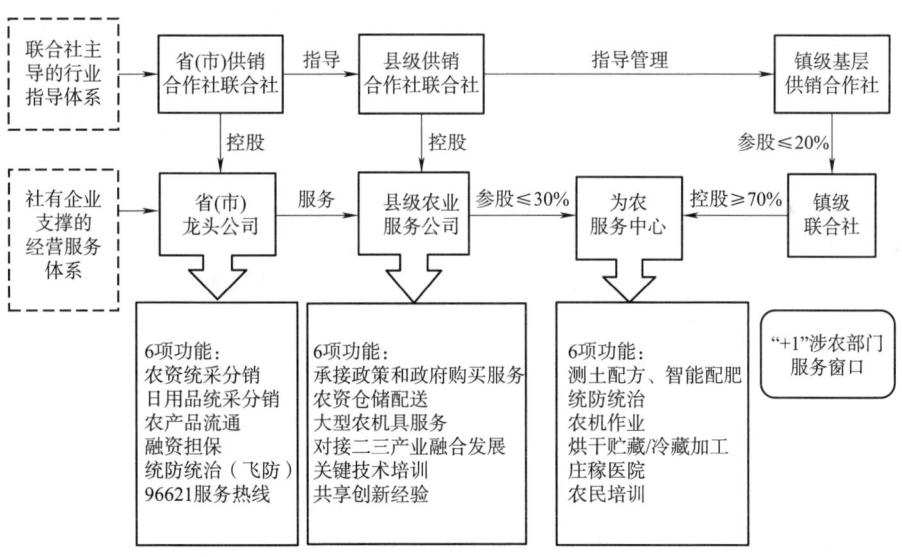

图 3－1　山东省供销合作社农业社会化服务体系

其次，奠定了为农服务中心在山东省供销合作社农业社会化服务体系建设中的基础性和关键性地位。具体来看，山东省供销合作社根据山东不同地区的资源禀赋，发展形成了 2 种为农服务中心：一种是在平原丘陵地区以提供大田作物托管服务为主，占地约 20 亩、服务半径 3 千米、辐射耕地面积 3 万～5 万亩的为农服务中心；另一种是以托管林果等经济作物为主，以由山地自然形成的小流域作为基本服务单元，服务半径 6 千米、辐射土地面积约 10 万亩的为农服务中心。尽管为农服务中心在供销合作社的农业社会化服务体系中有着举足轻重的作用，但由其直接提供的农业社会化服务并不多。如图 3-2 所示，为农服务中心更像是一个农业社会化服务的交易平台，通过整合农资、农机、农技等各类农业社会化服务资源以及汇集不同农业生产主体的服务需求，重点围绕耕、种、管、收、储、运、加、销等环节来实现服务供需的有效对接。以农机作业服务为例，为农服务中心首先依托合作社等农业社会化服务主体将其服务范围内的社会农机具进行整合、统一培训农机手，然后再为周边的各类农业生产主体提供服务。此外，基层供销合作社还通过"党建带社建、村社共建"创新工程，以成立合作社等方式实现了对普通农户耕地资源的整合，以便有组织、有规模地接受中心的服务。

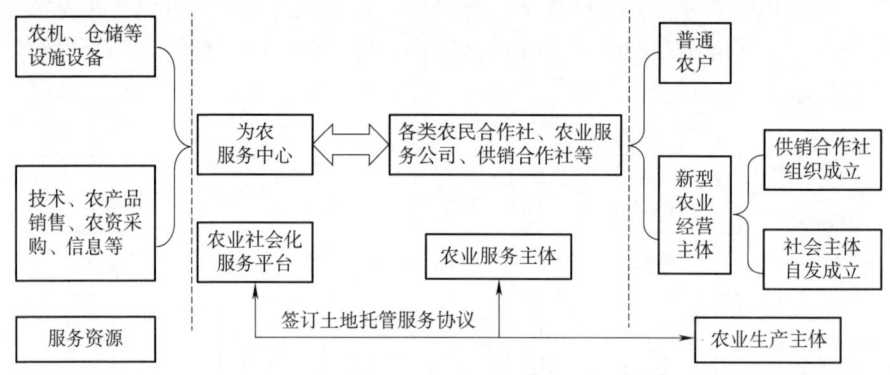

图 3-2　山东供销系统的为农服务中心运作方式

注：直接与农业生产主体签订土地托管服务协议的一方，可能是作为农业社会化服务交易平台的为农服务中心，也可能是合作社、农业服务公司或供销合作社等农业社会化服务主体。

通过以上介绍可知，"农民组织化＋服务规模化"是山东供销合作社农业社会化服务模式的主要特点和运作形式。首先就农民的组织化而言，基层供销合作社通过"党建带社建、村社共建"创新工程，以与村"两委"或村集体经济组织共同成立合作社等方式，实现了对普通农户耕地资源的连片整合。当然，现实中也存在很多已经自发完成土地规模化的家庭农场、专业大户以及农民专业合作社等新型农业经营主体。其次就服务的规模化来讲，供销合作社利用自身长期从事农资和农副产品供销以及提供农业社会化服务的优势，构建形成了省（市）、县和乡（镇）三级服务网络，依托为农服务中心这一基层服务平台汇集、整合社会上的各类农业社会化服务资源，从而在农民组织化的基础上实现了服务的规模化。

2. 舜耕合作社　舜耕合作社便是在山东供销合作社主导下开展农业生

产托管服务的典型案例。舜耕合作社位于山东省滕州市西岗镇的东王庄村，由滕州市从事化肥、农药、农地膜、中小农机具以及农药器械批发与零售的丰谷农资公司于 2009 年牵头成立。舜耕合作社主要从事小麦、玉米和马铃薯等大田作物的生产托管服务。东王庄村有人口 860 人，共计 256 户。2010年丰谷农资公司以舜耕合作社的名义，在东王庄村流转了 310 亩耕地建设小麦和玉米的示范种植基地。2013 年下半年利用山东供销合作社开展"党建带社建、村社共建"创新工程之机，西岗镇基层供销合作社引导东王庄村村"两委"，在征得全村农户一致同意基础上，于 2014 年年初与舜耕合作社达成"股份式"土地全托管协议，组织全村农户加入了该合作社。实现土地全托管之后，东王庄村村"两委"进行了土地整合，通过消除不必要的沟路渠、改窄畦为宽畦、改大畦背为小畦背等方式，使全村耕地由原来的 1 050 亩扩增到 1 111 亩，舜耕合作社与入社农户均实现了增收。以 2016 年为例，当年舜耕合作社的土地亩均利润为 1 200 元，西岗镇同样种植粮食作物的未入社农户的亩均利润最多则只有 1 000 元。

（二）公司主导的农业社会化服务模式

1. 绿能公司　绿能公司成立于 2010 年，是一家集土地流转、水稻种植、农资农机农技服务、稻谷烘干储存、大米生产加工与销售等于一体的综合性涉农企业。2018 年公司总产值达到 1.15 亿余元，"流转自营"[①] 土地4.4 万亩，农业生产托管 15.8 万亩，带动农户 12 000 余户，帮助区域农民人均增收 2 500 元左右。

农业生产托管是绿能公司服务小农户的主要形式。而在具体实施中，生产托管又可以进一步细分为全程托管和菜单式托管服务。在全程托管中，农户将土地托管给绿能公司种植水稻，由公司提供产前、产中、产后的全程"九统一"（统一供应良种、统一供应新型化肥、统一机械播种施肥、统一田间技术指导、统一病虫害防治、统一收割烘干、统一回收农产品、统一连锁销售和统一提供融资担保）托管服务；农户只需跟踪管理和计量收付，每亩确保获得 1 000 元纯收益。在菜单式托管中，水稻种植品种、季节安排、农产品销售等经营决策由农户自己决定，公司将每个生产环节的服务项目列入服务菜单，农户按需点单，公司最终以低于当地市场约 30% 的价格为农户提供相应的服务。而绿能公司"流转自营"土地的方式主要为"整村整组

---

① 表面上来看，"流转自营"属于土地流转行为。但从"流转自营"的具体过程与操作来看，还是可归于农业社会化服务——绿能公司以流转（主要是租赁和入股）为手段，将小农户组织起来，进而提供农业社会化服务；租赁和入股等则代表了农业社会化服务中，服务供需双方（绿能公司和小农户）之间不同的利益分配机制。

流转＋组建合作社"；公司充分利用村级基层组织的优势，在保证农民合理流转利益的前提下，每亩支付村"两委"流转工作经费20元，由村组负责流转、生产和管理，实现整村整组流转。

为了保证服务质量，绿能公司建立了三重管理体系。①专业化农业社会化服务体系。首先公司组建了生产资料、田间管理、农业机械、水稻种植、农技农化、农村电商、综合服务等多支专业服务队，为小农户和各类经营主体提供农资购买、机耕、机插、机收、稻谷烘干等服务。其次公司建立了员工培训制度，成立现代职业农民培训学校，并与江西农业大学等院校和国家杂交水稻研究中心等科研机构建立合作关系，选派员工、种植大户学习进修，使其成为掌握先进农科技术的"新农人"。最后公司通过投资购买新型机械设备，不断提升作业服务能力。目前公司拥有农机430台（套），全年可完成机耕9万亩、机插1万亩、机收9万亩；有效仓容2万吨，拥有日烘干水稻860吨、年加工大米10万吨的能力，可以有效满足小农户及各类经营主体的服务需求。②现代化农技支撑体系。首先与科研机构合作建立新品种示范孵化基地，引进优良品种，积极推广应用测土配方施肥、绿色防控技术和先进的种植模式。其次充分利用农业农村部水稻万亩高产创建示范基地平台，与江西农业大学等院校及科研机构合作建立科技应用实验基地，聘请农业专家把关指导，搭建平台进行科研合作和技术攻关，将先进科研成果融入服务项目。③全方位风险防控体系。首先对全程托管农户和经由公司统一供种、指导培训的菜单式托管农户，公司负责直接回收农产品，实行湿谷折算干谷回收，既解决了农户产品销路问题，又可以间接提高农户收益。其次公司还为全程托管农户购买了水稻政策保险和商业保险，每亩最高保额可达800元。

2. 宏基公司　为解决咸家工业区"谁来种地，怎么种好地"的问题，2015年山东省高密市供销合作社资产经营管理有限公司与宏基农机专业合作社、宏基农机培训有限公司共同出资成立了宏基公司。公司成立后便投资2600多万元建设了咸家为农服务中心。借助供销合作社与村"两委"开展"村社共建"的契机，由市供销合作社、工业区管委会统筹协调，为农服务中心和村"两委"负责组织实施，宏基公司在咸家工业区24个村开展了"村庄整建制托管"服务。

宏基公司的"村庄整建制托管"服务具体有2种形式：①小农户订单式托管服务。由为农服务中心制发"宏发托管服务包"，逐项列出各环节的服务价格和标准，村"两委"一方面组织农民根据自己的需要选择要购买的服务项目，另一方面负责引领为农服务中心对农户开展服务并代收服务费。②土地股份合作社全程托管服务。由村"两委"牵头组织农民，以土地入股的方式成立土地股份合作社，并将土地进行统一整理、实行规模经营。宏基公司通过与村"两委"签订托管合同为合作社开展耕种管收全程服务，村"两委"组织部分农民负责日常的田间管理。2018 年有 20 个村实行订单式托管服务，仅 4 个村实行土地股份合作社全程托管服务；到 2019 年，已经有 12 个村实行土地股份合作社全程托管服务。通过全程托管服务，农户每亩耕地一年可节省物化成本和生产作业成本 260～280 元，农药化肥用量降低 20%，病虫害有效防治率超过 97%。

为了给生产托管服务提供坚实的硬件和软件支撑，宏基公司不断提升装备水平和创新管理运营机制。首先，为咸家为农服务中心新购置了 150 多台（套）先进农业机械，并以宏基农机专业合作社为依托，整合了社会上 750 多台（套）闲散农机；在作业机械上安装全球定位系统（GPS），组建了农机作业调度中心，建立了农机管理云平台，与山东省农机主管部门的管理平台对接，实现了信息化、智能化管理。其次，宏基公司投资建设了超过 1.2 万米^2 的农机储存、维修、保养车间，以及超过 0.6 万米^2 的农资仓储配送中心、仓容 1 万吨的粮食周转库，并购进了 2 台烘干塔、7 台烘干机。以此为依托，宏基公司与望乡、安佑、正大等粮食和饲料加工企业建立了战略合作关系，共同打造了完整的产储加销产业链。再次，宏基公司通过"一图、二包、三平台"① 这一运营工具，实现了农耕服务效能和价值的系统化平台化提升。最后，为提升农机作业服务水平，宏基公司与农机部门合作成立了高密市农机培训学校，先后承担了山东省农机手实用技术培训、山东省烘干基层体系建设培训等一系列政府惠农培训项目，许多受训人员都成了整建制托管队伍中的骨干。

3. 新翔丰公司　新翔丰公司成立于 2007 年，最初从事种子育繁推业务。2012 年新翔丰公司开始从事农业生产托管服务，并逐步延伸到农资综合营销、特色农产品开发、农业科技园区建设、高素质农民培训、农业托管等综合性农业服务业务。目前，新翔丰公司已初步形成了"三级体系强组织、四化建设保服务、五个降减重落实"的农业生产托管"翼城模式"。

首先是"三级体系"健全服务队伍。新翔丰公司组建了县、乡、村农业社会化服务三级体系。县级由新翔丰公司牵头成立"翼城县农业社会化服务联合体"，整合当地土地、农资、农机和人才等资源，统一协调、统一管理；乡镇成立"农业生产托管服务中心"，由当地有实力和管理能力的农机合作社具体运营，负责托管服务的组织实施、技术培训、农机调配、质量把关等工作；村级成立"农业生产托管服务站"或者"农业生产托管服务合作社"。

---

① "一图"即全市的农耕数据地图；"二包"即托管作业服务包和多层次农产品数据包；"三平台"即农机作业调度与协同平台、农机服务评价平台和为农服务竞技平台。

通过组织整合各类资源，新翔丰公司形成了有组织、有机构、有人员的专业化农业社会化服务队伍。

其次是"四化建设"保证服务质量。①作业标准化。新翔丰公司组织相关专家分别制定了《耕翻整地作业标准》《播种施肥作业标准》《病虫防治作业标准》和《粮食收割作业标准》，既便于农机手和植保防护人员操作执行，也便于农户和相关人员监督管理。②服务规范化。公司要求各级服务组织明确服务程序、执行服务流程、履行服务协议、保证服务质量。③管理统一化。公司完善制定三级机构信用管理制度和考核退出机制，实现三级机构统一领导、职责明确统一管理、"散兵游勇"统一团队、绩效奖惩统一考核，对服务人员在服务中出现的质量问题和违约行为予以提醒、警告、退出等处理。④技术实效化。托管后土地集中连片，专家能够跟踪服务，大量科研成果和先进技术可以与服务组织对接落地。

最后是"五个降减"强化收益核算。为保证农业生产托管服务健康发展，确保市场化持续运营，新翔丰公司提出了"三降""两减"的"五个降减"理念。"三降"指通过统一采购降低农资成本、通过连片规模生产降低农机作业成本、通过专业组织服务降低农民种地劳动投入成本；"两减"指通过精准使用绿色综合防控技术减少农药用量、通过测土配方施肥技术和新型肥料应用减少化肥用量。经初步测算，采用托管服务后，农户每亩约可节省生产资料、劳动力等生产成本 270 元，亩均增产 10%，增收 88 元，农民每亩合计实际节本增收 350 余元。而且托管小麦冬前统一化学除草 2.8 万亩，亩均减少农药用量 20%～30%。

4. 川椒王子公司 川椒王子公司成立于 2013 年。针对盐亭县当地传统藤椒产业的"小、零、散"等问题，川椒王子公司与四川国资农旅公司合作，吸纳整合 23 个藤椒产业合作社、32 个家庭农场及 13 个农资农机合作社，组建了"四川盐麻麻藤椒产业化联合体"，重点在藤椒种植、技术、加工、营销等 4 方面提供优质服务。依托自身新技术、新成果和新品种，川椒王子公司与联合体其他成员共同对小农户、合作社和产业基地提供以"技物结合"为主要方式的托管服务，使得托管区藤椒亩均增产 400 千克，亩均收益增加 4 800 元。2018 年川椒王子公司实现销售收入 2 685 万元、利润 249 万元，直接带动农民增收 800 万元以上。川椒王子公司及其联合体的农业社会化服务具体内容与做法，主要体现在 3 个方面：

（1）创新合作模式。首先，川椒王子公司注册了"川椒王子"品牌商标，带动联合体成员实现藤椒产业品牌化发展。其次，公司建立了藤椒产业信息服务平台，通过与服务对象签订协议，明确联合体成员在农资供应、产品收购、技术服务等方面的合作关系；进一步明确了企业拓市场、家庭农场搞生产、合作社包服务的功能定位。最后，在利益分配上公司实施分社经营管理、分社结算成本、分别承担盈亏的"保底＋二次分红"利益联结机制，即在统一收购价格基础上，由联合体从整体利润中提取5％公积金、2％公益金、10％风险金后，再对剩余盈利按成员间交易量进行二次分红。若出现亏损，则由风险金和农业特色产业保险共同分担。

在与藤椒种植户的利益联结方面，川椒王子公司全面推行"公司＋集体＋农户"的股份合作模式。在该模式中，农民、村集体分别以土地和集体资产入股到川椒王子公司，持股对公司藤椒产业利润享有分红权益；投产前公司按300元/亩的标准支付租金给农户，投产后农户、公司、村集体按5：4：1比例分成，确保农户亩均增收3 000元以上。公司还与县内规模种植户签订生产订单合同，执行保护价收购政策，产品市场价低于保护价时按12元/千克的保护价收购，高于保护价时按市场价收购，最大限度确保种植户增收。

（2）搭建系统平台。以标准化生产为目标，川椒王子公司在全县建设了28个藤椒种植基地，并制定了栽植、管理、采摘、预冷、保鲜、加工、包装、运输等环节的操作工艺和技术标准。同时，公司与科研院校合作成立了"盐亭县藤椒技术工作站"，对经营主体、职业农民等进行种植技能和营销管理培训，实现藤椒产业科技支撑服务全覆盖。公司对园区种植基地实行统一种苗供应、统一栽植技术、统一农资采购和统一生产管理。此外，公司还在规模种植乡镇建立了藤椒加工厂，开展烘干、初选、分级等初加工，并联合四川省内外经销商构建了藤椒产品营销平台——在线上建立包括藤椒系列产品在内的农特产品旗舰店，线下同步建立实体店，实行线上线下联合经营。

（3）强化要素保障。资金方面，公司通过争取基础设施建设奖补、贷款贴息等财政扶持资金，引入"农当家"平台的产业扶持资金，以及吸纳联合体成员金融资本等渠道，为联合体成员提供低息信用贷款——成员凭个人信用，一般可无抵押无担保贷款10万元，贷款周期1年，年利率3.92％；若信誉良好，次年金额可提至30万～50万元，周期延至3年。人才方面，公司为已投产和即将投产的藤椒种植户提供预冷、保鲜、包装、分选加工等环节的技术培训，确保种植20亩以上的种植户配备至少1名懂技术、懂管理、懂经营的人员。

5. 美华果业公司　为解决传统果农在生产中面临的产量不高、质量不均、效益不稳等难题，陕西省白水县的美华果业公司自2016年以果园托管服务为核心，探索出了集技术服务、生产种植、果品包装、冷藏物流、加工营销等于一体的全产业链农业社会化服务体系。

首先在服务内容上，美华果业公司通过探索创新多元合作形式，推动果园托管服务实现了规范化运行。①村企联合党建。在开展果园托管服务的村庄，公司通过村企"联合党建"的方式——由村级党组织和美华果业公司党支部组成苹果产业联合党总支，成立村级托管委员会。在托管委员会领导下，公司与在托管果农中选出的由党员、技术能手和有威望村民组成的骨干小组达成协议，坚持果农能做的事果农办、果农做不了的事协商办。②整合村庄能人。美华果业公司通过整合村庄内外技术人力，成立了剪枝、机防、技术等诸多专业性服务团队，保证了托管服务的质量。③多方技术合作。公司邀请西北农林科技大学白水苹果试验站、白水县园艺站专家，通过对托管果农进行统一培训指导，有力地提升了果农种植技术。公司还通过为果园"建档立卡"，详细记录果树品种、树龄、长势及果园托管后果树用药、施肥、修剪和其他服务情况，实现了果树管理的数据化、科学化和精细化。同时公司通过注册使用"臻果源"有机苹果品牌，实现了苹果产业的专业化、品牌化运作。

其次在服务方式上，公司通过丰富托管形式，满足了不同类型农户的多元化需求。①半托管。针对缺少技术、资金，但仍有种植积极性的果农，公司在耕、种、收等田间作业和农药、化肥、农膜等农资供应方面提供订单式的优惠服务，而生产决策权仍属于农民。②全托管。针对无劳动能力、无资金收入的政策兜底保障型贫困户，公司通过与贫困户签订托管协议，在生产决策、技术管理、生产投入等产前、产中、产后各环节开展下地服务，并在配套农药、化肥补贴的同时，以高出市场价的价格优先收购贫困户的苹果。③反托管。针对 2016 年之前土地已流转的果园，公司统筹种植计划、生产管理、果品销售等环节，而将其他部分生产环节委托给有条件和能力的农户把控，依耕种面积向农户支付劳务工资，并对高出保底收益的部分进行分红。

美华果业公司通过向果农提供多样化、科学化、精准化的果园托管服务，有效降低了苹果生产成本，拓宽了苹果产业链条，促进了果业增产、果农增收。据测算，实行标准化托管后的果园优果率可增加 9%～16%，每亩可节省生产成本约 600 元、增产约 400 千克。仅在果园种植上每个贫困户预计每亩每年可增收 800～1 200 元。

6. 司雷植保公司 司雷植保公司自 2017 年成立以来，以茶园植保生产托管为切入点，通过研制出的纯物理智能虫害防治系统，探索形成了生态防控全程托管模式，解决了茶园散户经营面临的植保难题，实现了茶产业转型升级、绿色发展，促进了农业增效、农民增收。对茶农来说，与采用传统化学农药防治相比，通过生态防控全程托管，茶叶亩产可增加 30%，价格每千克提高 40～100 元，按亩产 50 千克干茶计算，每亩可增收 2 000～

5 000 元。

公司的服务内容具体包括改造提升茶园生态环境、布局生态防控智能终端，以及委派专业人员对茶园的虫害进行预警、实施生态防治与保护。首先，司雷植保公司依托农业管理平台对受托茶园进行远程操控。受托茶园安装的传感器获取数据信息后，通过传输网络传递给监控中心，监控中心在数据中心等后台支持系统的协助下进行虫情判断、决策，并远程操控多功能终端开展虫害防控。其次，公司采用智能虫害防治系统，通过远程操控多功能智能终端，综合运用声光电效应，干扰破坏害虫的繁殖链及生长活动，有针对性地对茶叶虫害进行防控，可以大大减少甚至避免使用农药，有助于改善土壤等生态环境。此外，针对小农户茶园面积小、地块分散、服务难开展的特点，公司与村民委员会、农民合作社联合，将相邻地块小农户组织起来，在当地植保部门指导下开展茶园植保全程托管服务；农户只需要支付服务费便可以享受到专业化的植保全程托管服务。而且，公司在为茶农提供植保托管服务时承诺将虫害控制在一定标准下，并为此引入了中国人民财产保险股份有限公司的保险——凡由司雷植保公司提供植保托管服务的茶农，均配套茶叶虫害保险，从而消除了茶农使用植保新技术的后顾之忧、加快了新技术的推广应用，也降低了茶农的生产风险。

7. 丰信公司　丰信公司成立于 2008 年，是一家基于互联网、大数据和人工智能自主研发应用的科技型农业服务公司。公司通过一站式种植服务平台和以农技服务为核心的服务支撑体系，为小农户、合作社、家庭农场及种植公司等提供从种到收的全程技术托管服务。通过购买丰信公司的全程技术托管服务，农户只需按照平台推送的全程技术托管方案及线上专家指导和店长田间巡查指导要求，就能够实现对种植过程的科学管理，促进农业增产增效。如由丰信公司全程托管的马铃薯、花生及小麦项目，经全国农技推广中心专家组测产验收，比对照田分别增产 21.5%、14.5%、7.28%。公司主要采取的是线上线下相结合的服务方式。

首先搭建线上服务平台，制定全程技术托管方案。①搭建一站式种植服务平台。丰信公司自主研发了"超级老板 App（种植服务管理端）＋金牌店长 App（种植服务端）＋丰信之家微信端（会员端）"的一站式种植服务平台，为全程技术托管模式的执行提供线上工具支持。②智能化制定全程技术托管方案。根据种植季节、农户种植作物需求，依托农田基础数据、农业气象数据、卫星遥感数据及公司积累的精准服务数据，通过作物种植模型、人工智能算法进行全程技术托管服务方案的设计和优化，一键"智能开方"形成专属"全程技术托管方案"，并通过一站式种植服务平台推送给农户。技术托管方案涵盖了选种、播种、施肥、施药、灌溉、田间巡查、收获指导、销售、储存等农业生产全过程中的所有环节，全部内容可由丰信公司全程托管实施，也可以部分托管；而具体农事作业可由农户自行完成，也可选择更专业的农事服务队伍完成。

其次组建线下服务队伍，实现"农户服务农户"。①划片管理、专人负责。丰信公司以县为单位，每个县确定 1 名负责人，负责整体推进该县技术托管方案落地。在确定服务的县域内，再由县域负责人将耕地按 3 000～10 000 亩进行网格化划分，每个服务区招募 1 名合伙人成为丰信金牌店长（线下服务人员）。店长负责将服务区内小农户通过合作社、家庭农场等形式组织起来，并利用一站式种植服务平台实时为区域内所有地块提供服务。店长由农户担任，普通农户经过系统培训即可胜任；县域负责人和店长均由丰信公司统一管理，公司根据服务规模和效果为县域负责人和店长发放报酬，并由丰信商学院免费提供培训。②收集信息、优化方案。对首次服务的地块，店长需要对服务区域内的小农户、合作社等进行系统调研，在种植服务端录入地块位置、种植作物和习惯、作物产量、用肥用药信息、病虫害情况等相关基础数据；农户也可关注"丰信之家"微信端自行注册录入。对服务一季及一季以上的地块，店长会根据一站式种植服务平台数据收集需求，随时组织更新种植数据，为优化全程技术方案提供更精准的基础数据。

8. 隆平现代公司 隆平现代公司是由袁隆平农业高科技股份有限公司（以下简称"隆平高科"）于 2015 年全资注册成立。隆平现代公司以粮食烘干服务为切入点，构建形成了"四个一"①品质原粮生产农业社会化服务体系。其中，隆平粮社是公司组织带动小农户的重要纽带。隆平现代公司充分发挥隆平高科的品牌资源优势，依托各地粮食种植合作社、大户等发展基层隆平粮社，并广泛吸纳小农户入社；从而通过"小农户＋隆平粮社＋公司"的模式，把粮社打造成组织带动小农户的服务平台。在服务过程中隆平粮社实行"一个品种一套种植方案"的服务方式，即根据每个品种的特性，针对性地设计种植技术方案、构建精准种植模型；隆平粮社还依托隆平高科的商业育种体系、优质的种子资源、强大的品牌优势与行业资源整合能力，为小农户统一采购种子、农药、肥料、秧盘、薄膜等生产物资，以及在促进小农户农田集中连片的基础上，统一提供农机作业、飞防作业等农业生产性服务；同时隆平粮社承诺，以不低于市场价的价格回收其所服务农户生产的粮食。

公司的产后服务中心则主要负责开展粮食的烘干仓储服务。具体的，公司通过隆平粮社就地就近配套建设产后服务中心，为农民提供粮食清理、干燥、储存、销售等服务。产后服务中心主要包括过磅区、烘干区、仓储区、

---

① 一个隆平粮社、一个产后服务中心、一个培训平台、一套增益系统。

办公区等重要功能区，每个中心可直接服务 2 万亩耕地，有效解决小农户产后粮食处理和储存问题，保证粮食品质的统一化、标准化和优质化。隆平高科还与中央农业广播电视学校、农业农村部农民科技教育培训中心共同建设了"云上智农"线上培训平台，为小农户等各类农业生产主体提供"教育＋产业＋生活"等培训服务。农户增益系统是包括 365 益农、品质原粮交易平台、隆平粮社工作端在内的互联网网络服务平台的总称。种粮农户通过 365 益农实现种植技术查看、专家技术答疑、技能在线培训、技能认证、专业技术课程学习、卖粮信息发布等；粮食需求企业通过品质原粮交易平台查看样品照片、库存情况、虚拟库存、需求发布和买粮下单；而隆平粮社工作端实现对过磅数据、烘干数据、库存数据、农资数据和粮食交易数据的管理。

在"四个一"的品质原粮生产农业社会化服务体系下，隆平现代公司服务的小农户取得了显著的增收效果。以湖南省水稻生产为例，根据 2018 年的运营情况，一家隆平粮社按服务 2 万亩耕地、0.2 万个小农户计算，农户单独购买农资需要 840 万元，粮社统一采购仅需 680 万元，节约农资成本 160 万元；农户单独种植产出值为 2 400 万元，粮社统一运营产值可达 2 876 万元，增加产值 476 万元，户均合计节本增收 3 180 元、亩均节本增收 318 元。

9. 全丰植保公司　全丰植保公司是一家集农用无人机研发、生产、培训、服务于一体的企业。针对小农户在病虫害防治中面临的问题，全丰植保公司发挥自身优势，积极开展全方位、标准化的航空植保服务。目前公司已经形成了以"智能云服务平台"为载体、标普农业服务组织为纽带的航空植保模式。经专家跟踪调查，航空植保年均减少化学农药用量达 30%，减少用水量 95% 以上，防治效果提高 22%。2018 年仅飞防作业就节水 24 万多吨，节省农药成本 6 000 余万元，通过解放农村劳动力间接增加农民收入达 4 800 多万元。

"人、机、剂、技、法"是全丰植保公司飞防服务的关键点。"人"，即启动"自由鹰百万飞手培训计划"，通过培训专业飞手，提高服务能力。"机"，即研发油动、电动等多款植保无人机，满足航空植保服务的多元化需要。"剂"，即研发飞防植保专用药剂，提高防治效果。目前已筛选出 5 大类 31 种飞防专用药剂产品，可覆盖绝大多数农作物常见病虫害用药。"技"，即制定严格的飞防标准，公司通过与中国农业大学等机构合作，积极完善不同作物不同时期的航空植保精准作业方案。目前全丰植保公司已为 10 余种作物分别制定了标准化作业方案。"法"，即云服务平台智能化调度。"智能云服务平台"是全丰植保公司航空植保服务实现智能化运作的重要手段。公司可根据飞防作业位置、飞行机体和喷施器械状态、土壤养分含量、病虫害发生程度、喷洒农药方案和作业面积等信息，通过远程传输系统，随时调整药液含量和具体操作路径，实现远程在线监测和精准作业调度。

以"智能云服务平台"为依托，全丰植保公司成立了专门从事农业植保服务和全程标准作业的标普农业科技有限公司。在此基础上，公司构建形成了"标普云平台＋县级服务中心＋乡镇村服务站＋终端农户"的植保服务模式。县、乡镇、村服务站以当地农民合作社或农资经销公司为依托，通过线上或线下接单。全丰植保公司接到服务订单后，会立即派出植保专家实地勘察病虫害发生情况，制定飞防作业计划，明确飞防作业标准与药剂使用标准，随后调动标普县级服务中心、乡镇村服务站按照标准开展精准作业，对作物进行快速防治。药剂监督部门对照标准严格监督，保证药效。全丰植保公司在每个重点县级服务中心一般投放 200 架植保无人机，每个重点乡镇服务站投放 20 架植保无人机。每个乡镇服务站的辐射作业半径达 10 千米，日作业能力近万亩，比传统人工防治效率高 12.5 倍，为当地有效应对暴发性、突发性病虫害构建起强大的防控体系。

10. 金丰公社公司　金丰公社公司由世界银行、亚洲开发银行等国际金融机构投资组建。通过汇聚全球种植业优质资源，与国内外大型食品、饲料加工企业建立战略合作关系，金丰公社公司得以为小农户等各类经营主体提供贯穿农业全产业链的农资套餐、农产品销售、农业金融保险等生产托管服务。

首先是汇聚全球种植业优质资源。在农资供给方面，公司与拜耳、巴斯夫、先锋等农资企业及道依茨法尔、极飞科技、雷沃福田等农机企业建立战略合作关系，以低于市场价的价格统一采购农资。在农产品营销方面，公司与阿里巴巴、京东、美团、正大、鲁花等线上线下渠道平台建立合作关系，实现产销对接。在人才培养方面，公司组建了金丰学院，培养一流的农业经营服务和技术应用人才；此外，公司积极与各地农业农村部门联合开展农民培训教育。在金融保险方面，公司联合光大银行、华夏银行等金融机构，通过县级金丰公社为小农户提供用于定向购买农机、农资等生产资料的贷款，每户最高可贷款 20 万元，利息由县级金丰公社承担。同时公司还为每个农户购买了总额达 700～800 元的政策和商业保险，最大限度降低自然灾害等风险对作物种植收益的影响，保障小农户收益。

其次是健全覆盖县乡村的服务网络。金丰公社公司主要由总部和县级金丰公社 2 级机构组成。总部为县级金丰公社提供农药、种子、肥料等农资和农机资源，以及套餐化服务和作业服务标准；县级金丰公社承担展示服务机械和套餐产品、组织农机手培训、定制社员服务方案、实施测土配方施肥等功能，以及具体实施对小农户的生产托管服务。在县级金丰公社服务体系中，乡镇级服务中心和村级服务站主要负责招募社员（小农户等经营主体）和进行物资仓配，以及不定期举办作物高产解决方案培训和产销订单对接"社员日活动"；而分布在各村的小社长则负责组织各村社员，保证社员土地集约化程度和规模达到县社的要求。根据各地户均耕地面积的不同，金丰公社每名小社长一般服务 50～120 名社员。

最后是规范农业生产托管服务流程。在服务前，金丰公社公司会与小农户签订农业生产托管协议，小农户根据自身实际确定托管周期，并通过协议明确双方的权利义务。对小农户而言，不用下地干活的同时还可以实现增收。一般情况下，金丰公社公司开展的农业生产托管服务，相比小农户分散种植，规模化机械作业可使每亩种植成本降低 10% 以上，粮食增收超过 10%，综合收益增长超过 20%。2018 年金丰公社公司累计种植订单小麦和订单玉米 46 万亩，每千克高出市场价 0.1～0.2 元，每亩耕地增收 50～100 元；累计种植订单高油酸花生 3 万亩，每千克高出市场价 0.8～2.4 元，每亩耕地增收 300～500 元。

11. 谷丰源公司　谷丰源公司成立于 2006 年。针对一家一户小农户滥用化肥农药带来的农产品质量参差不齐、土壤污染等问题，谷丰源公司以农作物为核心，通过对农业生产全程植保绿色防控技术和科学施肥技术的优选与集成，构建了"专业服务公司＋生产公司＋小农户"的"农工场"托管服务模式。该模式不仅节约了生产成本、增加了农户收入，也提升了生态效益。据测算，通过开展绿色防控等生产托管服务，玉米每亩可节水 50～200 米^3、化肥投入可减少 15～30 千克、农药用量下降 10%～25%；玉米制种公司亩均可增收 360 元。2018 年谷丰源公司和甘肃农垦集团国有八一农场合作开展药材绿色防控托管服务，使得药材霜霉病有效防治率达到了 95%，用药量下降 10%～25%，亩均增产 20% 以上，平均每亩增收 315.5 元。

谷丰源公司"农工场"托管服务模式主要包括 4 方面内容：①以农户需求为导向确定托管服务作物。相比其他作物，河西走廊地区的玉米、高原夏菜、中药材等 3 种农作物的种植面积相对较大，但新型农业技术应用不足问题也更加突出。如玉米制种方面，由于连年种植不倒茬，虫害不断加重，土壤板结、次生盐渍化等致使耕地质量下降，严重影响了制种玉米的产量。根据当地农业公司和小农户的实际需求，谷丰源公司把制种玉米、高原夏菜和中药材确定为托管服务的重点作物。②以农作物为核心制定托管服务方案。谷丰源公司通过汇集相关领域技术专家资源组建了专业技术服务团队。服务团队根据与农作物种植相关的土壤、气候、灌溉、病虫害等信息，集成新技术、新材料，形成了一体化标准种植方案。为实现不同农产品质量提升与土壤改良同步的效果，公司推出了从全程植保到配方施肥、水肥一体化、土壤改良等一系列综合托管服务项目。③以组织创新为重点探索托管服务形式。谷丰源公司实行"专业服务公司＋生产公司＋小农户"的服务模式。即与玉米制种、夏菜种植等生产公司合作签订协议，由谷丰源公司的专家服务团队提供全程病虫害绿色防控和土肥水技术方案，而后由服务团队和部分生产公司的驻村技术人员负责培训、指导和监督小农户执行。④以服务质量为根本构建科学评价体系。自 2016 年起，甘肃省耕地质量建设管理总站、甘肃省农业技术推广总站、甘肃省植保植检站、甘肃省种业商会（协会）等第三方单位权威专家就组成评价团队，对谷丰源公司的"农工场"托管服务效果进行公开测评，并将评价结果通过新闻发布会向社会公开。公司自身还与张掖市农产品质量监测检验中心合作，对使用"农工场"全程绿色防控的作物进行随机抽检，确保服务到位、质量达标。

12. 宝清美来公司 宝清美来公司成立于 2015 年，前身是有 25 年农资经营经验的宝清丰收农业、宝清丰收种业和植物病虫害防治医院。依托长期积累的优质服务资源，宝清美来公司通过为小农户提供集农资供应、农机作业、粮食收储销售、农产品加工、农业金融于一体的全程托管服务，显著增加了农户收入。如公司通过在大豆种植中配套采用"垄上四行大垄窄行密植栽培技术"实现了农作物合理密植，增产幅度高达 15％；而托管服务模式下采用联合收割机大面积统一收获，粮食损失率也大大降低。与小农户分散经营相比，全程托管服务后每亩大豆可降低农资成本约 20 元，通过增产实现增收约 70 元；每亩玉米可降低农资成本约 30 元，通过增产实现增收约100 元。

示范、宣传、推广是宝清美来公司在开展生产托管服务业务中积累的重要经验。为使小农户充分意识到生产托管服务的优势，宝清美来公司建立了"千亩高产示范田"。具体的，公司首先结合当地的土壤质量和土地分布情况，在宝清县 10 个乡镇各选择了 1 000 亩左右示范托管田，共计 1 万亩耕地。其次在与托管农户商议确定要种植的农作物后，公司具体落实品种、肥料、耕种、田间管理、作业标准、收获等"六统一"的作业服务。最后基于上述托管示范，公司实现了对新品种、新技术及集约化、标准化生产方式的推广。此外，宝清美来公司还在组织农民参加农业生产培训的同时，积极宣传生产托管服务的"好处"。

充分调动和利用社会资源则是宝清美来公司提供各项服务的重要手段。首先，公司会通过各村服务能力较强的农机手和村干部来协助组织小农户，以达到土地集中连片、整村托管的目的。其次，公司会采取社会化招募、专业化培训的方式将村屯种植能手进行整合，以便培养从事农业社会化服务的专业人才，增强生产托管服务的人才支撑。再次，宝清美来公司通过与中国建设银行合作，以粮食作为担保物，由中国建设银行为宝清美来公司所服务的农户提供贷款，解决农户生产过程中的贷款难题。最后，为建立畅通的粮食购销通道，宝清美来公司与中合粮油黑龙江有限公司合资成立"宝清中合粮油有限公司"，统一收购托管农户的粮食，并允许托管农户随行就市结算粮款，由此来达到降低市场风险、提高小农户种植收益的目的。

（三）合作社及其联合社主导的农业社会化服务模式

1. 仁发合作社 仁发合作社位于黑龙江省齐齐哈尔市克山县，主营业务是为各类农业经营主体提供农业社会化服务。克山县的农村人均耕地面积约为 8 亩，劳均耕地面积在 20 亩左右，是山东、河南等粮食主产区的 5~6 倍。由此来看，克山县的人地关系并不很紧张，与中国绝大多数地方相比，属于"人少地多"的地区。而且进入 21 世纪以来，黑龙江省的农村劳动力大量转移，部分村庄劳动力外出务工比例高达 80%。在这样的情形下，为了创新农业经营方式、实现规模经营以缓解"谁来种地、怎么种地"的问题，黑龙江省政府出台了支持农机合作社发展的意见，规定：凡是注册资金达到 1 000 万元以上的农机合作社，政府（中央＋省政府）将对其农机具购置费用补贴 60%。

仁发合作社正是在上述背景下成立与发展起来的。2009 年 10 月，来自克山县河南乡仁发村的党支部书记李凤玉联合其他 6 户村民共计出资 850 万元，成立了"克山仁发农机合作社"。其中李凤玉作为合作社理事长出资 550 万元，另外 6 户村民各出资 50 万元。仁发合作社在成立的当年便获得了 1 234 万元的政府农机购置补贴资金①；随即合作社利用农机购置补贴资金和李凤玉等 7 户发起人的 850 万元入股资金购置了大型农机具 30 多台（套）。经过 10 年的探索创新，仁发合作社最终构建了以"土地入股、服务内化＋托管服务为主，代耕服务为辅"的农业社会化服务模式，服务内容也由最初的农机作业、农资采购、技术指导、产品销售拓展到了粮食烘干仓储、品牌营销、农产品精深加工及马铃薯育种等方面。具体的，针对 5.6 万亩入股耕地合作社统一提供各项服务，并将合作社产生的盈余全部按照入社土地和成员权益进行分红，以 2016 年为例，入社农户亩均获得了 602 元的土地分红收入；而合作社对外开展托管和代耕服务，主要是为了使合作社的大型农机具实现满负荷运营，以降低农机具的闲置成本，其服务的面积和内容并不很稳定。

2. 新田地合作社 新田地合作社位于河南省荥阳市高村乡高村，合作

---

① 包括中央农机具购置补贴资金和黑龙江省对农机合作社购置大型农业机械的专项补贴资金。

社理事长是有着多年民营企业工作经验的高素质农民李杰。2011 年 3 月 26 日，李杰联合当地的其他 5 户农民注册成立了新田地合作社，主营业务是在为农户提供农机作业和农资采购等农业社会化服务的基础上专注生产和销售优质小麦和玉米。需要指出的是，新田地合作社中有成员和社员 2 类主体（表 3 - 8）：成员需要出资入股、接受合作社提供的农业社会化服务和参与盈余分红；社员则仅接受农业社会化服务，不参与出资入股和分红。其中，合作社成员又分为核心成员和普通成员——核心成员指的是包括理事长李杰在内的 6 户发起人，普通成员指的是新田地合作社后续吸收、参与出资入股和分红的农户；新田地合作社的日常经营决策基本由核心成员制定，而普通成员只参与重大决策的议事程序。

表 3 - 8　新田地合作社发展的基本情况

指标		2011 年	2012 年	2013 年	2014 年	2015 年	2016 年	2017 年
成员数量/户	核心成员	6	6	6	6	6	6	6
	普通成员	0	14	197	197	197	197	180
	合计	6	20	203	203	203	203	186
社员数量/户		0	0	0	6 000	12 000	12 000	12 000
耕地服务面积/亩		200	500	5 000	19 000	51 000	51 000	51 000

注：根据调研资料整理所得。

与 2011 年相比，新田地合作社 2017 年的耕地服务面积、成员和社员数量都已大幅增加。如表 3 - 8 所示，2015 年新田地合作社的耕地服务面积从发展初期的 200 亩增加到了 51 000 亩并维持至今。值得注意的是，从 2014 年开始新田地合作社便不再吸收成员，转而发展社员，到 2017 年其成员已减为 186 户，社员则发展到了 12 000 户[①]，辐射了高村乡附近的 7 个乡镇、40 个村庄。新田地合作社主要通过成立生产要素车间的方式来提供农业社会化服务。合作社以 1 000 亩耕地，基本就是一个村庄的规模为标准设立一个虚拟的农业生产要素车间。生产要素车间组织社员农户购买合作社的服务，车间主任由合作社选拔聘用并支付工资。新田地合作社的农业社会化服务内容包括统一农资采购、农机作业和粮食烘干销售；其中，农资统一采购是合作社提供其他类型服务的必要前提，即社员必须统一使用合作社提供的种子、化肥和农药，才能够成为合作社的社员并进一步接受合作社提供的其

---

① 需要注意的是，本书所研究的对象是位于荥阳市的新田地合作社。由于李杰发起成立的荥阳新田地合作社取得了显著的经济效益，因此河南省的许昌、开封和濮阳等一些地方也在荥阳市新田地合作社的带动指导下，相继成立了诸如许昌新田地合作社、濮阳新田地合作社等。到 2017 年河南省各地的新田地合作社的耕地服务面积总计已超过 14 万亩。

他服务。在生产要素车间服务模式下，与未入社普通农户相比，新田地合作社社员农户小麦亩均增收 265 元，玉米亩均增收 430 元。

3. 鸿运富民合作社 鸿运富民合作社成立于 2009 年，是山东省第一家规模较大的土地托管合作组织。鸿运富民合作社围绕土地托管服务业务，设立了"二社、四中心"——土地托管专业合作社、农机服务专业合作社，以及农资服务中心、农机全程服务中心、无人机植保飞防调度中心和粮食收储烘干中心。为了提升服务能力，2014 年鸿运富民合作社理事长还创办了 4 家业务相对独立的涉农服务公司：鸿运富民农机销售有限公司、种子销售有限公司、农产品购销有限公司和农资销售有限公司。

鸿运富民合作社的服务内容涵盖了产前的农资供应、产中的农机和技术服务、产后的粮食烘干仓储销售及信息等配套服务。具体的，在农资供应服务方面，合作社与农资厂家合作向成员统一提供质优价廉的种子、农药、化肥等农业生产资料。为缓解成员的农资费用负担，合作社还会优先为大户成员垫付农资费用。如果成员仅购买农资供应服务，合作社便按照"一次一结算"的方式为农户提供服务。在农机作业服务方面，除自购的 150 多套农机具外，合作社的很多农机具（包括植保无人机）是通过合作调度或农机手带机入社的方式得来的。在土地集中基础上规模化作业，既可以降低作业成本，又能提高农机利用率。在技术服务方面，合作社不仅促进了深翻改土、平衡施肥、无人机飞防等新技术在家庭经营中的应用，还与科研院所合作开展实施了小麦、玉米的"健康营养套餐"技术服务。在烘干仓储销售服务方面，成员既可以选择"存而不卖"，也可以选择把农产品直接销售给合作社[①]。此外，鸿运富民合作社还在积极探索利用媒体和互联网开展信息服务，如与山东数字电视有限公司合作创办了"老乡服务站"。

目前鸿运富民合作社主要致力于为当地 40 多个大户、3 万~4 万亩耕地提供比较稳定的土地托管服务。当然，其也会为一些小农户或其他规模主体提供服务；这部分服务对象相对不稳定，但服务规模较大，约 6 万亩。鸿运富民合作社的农业社会化服务形式主要有 2 种：半托管与全托管。其中，半托管是合作社主要的托管类型，其服务面积已超过 6 万亩。全托管服务中合作社为农户提供覆盖产前、产中、产后的农业生产全程托管服务，农户只需向合作社支付服务费，收获的粮食等农产品全部由农户自行处理；截至

---

① 鸿运富民合作社有 3 种农产品销售及结算方式：一是现场结算，合作社直接收购成员产品，以现金方式在仓储现场一次性付清所有费用；二是收取管理费、择机销售，合作社仅为成员提供仓储服务，按 40 元/吨收取管理费，时机成熟时农户再销售；三是效益分红，农产品储存一段时间后在合作社销售，存储期间的价格溢价利润由合作社和成员双方按 1:1 的比例进行分红。

2019 年，鸿运富民合作社的全托管服务耕地面积已超过 2 万亩。自鸿运富民合作社实行托管服务以来，当地的小麦、玉米和大豆生产均实现了节本增收。以 2018 年为例，与当地传统的生产经营方式相比，托管后的小麦亩均节省农资成本 57 元、节省农机作业成本 43 元，销售环节亩均增收 345 元，合计节本增收 445 元/亩；玉米亩均节省农资成本 45 元、节省农机作业成本 28 元，销售环节亩均增收 206 元，合计节本增收 279 元/亩；大豆亩均节省农资成本 9 元、节省农机作业成本 33 元，销售环节亩均增收 378 元，合计节本增收 420 元/亩。

4. 惠泽合作社 惠泽合作社成立于 2009 年，是国家级农民专业合作社示范社。为解决当地农业生产经营中所面临的劳动力缺失、管理不善、先进技术推广难等问题，惠泽合作社自 2012 年开始探索农业生产托管服务业务。目前惠泽合作社已经建立了集农资供应、农机作业、农技服务、粮食收储销售、农业金融于一体的综合性农业生产托管服务体系。惠泽合作社通过实行统一的农资供应、技术指导和农机作业，帮助托管农户获得了规模效益，实现了增收。以 2018 年为例，玉米全程托管后亩均可降低生产成本约 40 元，提高产量增收约 160 元，粮食"点价结算"增收约 25 元，合计亩均增收约 225 元。

"编制手册—菜单式服务—规模化经营—新技术应用与产业链延伸"是惠泽合作社开展农业生产托管服务的主要内容及流程。首先，合作社积极与吉林农业大学合作，组建了土壤学、植物营养学专家领衔的科技团队，并编制了涵盖玉米种植、农机作业等 42 项具体操作标准和方案的生产托管服务指导手册。与此同时，围绕解决玉米大田种植中存在的盲目购种、粗放管理等问题，惠泽合作社对托管地块采点 120 余个进行土壤成分检测、获取翔实点位数据，量身定制"个性化"种植方案。其次，通过菜单服务的方式满足不同类型小农户的托管需求。如针对有全程生产托管服务需求的入社农户，合作社会依据托管手册和双方签订的托管合同，提供耕、种、管、收、销等 8 个环节的托管服务；针对季节性外出务工的农户，合作社推出关键环节托管服务，重点提供定期技术指导与农机作业服务；针对机械设备配套不全、耕作粗放的小型农机户，则通过农机"返租倒包"的方式整合盘活其农机资源，由此促进合作社托管服务规模的扩大及其农机社会化服务体系的完善。

最后，合作社在规模化经营的基础上实现了新技术的应用推广与产业链的延伸。一方面惠泽合作社建立了以 2 500～3 000 亩为基本作业单元的农机作业服务方案；另一方面合作社在全程托管服务中严格实行生产资料购置、测土配方施肥、耕种、植保、收获的"五统一"作业标准，并推广应用旱田节水灌溉、玉米平衡施肥及生物防虫、玉米精准化栽培、玉米秸秆粉碎深埋等新技术、新成果。为解决当地玉米种植春旱偏重、出苗不齐的实际问题，合作社还大面积推广"免耕＋精量化播种"的作业方式，每亩节约种子0.08千克，出苗率达九成以上。在粮食销售端，惠泽合作社则通过与粮食加工企业合作，帮助部分托管农户实现粮食直接入库，以"点价结算"粮款的方式增加农户收入。此外，惠泽合作社还探索开展了农业保险、农业大数据采集应用、玉米期货套期保值等服务业务。

5. 超越合作社 超越合作社成立于2013年。针对当地小农户生产效率低下、市场信息闭塞、先进技术接受慢、抗风险能力弱等问题，超越合作社通过创新"耕、种、管、收、售"玉米生产全程托管服务，构建"金融＋期货＋保险"的农产品产值保障机制，促进了农业增效、农民增收和农产品增值。农民将土地托管给合作社进行经营管理比将土地流转出去平均每亩多收入300元。以2018年为例，超越合作社全程托管耕地面积为16.4万亩，盈利410万元，农民增收合计达到了4 920万元。

在服务供给过程中超越合作社主要采用了网格化组团式管理的服务方式。首先，超越合作社在每1个乡（镇）行政区域聘请1名服务经理，每1个行政村聘请1名技术员，具体负责服务业务的协调推广；其次，合作社以1 200～1 500亩耕地为1个生产单元，安排1名经过专业技术培训的农机手为农户提供服务。农户向合作社支付农业生产全程托管费用，合作社提供集农资供应、配方施肥、农机作业、统防统治、收储加工等于一体的服务。

而且超越合作社通过采用先进的农业生产技术，最大限度地保证了农业生产托管服务的质量。一方面，在黑龙江省农业科学院齐齐哈尔分院的技术支持下，超越合作社通过采用保护性耕作、测土配方施肥、大垄双行播种、中耕深松等先进技术，不仅保证了托管地块的高产高效，也降低了化肥施用量、减少了环境污染；另一方面，合作社还与中化农业智能App合作开发了智能App"智农管理系统"，通过网上全程精准、高效、实时、便捷的"耕种管收"一体化管理服务，助力农业实现提质增效。

此外，合作社还积极探索实践各种风险保障措施，以确保托管农户的利益。首先，超越合作社通过与中粮集团合作开展"粮食银行"项目——粮食收获后直接送到粮库，由托管农户根据市场行情自行选择结算时间——的方式，来保证农户的收益。其次，超越合作社建立健全了农业生产全程托管参保机制，形成农业生产全程托管"金融＋保险＋期货"服务平台——太平洋保险公司以每亩25元标准收取保费，北京一米农业科技公司给予金融支持，合作社承诺农业生产全程托管每亩收益在700元以上，由此充分保证了农民的收益。

6. 田中秧合作社 成立于2011年的田中秧合作社最初主要从事农作物

种植及初级农产品加工销售等业务。在重庆市梁平区积极开展农业生产社会化服务的背景下，合作社于 2014 年进入农业社会化服务领域，并探索出了全程"保姆式"托管服务模式。在全程托管服务中托管农户每亩地只需投入450 元托管服务费，便可以享受到田中秧合作社提供的农业生产全程社会化服务（除草、管水等田间管理工作除外）；且合作社承诺亩产不低于 500 千克，实际上，田中秧合作社所经营耕地的粮食亩产均超过了 600 千克，最高的甚至超过了 800 千克，亩均收入可比托管前增加 500 元。

为满足不同类型农户的需求，田中秧合作社共设计了 3 种服务套餐。①套餐 A，合作社提供机耕、育秧、插秧、病虫害统防统治、机收等 5 个环节的服务（含种子、农药），每亩收费 450 元，也就是全程"保姆式"托管服务；②套餐 B，合作社仍然提供前述 5 个环节的服务但不含种子、农药，每亩收费 280 元；③套餐 C，合作社仅提供某一个环节的服务，并按约定价格收费。

而在各项服务的具体操作中，田中秧合作社则积极采取系列举措来提高服务质量。如在农资供应服务中，合作社会根据托管服务地块的不同土壤、不同日照时间精心选择最适合的种子，并在农资公司统一采购肥料以降低农资成本。在农机作业服务中，针对丘陵地区不适宜大型农机具作业的情况，合作社自行投资研发了水稻"飞播"技术，实现在 1 个机插秧周期内（一般为 25 天）播种 5 000 亩以上耕地，大幅节省了插秧时间和劳动成本；同时，合作社还购置了 4 台植保无人机进行统防统治，大大超过了传统喷杆喷雾机作业速度、提高了服务效率。在稻谷收获和销售环节，田中秧合作社则不仅提供水稻烘干服务，还提供大米寄存服务——农户可以根据自己的需求到附近的大米加工厂取走稻谷折算后的大米，也可以直接由合作社将稻谷销售到大米加工厂，农户取走现金。

7. 春源联合社　春源联合社于 2014 年由 5 家农民合作社、1 家农业公司发起成立。成立以来春源联合社通过探索建立"八统一"的水稻生产社会化服务体系，有效破解了当地水稻生产面临的规模小、科技含量和产品品质低、经济效益差等难题。如与人工相比，使用联合社机械插秧每亩可节本90 元；使用联合社飞防设备每亩打药可节本 30 元；全程托管区域内的水稻单产比非托管区普遍增加 50 千克以上，产品优质品率平均高 5～10 个百分点。

春源联合社的"八统一"具体指统一种植计划、统一科技培训、统一农资配送、统一集中育秧、统一病虫防治、统一农机作业、统一收储加工和统一财务结算。而为确保"八统一"服务落到实处，春源联合社一方面通过联合投资的方式不断提升其全链条服务能力，如联合社的合作社、农业公司等会员单位先后联合投资 1 070 万元，建成了 2 个育秧基地、78 个标准育秧大棚，以及 1 条日烘干能力 300 吨的粮食烘干生产线、630 米² 的配套厂房、1 000 米² 的湿粮仓、2 600 米² 的晒场和 1 座 1 万吨仓容的标准粮库，并配置了 16 台乘坐式插秧机、2 条自动化育秧生产线、5 架极飞 P20 型低空植保无人机和 54 台（套）深耕深松等农机具；另一方面成立专门的农业社会化服务领导小组，负责设备购置、资金使用、项目决策、服务过程管控、烘干储存、统防统治、深耕深松、秸秆还田、育秧施肥、机械插秧等事宜，并配套了电脑智能管理系统，实行"会员卡"智能服务，即从农业经营主体入社到生产资料消费、劳务费用结算、产品销售结算和分红，全部实行会员卡"一卡通"管理。

全程托管和分段托管则是春源联合社采取的 2 种主要的服务形式。一般情况下，联合社对于空巢户、留守户及缺乏劳动力的农户，实行全程托管；而对于有劳动力但体质较弱的农户或有资金但缺技术、缺劳动力的新型经营主体，实行分段托管。并且，对于全程托管的耕地，联合社会优先实施高标准农田建设项目，完善农田的配套沟渠、道路等基础设施，并与全程托管户签订协议承诺每年收入分成不低于 500 元/亩；对于分段托管的农业经营主体，联合社积极构建和完善客户档案，并通过建立微信群的方式沟通生产销售信息，以及开展服务满意度跟踪评价。经过 4 年的发展，2018 年春源联合社的全程托管服务已覆盖了 4 个乡镇 8 个村 2.4 万亩耕地；分段托管覆盖了 4 个县（市）13 个乡镇 22 个村 6 万亩耕地。

8. 金穗联合社　金穗联合社于 2014 年由 23 个农民合作社以股份合作的形式联合成立。这 23 个农民合作社成员分布于 9 个镇（街道），涉及 150 多个种粮大户，经营耕地面积达 3 万多亩。联合社成立以来，以合作社为基本单位，通过开展水稻专业化生产合作、农资农产品购销合作、资金信用服务合作，形成了生产、供销、信用"三位一体"的农业社会化服务模式，并带动社员实现持续增收。2018 年金穗联合社经营额达 1 500 万元，社员年增收 100~300 元/亩。

首先是生产服务层面的互补式合作。①生产技术合作。金穗联合社对每个成员的生产技能、生产设备及环境进行分析评估，提出优势互补式的生产合作模式。以育秧为例，联合社将育秧服务集中在生产条件好、技术水平高的成员单位，以合同的形式明确该成员的育秧任务。②农机作业调配。联合社充分发挥农机调配枢纽的作用，根据社员需求进行农机作业和劳务调配。③生产托管指导。联合社面向社员农户举办培训班、现场会，进行实地生产技术指导；并帮助社员建立农业投入品和田间生产记录档案，组织社员开展无公害生产基地建设。同时，针对自身管理能力不足的社员，联合社积极组织实力较强的社员为其提供生产托管服务。

其次是供销服务层面的抱团式发展。①农资供应服务。金穗联合社在生产前会把社员所需的种子、化肥、农药、农膜、农机具等进行统计，然后通过电子商务招投标或直接与生产厂商谈判的方式统一采购和结算。这不仅降低了水稻生产成本——联合社"抱团式"采购农资比社员单独购买可节省约20%的成本，也保证了农资质量。②粮食产后服务。具体包括代清理、代干燥、代储存、代加工和代销售服务。按照产后服务的要求，联合社进行清理干燥设备的配置、存粮仓储的调整安排，以及服务台账和服务运行管理制度的建立。同时联合社还注册了"金越"品牌。通过将社员收购或代储的稻谷统一加工成大米，再由社员分销或联合社直销到市场，可使稻谷亩均增收100元左右。

最后是信用服务层面的普惠式融资。①信用担保服务。为缓解联合社及社员的资金压力，金穗联合社与乐清市农商银行合作开展了"信用担保、有效管控"的融资模式。具体做法为：以在联合社出资的社员为界组成农信担保体；对社员的耕地面积、出资额度、家庭经济条件及社会诚信度等要素进行评估，确定社员信用贷款额度；授信贷款社员在授信额度内须交足10%的担保金；授信期为1年，一次授信、随借随还；授信额度超过30万元须追加担保人；联合社和银行共同监控信贷资金流向。②资金互助服务。联合社成立内部资金互助信用部，为社员提供信用互助服务。

（四）联合体等其他主体主导的农业社会化服务模式

1. 有农联合体 2016年，安徽省黟县的有农生态农业有限公司（以下简称"有农生态公司"）与当地的徽源农业专业合作联社合作，通过吸收若干种粮大户、家庭农场、合作社等组建了有农联合体。该联合体在统筹整合各类服务资源的基础上，探索出了覆盖农业生产产前农资供应、产中耕种管收及产后销售运输等全过程的农业社会化服务模式，并由此促进了农业节本增效和农户增收。

其中有农生态公司作为联合体的牵头单位，主要负责农资供应、产品加工销售和金融保险等服务。在农资供应方面，有农生态公司通过向农资厂商直接采购种子等生产资料，并以零差价提供给联合体成员的方式，为联合体成员节约了20%以上的农资成本；在农产品销售方面，有农生态公司通过与中石化、中石油、大型超市合作，对联合体成员生产的经检测合格的稻谷，按高于国家收购价格0.2元/千克的价格回购；在金融保险服务方面，为解决联合体成员面临的流动资金问题，有农生态公司积极协调银行、保险等金融机构，创新推出了联合体贷款、劝耕贷、保单贷、多层次保险等金融产品，如与上海宋庆龄基金会合作，由有农生态公司提供担保，为20名种粮大户提供了每户 5 万元的 3 年免息贷款。

在产中的耕种管收等农机作业服务方面，有农生态公司牵头成立了有农农机专业服务合作社，负责提供从工厂化集中育秧到烘干仓储的全程机械化作业服务。在具体实践中，有农农机专业服务合作社以"菜单"的方式向联合体其他成员提供机耕、育插秧、机防、机收等服务。有农农机专业服务合作社提供的农机作业服务不仅执行成员优惠价，而且也促进了农业用工成本的降低，如在有农生态公司流转和托管服务的 2 万多亩耕地上，仅聘用了107 名农民常年劳作。同时，联合体还通过创建职业农民培训基地，向成员种粮大户免费提供旋耕机、收割机、植保无人机等农机操作技术培训服务；并以图文形式制作了《有农优质粮油种植管理手册》，积极向成员种粮大户推广。

此外，为进一步提高联合体的服务质量，增加农业生产的科技支撑，有农生态公司牵头成立了有农科技公司，负责开展全程追溯、质量检测、大田物联网等科技攻关和服务。有农科技公司成立以来，首先自主研发了为有农生态公司和联合体其他成员提供植保服务的多用途农林植保无人机；其次促进了大田农业物联网技术的推广应用，如在有农生态公司的农业生产基地布设了 23 个球型监控探头，实现了育秧管理、田间作业的实时监控；再次通过与安徽省农业科学院合作，完成了 7 000 余亩生产基地的测土配方工作，并启动了测土配方肥料厂的建设工作；最后成功试用了油菜毯状育苗机械化移栽技术，提高了油菜种植生产效率。

2. 姜堰农场服务联盟　作为国家农业改革与建设试点示范区，江苏省泰州市姜堰区在农业社会化服务组织和机制创新方面积累了重要的经验。首先以村集体领办合作社为依托，姜堰区引导建设了大量配备有农机具库、粮食烘干房和农资仓库的村级为农服务综合体。到 2018 年全区共计建成了101 个村级为农服务综合体。而后为解决村级为农服务综合体服务功能单一、辐射范围小的问题，姜堰区在每个乡镇选出了 1~2 个地理位置优、服务组织全、辐射能力强的村级为农服务综合体，通过吸纳家庭农场、小农户、合作社、农服企业等经营主体，组建形成了镇域性家庭农场服务联盟。通过镇域性家庭农场服务联盟的组建，姜堰区不仅创新了农业社会化服务模式，也促进了农业节本增效。如服务联盟生产的"姜堰大米"通过了国家地理标志保护产品认证；2018 年秋收期间，由服务联盟牵头组织实施的农机作业服务，其费用（机收为 60 元/亩、烘干为 140 元/吨）均比市场价低20%以上。

整体上来看，家庭农场服务联盟通过将农业生产主体和服务主体联合在一起，把农业社会化服务供需双方变为联盟内部成员的方式，满足了不同类型农业生产主体的服务需求。①家庭农场的互助服务。联盟内的部分家庭农场农机具充足，除满足自有农场需求外，还可以为联盟内的其他经营主体提供服务。②合作组织的专业化服务。农机、植保等合作社具有较高的服务能力，作为联盟内农业社会化服务的主力军，可以带动和联合家庭农场共同为其他经营主体提供专业化服务。③市场主体的综合服务。联盟内的农资生产与销售企业可以提供质优价廉的农资采购服务，粮食购销与加工企业则可以提供农产品产业链延伸服务。④科研院所的指导服务。除区镇2级农技推广部门提供的技术培训和指导服务外，服务联盟还通过与科研院所合作，促进了先进农业技术的示范应用，加速了科技成果的转化。

服务联盟在实际的运作过程中，通过建立健全服务台账和各项管理制度，以及规范服务内容、服务标准和服务收费的方式来实现健康有序发展。①提升服务能力。姜堰区的各个服务联盟不仅都能够提供农机具存放、机械化耕作、秸秆还田、集中育秧、机插秧、统防统治、粮食烘干等农业生产全程服务，还积极拓展了农资配供、订单种植、粮食统销、农技培训及金融保险、电商、品牌创建等服务。②开展农资配供。服务联盟会于每年年底集中与药肥销售商谈判议价，确定次年的农资配供品种和数量。③推广订单种植。根据区粮食购销总公司的订单需求，服务联盟与成员家庭农场等签订种植订单，由姜丰种业公司提供优质良种，区粮食购销总公司以高于市场价的价格收购后进行专仓收储、适时销售，销售获益再在参与订单生产的联盟成员中进行二次分红。④举办"三新"培训。各联盟都建立有高质创建和绿色防控示范方，不定期组织现场观摩及开展新品种、新技术和新模式的培训。

二、当前农业社会化服务模式的实践经验与存在的问题

(一)农业社会化服务模式的实践经验总结

通过上文对中国各地农业社会化服务模式的介绍可以发现，中国的农业社会化服务主要面临2个方面的问题（图3-3）：①统筹整合各类服务资源；②组织协调分散经营的小农户。在此基础上再选择恰当的服务形式来提供各项服务。而上述很多农业社会化服务主体在统筹整合服务资源、组织协调小农户及选择服务形式等方面积累了丰富的经验。

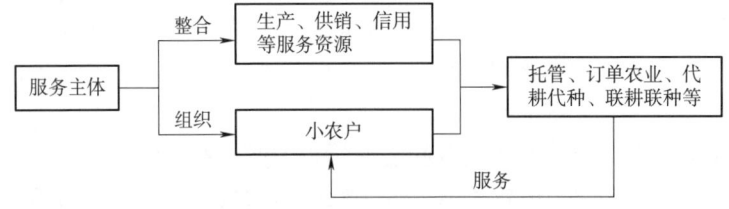

图3-3　农业社会化服务主体服务小农户的基本逻辑

1. 在整合服务资源方面，针对不同属性的服务资源，农业社会化服务主体探索出了不同的资源整合方式 从用途上来看，可以将实践中的各类农业社会化服务资源大致分为生产类服务资源、供销类服务资源和信用类服务资源。由于不同类型服务资源的属性存在较大差异，所以服务主体在统筹整合生产类、供销类和信用类服务资源时，面临的逻辑各不相同。

(1) 生产类服务资源的整合。以前述各类农业社会化服务模式中使用最为广泛的农机具为例，当前的农业社会化服务主体主要通过自购农机和吸收（或合作调度）社会闲散农机2种方式来改善自己的装备条件，增强农机作业服务能力。如绿能公司、仁发合作社由于资金实力比较雄厚，基本是采取自购农机具的方式来开展农机作业服务；而宏基公司和鸿运富民合作社，除自购农机外，主要是以整合社会农机的方式来提供服务，宏基公司以宏基农机专业合作社为依托，整合了社会上750多台（套）闲散农机，鸿运富民合作社的很多农机具（包括植保无人机）则通过合作调度或农机手"带机入社"的方式得来；春源联合社和金穗联合社则充分统筹整合了各自成员单位的农机具。

(2) 供销类服务资源的整合。以农资采购和农产品销售渠道为例，当前大多数农业社会化服务主体会通过直接与农资生产厂商、农产品加工企业签订产品购销协议的方式，来提供农资采购和农产品销售服务。如在有农联合体主导的服务模式中，有农生态公司会向农资厂商直接采购生产资料，然后以零差价提供给联合体成员；在姜堰农场服务联盟主导的农业社会化服务模式中，服务联盟首先会根据区粮食购销总公司的订单需求，与成员家庭农场等签订粮食种植订单，然后由区粮食购销总公司以高于市场价的价格收购成员家庭农场产出的粮食；在惠泽合作社主导的农业社会化服务模式中，合作社会通过与粮食加工企业合作，帮助部分托管农户实现粮食直接入库，以"点价结算"粮款的方式增加农户粮食销售收入；类似的，超越合作社通过与中粮集团合作开展"粮食银行"项目来保证农户的种粮收益。

(3) 信用类服务资源的整合。这里的信用类服务资源主要是指信用贷款。当前多数农业社会化服务主体通过与正规金融机构合作的方式来为农业生产主体提供信贷服务。如宝清美来公司与中国建设银行合作，以粮食作为担保物，由中国建设银行为宝清美来公司所服务的农户提供贷款，解决了农户生产过程中的贷款难题；金穗联合社则与乐清市农商银行合作开展"信用担保、有效管控"的融资模式；有农生态公司更是积极协调银行、保险等金融机构，创新推出了联合体贷款、劝耕贷、保单贷、多层次保险等金融产品。此外，也有部分服务主体探索以资金互助的形式来解决其服务对象的资金短缺问题。如川椒王子公司通过争取基础设施建设奖补、贷款贴息等财政扶持资金，引入"农当家"平台的产业扶持资金，以及吸纳联合体成员金融资本等方式，为联合体成员提供低息信用贷款；金穗联合社则通过成立内部资金互助信用部的方式，为社员提供信贷服务。

2. 在组织小农户方面，基层村社组织发挥了重要的桥梁作用 村社组织根植于乡村内部，在农民中一般具有较高的权威与信誉，组织协调小农户的成本相对较低，因此多数农业社会化服务主体倾向于通过村社组织来组织协调小农户。通过上文的案例介绍可知，村社组织带动小农户实现组织化的方式一般有2种：①由村社组织牵头成立农民合作社，将本村农户组织起来，然后再以入股、托管等方式接受农业社会化服务主体提供的服务，如在山东供销合作社主导的服务模式中，基层社通过"党建带社建、村社共建"创新工程，以成立合作社的方式实现了对普通农户耕地资源的整合；绿能公司充分利用村级基层组织的优势，实现了耕地"整村整组流转"和"组建合作社"。②村社组织并不成立合作社，仅协助农业社会化服务主体将小农户组织起来统一接受服务，如在美华果业公司主导的农业社会化服务模式中，公司通过村企"联合党建"的方式成立村级托管委员会，由托管委员会协助果农来接受公司的托管服务；类似的，宝清美来公司通过各村服务能力较强的农机手和村干部来协助组织小农户，最终达到了土地连片、整村托管的目的。

3. 在服务形式选择方面，生产托管已成为当前不同类型农业社会化服务主体普遍采用的服务形式 生产托管服务中小农户不需要"转出"土地经营权，土地也不一定必须实现集中连片。也就是说，生产托管的实施方式更加灵活多样，可以满足不同类型农业生产主体的服务需求。所以上文所述的多数案例农业社会化服务模式中都有开展生产托管服务。如在山东供销合作社主导的农业社会化服务模式中的舜耕合作社实行的是"股份式"土地全托管；绿能公司实行的是全程托管和菜单式托管2种服务形式；宏基公司开展的是"村庄整建制托管"服务；美华果业公司和鸿运富民合作社实行的是半托管与全托管服务；田中秧合作社实行的是全程"保姆式"托管服务；新翔丰公司形成了"三级体系强组织、四化建设保服务、五个降减重落实"的农业生产托管"翼城模式"；谷丰源公司构建形成了"专业服务公司＋生产公司＋小农户"的"农工场"托管服务模式。值得注意的是，也有部分农业社会化服务主体在专业从事某单一生产环节的托管服务，如司雷植保公司专门从事茶园植保生产托管服务，丰信公司专业开展农业生产全程技术托管服务等。

（二）农业社会化服务模式存在的问题探讨

1. 重要环节、关键领域的服务供给不足，能够提供全产业链服务的农业社会化服务主体较少 前文所述案例都属于在农业社会化服务领域发展比较好并且取得了显著成效的典型。但即便如此，通过上文的案例介绍，以及对各案例农业社会化服务模式实践经验的总结可以发现，中国当前的农业社会化服务内容基本集中在产前农资供应（包括水稻育种），产中农机作业、技术培训与指导及产后的烘干、储运销等环节，仅有少数服务主体开展了农产品加工等产后服务。如绿能公司和金穗联合社都有提供大米加工服务；川椒王子公司开展了藤椒初选、分级等初加工服务；美华果业公司则开展了果品包装服务。而这些服务内容多数属于农产品初加工领域的服务，农产品精深加工服务明显供给不足。

金融和保险服务对于缓解小农户等农业生产主体的资金压力及市场、自然风险等都具有重要的现实意义。而目前中国各类农业生产主体获得金融、保险服务的渠道仍然比较有限且内容较单一。在上述提供金融、保险服务的案例中，多数农业社会化服务主体都是通过与正规金融机构合作的方式才得以提供信贷服务。很少有农业生产主体，尤其是小农户通过内部资金互助的方式来解决融资难题的。总之，目前在中国，各类农业社会化服务主体的全产业链服务能力仍有待进一步提升，政府部门需要为重要环节、关键领域的农业社会化服务提供更多的制度保障和政策支持。这是中国实现农业现代化，促进小农户经营性收入增加的重要手段。

2. 村集体在组织协调小农户中的优势明显，但其"统一经营"的服务功能却呈现出逐渐弱化的趋势 通过上文对各案例农业社会化服务模式实践经验的总结已知，村集体等村社组织在组织协调小农户中发挥了重要的桥梁作用。但与此同时，鲜有村集体经济组织在承担"统一经营"、提供农业社会化服务的功能。自 1983 年农业社会化服务的概念提出以来，中央一直强调发挥农村集体经济组织的服务功能，但至今中国村集体"统"的功能一直没有得到充分发挥。实践中越来越多的市场主体，如公司、合作社等正在"代替"村集体践行"统一经营"的服务功能。基于此，各地在实践中要高度重视村集体的服务功能，探索创新村集体开展"统一经营"的有效模式。这是巩固中国农村基本经营制度的必要条件。

第三节 本章小结

中国的农业社会化服务供需中存在不平衡、不充分的问题。通过对中国5个省份481个样本农业经营主体农业社会化服务供需现状的描述性统计分析可以发现：①当前中国很多农业经营主体的农业社会化服务需求都没有得到充分的满足，不管是哪类农业经营主体从事何类种养业，技术、农资和信息服务基本都是其需求最多且获得率最高的农业社会化服务。但接受过服务的农业经营主体的占比远低于有服务需求意愿的主体占比。②中国农业社会化服务的供给主体总体上呈现来源单一的特点。政府部门、农民合作社或协会是农业社会化服务的主要供给主体，而企业、科研单位、专业大户或家庭农场、村集体等在农业社会化服务供给中的作用则非常有限。

与此同时，通过对来自中国各地的 24 个农业社会化服务典型案例的观察与分析发现，中国的农业社会化服务模式呈现多元化的良好发展态势。①各类农业社会化服务主体主要通过自购农机和吸收或合作调度社会闲散农机 2 种方式来改善自己的装备条件，增强农机作业服务能力。②多数农业社会化服务主体通过直接与农资生产厂商、农产品加工企业签订产品购销协议的方式，提供农资采购和农产品销售服务。但目前仅有少数服务主体开展了农产品初加工服务，农产品精深加工服务明显供给不足。③多数农业社会化服务主体通过与正规金融机构合作的方式为农业生产主体提供信贷服务。很少有农业生产主体，尤其是小农户通过内部资金互助的方式来解决融资难题。④村集体在组织协调小农户中的优势明显，但其"统一经营"的服务功能呈现出弱化的趋势。⑤生产托管已成为当前不同类型农业社会化服务主体普遍采用的服务形式[①]。

值得注意的是，本章第一节的分析结果显示，企业在农业社会化服务供给中的作用非常有限。然而，第二节的案例分析表明，供销合作社、公司、合作社及其联合社等不同类型的农业社会化服务主体都在农业社会化服务中发挥了越来越重要的作用。其中的原因可能在于，一方面，第一节的样本数据获取时间为 2015 年 7—8 月和 2016 年 7—8 月，第二节的案例数据多更新至 2019 年 9 月左右，侧面反映了中国农业社会化服务蓬勃发展的趋势；另一方面，第一节的样本数据为随机抽样，第二节的案例数据为典型抽样，两者选取的标准不一样，而这进一步印证了第一节的分析结论，即中国的农业社会化服务供需中存在不平衡、不充分的问题。

---

① "土地托管"实质就是"生产托管"。只是山东等地农民习惯使用"土地托管"的概念（如舜耕合作社和鸿运富民合作社等）。《农业部　国家发展改革委　财政部关于加快发展农业生产性服务业的指导意见》曾明确要总结推广一些地方探索形成的"土地托管""代耕代种""联耕联种""农业共营制"等农业生产托管形式。所以本书相关案例中出现的"土地托管"，皆视为"生产托管"，特此说明。

第四章　农业社会化服务主体的组织结构

无论哪种农业社会化服务模式，最终都需由具体的农业社会化服务主体来实施。德鲁克曾在《管理的实践》中指出："组织本身不是目的，而是达到经营绩效和成果的手段。组织结构是不可或缺的工具；错误的结构会严重伤害，甚至摧毁企业经营绩效。"Oscar 等（2015）也认为，组织结构是服务型制造企业成功的关键因素和保障机制。基于此，本章以第一批全国农业社会化服务典型案例为研究对象，通过分析不同农业社会化服务主体的组织结构，对中国当前的农业社会化服务模式进行总结归纳；同时以江西绿能公司为例，基于组织结构的视角研究剖析新时代涉农企业创新农业社会化服务模式的逻辑，进而为中国各类农业社会化服务主体更好地进行服务模式的选择提供思考与启示。

第一节　基于组织结构视角的农业
社会化服务模式比较研究

一、组织结构的概念与分类

（一）组织结构的概念及其关键要素

德鲁克在《管理：使命、责任、实务》中指出，结构是实现某一机构中各种目标的一种手段。组织结构是工作角色的正式安排及控制与管理包括跨组织边界工作行为等的机制（Child，1972）。具体来说，组织结构是在特定情境下，将成员分组为单元（节点）并在单元（节点）间进行职责权限确定、工作任务安排、作用关系调节或（和）规则程序制定的结果（Duncan，1980；Mintzberg，1983；Csaszar，2013）。基于此，权力格局、任务安排、关系调节与规则制定被认为是组织结构的主要维度（Daft，2012；Jones，2013；Albers et al.，2016）。而关于组织结构的具体特征，Hage（1965）提出了复杂化、规范化、集权化和层次化等 4 个维度。Miller 等（1986）进一步将其总结为专业化、规范化、集权化和层级结构。基于学者们的已有研究成果，作为实现组织目标的手段，组织结构的关键要素可以总结为 4 点：权力分配，分权化程度；任务安排，成员单位任务内容与职责；关系协调，成员单位内部及相互之间的协作；规则制定，正式化程度。

（二）组织结构的分类及其发展创新

1. 组织结构的分类 根据相关研究可知，职能型组织结构、事业部型组织结构、矩阵型组织结构和网络型结构是学界关注最多的组织结构类型（陈春明 等，2016；果洪迟，1998；Lee et al.，2015；解晓晴 等，2018）。其中，职能型组织结构是按一定的职能专业分工，各级都建立职能机构分别负责生产等各方面的管理工作，职能机构成为各级领导的助手；事业部型组织结构是按产品、地区或客户设立事业部，每个事业部都拥有一套完整的职能机构；矩阵型组织结构则是把按职能组合业务活动和按产品组合业务活动相结合的一种组织结构（陈春明 等，2016）。不同类型的组织结构各有其优缺点。德鲁克在《管理：使命、责任、实务》中指出，职能型组织结构最大的优点是清晰性，虽然稳定但却僵硬而不能适应变化。与此同时，德鲁克在《管理的实践》中也强调，通过尽可能强化联邦分权制及把分权制的原则应用在职能性的组织活动上以改善组织结构，总是能提升企业的经营绩效。

值得注意的一点是，德鲁克在《管理：使命、责任、实务》中指出，在任何一种组织结构中，无论是各个成员还是整个组织都需要有等级层次，否则组织就会陷入无休止的自由讨论。但德鲁克在《管理的实践》中也强调，组织结构必须尽可能包含最少的管理层级，设计最便捷的指挥链。因为在层级组织中，高低层次之间存在严格的等级秩序，不同层次单元获得的资源与机会不均等（Davis et al.，2010）；相同层次单元之间的信息沟通则依赖于高层的协调，容易发生信息过载（解晓晴 等，2018）。传统企业的组织结构有明确的管理层次，信息传递严格按照企业的等级路线来进行，不仅传输速度慢而且信息失真率高，从而导致企业运营效率下降（纪华道，2014）。由此，王建平（2018）分析认为，从组织结构和员工管理角度来说，传统自上而下、层级分明、决策效率低下的组织结构已经越来越难以满足企业应对外部环境的需求。更好地把握市场动态、满足用户个性化的需求也驱动组织结构创新（冯蛟 等，2019）。让全员面向用户、能够快速反应用户需求成为企业进行组织结构设计的根本要求（李冠艺 等，2016）。

2. 组织结构的发展创新 有学者分析指出，企业组织结构变革呈现出非层级制趋势（纪华道，2014）。网络型组织结构即是组织结构发展创新的产物。在网络型组织结构中每个节点非从属关系，而是以平等的身份保持着互动式联系（甘碧群 等，2001）；孙晓雅等（2016）将网络型组织定义为以完成共同任务为目标，将学习、信任和团队文化作为主要网络协议，由多个网络节点（个人、部门和企业）通过交互式合作组成的混合型联合体。简单来说，网络型组织结构是运用合约或协议促进各节点优势互补的组织结构（解晓晴 等，2018）。其优点在于，通过利用现代信息技术降低信息获取成本，减少信息不对称，使得新的知识和信息能够在第一时间得到推广，有利于企业知识的共享和创新能力的提升（孙晓雅 等，2016）。

平台型组织近年来在中国的发展也十分广泛。海尔平台化转型，对外将企业由封闭系统变成开放的、可以整合全球资源的生态圈，对内通过"去中介化"和"去中心化"的组织变革彻底颠覆原有的组织结构和流程（王凤彬 等，2019）。平台型组织结构是携带组织资源和能力，并能够进行灵活重组以快速、弹性适应多变市场需求的组织结构（Ciborra，1996；Garud，2006）。科层制组织转变为平台型组织后，平台所具有的双边网络效应和快速聚合一系列资源的能力，能够帮助管理者应对频繁出现的"惊喜"（Kogut，1991）。基于此，传统企业发展为平台型组织，被认为是互联网时代企业获取竞争优势的必要途径（张小宁 等，2015；徐鹏杰，2017）。

通过对组织结构相关文献的回顾可知，职能型组织结构、事业部型组织结构、矩阵型组织结构及混合型组织结构等都有各自存在的价值与意义。传统组织结构中的层级组织，由于存在不利于提高组织运营效率，以及层级之间的信息沟通成本过高等缺点，越来越不被企业等市场主体所采用。当然，层级结构具有清晰而稳定的优点，对处于发展初期或规模较小的企业等市场主体来说是比较合理的选择。相比之下，网络型组织结构和平台型组织结构由于在集聚资源、降低组织运营成本、提高生产效率等方面具有显著优势，而越来越成为众多企业进行组织结构变革的方向。当下时代正由线性创新时代演进到网络化创新时代，组织之间不再独立地发展，所经营的业务范围也不再独立地运作；同时，产业发展不仅注重核心业务，关联业务也渐渐纳入企业的战略体系中，网络"生态圈"呼之欲出（冯蛟 等，2019）。

二、分析框架

（一）农业社会化服务的商品属性及其供给逻辑

农业社会化服务是将原来由单个农户自行完成的一些农业生产经营环节交给专业组织或机构，实现以更低成本、更高效率与质量完成这些生产经营环节（夏蓓 等，2016）。显而易见，农业社会化服务本身属于商品，而服务交易则是一种市场行为[①]。基于此，结合农业社会化服务的具体内容，勾勒出了如图 4 - 1 所示的农业社会化服务供给逻辑。

（二）组织结构视角下农业社会化服务模式分类

基于组织结构的已有研究与实践，结合农业社会化服务的商品属性及其

---

① 本书在实证研究中所涉及的农业社会化服务专指经营性农业社会化服务，不包括政府等部门的公益性服务。

供给逻辑，可以将中国的农业社会化服务模式划分为职能型、事业部型、平台型、普通网络型和网络"生态圈"等5种（图4-2）。同时根据已有研究，可将职能型和事业部型统称为层级型，普通网络型和网络"生态圈"统称为网络型。

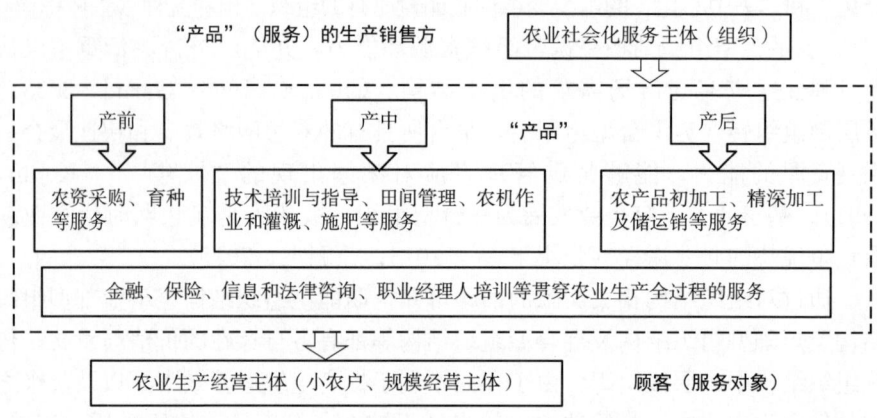

图4-1 农业社会化服务的供给逻辑

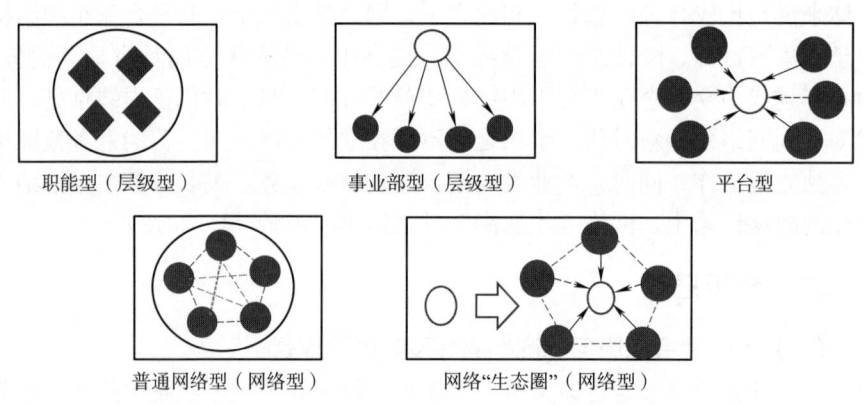

图4-2 组织结构视角下不同农业社会化服务模式

注：○代表农业社会化服务核心主体 ◆代表核心主体内部职能部门 ●代表成员单位（各类农业社会化服务及其资源的具体供给主体）

由层级型到网络型，农业社会化服务模式的复杂特性明显增加。由图4-2可知，每种模式都有一个供给农业社会化服务的核心主体。核心主体与其成员单位共同承担农业社会化服务的供给任务。其中，职能型服务模式中一般只涉及核心主体，该服务主体通过建立典型的职能型组织结构，来提供服务；事业部型服务模式中，包含核心主体和若干成员单位，成员单位之间保持相互独立，又共同从属于核心主体；普通网络型服务模式中，若干成员单位结成网络，共同组成农业社会化服务核心主体，正如图 4 - 2 虚线所标识的，其成员单位之间仍保持一定的独立性；而网络"生态圈"服务模式，则更多地展现了农业社会化服务主体服务方式与内容的演变，如由农资企业转型提供农业生产全程托管服务；平台型服务模式，体现了农业社会化服务核心主体汇集服务资源的功能与机制，不同成员单位汇集到核心主体，借助核心主体这一平台，提供农业社会化服务，其中，虚线表示成员单位与核心主体之间的利益联结程度较为松散，实线表示利益联结程度较紧密。下面将从不同社会化服务模式成员单位数量、成员单位权力分配、产品类型、任务安排、关系协调、顾客类型等维度，具体分析和归纳不同农业社会化服务模式的特征。

如表 4 - 1 所示，在层级型服务模式中，成员单位通常较少。成员单位权力分配对应服务过程中不同成员单位的利益联结紧密程度，结构复杂的服务模式中，成员单位越多，权力分配一般越分散，成员单位间联系相对越少，利益联结紧密程度偏低。产品类型对应服务内容，服务内容越多、越复杂，对成员单位的实力要求就越高，所需资源就会越多。任务安排对应成员单位服务功能明确程度，平台型和普通网络型服务模式中，成员单位服务功能安排通常很明确，而在职能型服务模式中，服务供给主体有限，任务都集中在核心主体，分工略显模糊。关系协调亦如此，在层级型服务模式中，成员单位组成简单、利益联结紧密，协作难度低，普通网络型服务模式涉及成

表 4 - 1　农业社会化服务模式的分类与比较

模式类型		成员单位数量	成员单位权力分配	产品类型	任务安排	关系协调	顾客类型
		服务供给主体	成员单位利益联结紧密程度	服务内容复杂程度	成员单位服务功能明确程度	成员单位间协作难度	直接服务对象
层级型	职能型	少	高	低	模糊	低	小农户为主
	事业部型	较少	较高	较低	较明确	较低	规模经营主体为主，兼顾小农户
平台型		较多	不确定	较高	明确	不确定	规模经营主体为主，兼顾小农户
网络型	普通网络型	较多	较低	较高	较明确	较高	规模经营主体为主，兼顾小农户
	网络"生态圈"	不确定	不确定	较高	不确定	不确定	规模经营主体为主，兼顾小农户

注：这里对农业社会化服务模式的分类，是结合已有文献研究与中国农业社会化服务实践的结果，现实中的情况是非常复杂的，不同模式之间也会有某些共性和交叉，这里也只是选取了各种农业社会化服务模式的典型与突出特征，进行观察分析。

员单位多且权力分散，协作难度偏高。因此，在成员单位协作最容易的职能型服务模式中，直接服务对象[①]以小农户为主，平台型、网络型服务模式则以直接服务规模经营主体为主，同时兼顾小农户。需要注意的是，由于网络"生态圈"和平台型服务模式的灵活性较大，所以其权力分配、关系协调等很多指标都无法予以明确。

三、案例观察与分析

根据上述分析框架，可以将第一批全国农业社会化服务典型案例，大致分成层级型（职能型、事业部型）、平台型和网络型（普通网络型、网络"生态圈"）等3大类5种农业社会化服务模式。

（一）层级型服务模式

1. 职能型服务模式 职能型服务模式是最为简单的一种层级型农业社会化服务模式。在该模式中，农业社会化服务供给主体一般只涉及核心主体。根据服务供给需要，农业社会化服务核心主体在其内部进行职能划分和经营管理。如表4-2所示，惠泽合作社和超越合作社都对其所经营的耕地实行分片化管理模式，田中秧以"保姆式"和"菜单式"2种方式提供生产托管服务，司雷植保公司依托农业管理平台对受托茶园进行远程操控。在服务中，3家合作社与1家企业，皆由其自身承担农业社会化服务的具体供给任务，包括农资供应、农机作业等系列服务；当然，司雷植保公司的服务内容主要涉及植保生态防控。也就是说，4个主体的任务安排都没有进行明确的划分，成员单位也就不存在协作的困难，因为权力都分别集中在惠泽合作社、超越合作社、田中秧合作社和司雷植保公司手中。基于此，服务供给主体可以较低的成本直接服务小农户。而且这4家主体的服务内容总体上也并不复杂，3家合作社围绕机械化程度较高的粮食等大田作物，开展农业社会化服务；司雷植保公司的服务内容在技术含量上较高，但服务内容仅此1项。最终也就促使4家服务主体采取了最为简单的农业社会化服务模式，而不是通过增加成员单位来集聚更多的服务资源或要素。

表4-2 职能型服务模式案例

核心服务主体	成立时间	服务内容	直接服务对象	典型特征
惠泽合作社	2009年	农资供应、农机作业、农技服务、收储销售、金融等（玉米）	入社农户（小农户）	2 500~3 000亩为农机作业的基本单元

---

① 强调直接服务对象是因为，在很多服务模式中小农户通过成立合作社的形式来对接农业社会化服务主体。基于此，这里将参与合作社的小农户与未参与合作社的小农户区分开来。

（续）

核心服务主体	成立时间	服务内容	直接服务对象	典型特征
超越合作社	2013 年	农资供应、配方施肥、农机作业、统防统治、储加销等（玉米）	入社农户（小农户）	1 200～1 500 亩为生产管理单元
田中秧合作社	2011 年	农资采购、耕种收、育秧、统防统治、烘干销售等（水稻）	入社农户（小农户）	社员"生产在家、服务在社"
司雷植保公司	2017 年	植保生态防控托管（茶叶）	小农户、企业、合作社	依托农业管理平台对受托茶园远程操控

2. 事业部型服务模式 事业部型服务模式属于较高级的层级型农业社会化服务模式。在该模式中农业社会化服务供给主体成员单位的组成要比职能型农业社会化服务模式复杂。如表 4-3 所示，金穗联合社由 23 家合作社组成，每家合作社各自发挥所长来提供服务；春源合作社由 6 家合作社与 1 家公司组成，成员合作社与农业公司共同提供服务；绿能公司成立的 4 家合作社及烘干等 4 个业务部门，基本承担了绿能公司的所有服务功能。同是大田作物，该 3 家服务主体提供的农业社会化服务，因包含了育秧、水稻深加工及大米营销等内容，较前文职能型服务模式的服务内容，复杂程度明显提高。在任务安排中，3 家服务主体的成员单位也各司其职，服务功能相对不模糊。由于涉及成员单位数量较多，且服务功能不尽相同，3 家主体的权力分配都呈现一定程度的分散，当然，其成员单位之间仍保持较高的利益联结紧密程度。金穗、春源等联合社的成员合作社或公司，以股份合作的方式开展农业社会化服务，而绿能公司的各个合作社及业务部门则由公司本身牵头成立。在成员单位协作上，表 4-3 的 3 家服务主体由于协调的成员单位更多，因此比表 4-2 的 4 家服务主体面临更大的挑战。基于此，其直接服务对象也多是合作社等规模经营主体，很少直接服务小农户。

表 4-3 事业部型服务模式案例

核心服务主体	成立时间	服务内容	直接服务对象	典型特征
金穗联合社	2014 年	育秧，农资供应，农机作业，技术指导，稻谷清理、干燥、储存、深加工、营销，信用合作等（水稻）	成员合作社（规模经营主体）	23 家合作社为基本服务单位
春源联合社	2014 年	技术培训、农资配送、育秧、病虫害防治、农机作业、烘储销等（水稻）	成员合作社（规模经营主体）	6 家合作社和 1 家农业公司组成
绿能公司	2010 年	农资供应，农机作业，技术指导，统防统治，稻谷烘干、储存、深加工、营销等（水稻）	合作社和家庭农场（规模经营主体）	成立土地流转、农资供应、农机服务、统防统治等 4 家合作社和稻谷种植、烘干、加工、销售等 4 个业务部门

（二）平台型服务模式

在平台型服务模式中核心服务主体通过平台汇集服务资源，从而以较低的市场交易成本提供农业社会化服务。如表4-4所示，丰信公司围绕农技托管，建立了一站式种植技术服务平台；宏基公司则围绕为农服务中心，组建了农机作业调度与协调等平台；隆平现代公司在其"四个一"体系中，建立了品质原粮交易等平台；全丰植保公司通过"智能云服务平台"，逐步形成了覆盖全国的航空植保专业化服务网络。显然，平台型模式大多实现了"互联网＋"技术在农业领域的应用。平台有助于降低农业社会化服务的市场交易成本，因此该模式中即便服务内容和成员单位相对偏多，成员单位之间以及成员单位与核心服务主体的协作难度也相对偏低；在服务对象方面，能够同时直接服务规模经营主体与小农户；同时，"入驻"各平台的成员单位，其服务功能也都相对较明确，如隆平现代公司的粮食需求企业从事粮食收购。而且隆平现代公司的成员单位只是借助其平台来提供服务，双方间利益联结较松散；其他3家成员单位则多由核心服务主体领办或牵头成立，双方间利益联结较紧密。

表4-4 平台型服务模式案例

核心服务主体	成立时间	服务内容	直接服务对象	典型特征
丰信公司	2008年	选种播种、施肥施药、灌溉、田间巡查、收获指导、储销等全程技术服务（94种农作物）	小农户和规模经营主体	"超级老板App（种植服务管理端，县域负责人）＋金牌店长App（种植服务端，线下服务人员，组织小农户）＋丰信之家微信端（会员端）"一站式种植技术服务平台
宏基公司	2015年	农资采购、农机作业、测土配方施肥、烘干储存、技术培训等（粮食）	小农户和合作社	成立为农服务中心；组建农机作业调度与协调平台、农机服务评价平台和为农服务竞技平台，建立农机管理云平台；实现整建制托管（土地股份合作社＋生产全托管）和小农户订单托管（村"两委"组织）
隆平现代公司	2015年	技术方案设计，农资采购，农机作业，信息服务，技术培训，粮食清理、烘干、储存、购销等（粮食）	小农户和合作社等	隆平粮社（组织、服务小农户）＋产后服务中心（清理、烘干、储存等）＋培训平台（科技培训）＋增益系统（365益农、品质原粮交易平台、隆平粮社工作端）"四个一"体系；汇集农机、飞防、技术、销售等资源

（续）

核心服务主体	成立时间	服务内容	直接服务对象	典型特征
全丰植保公司	2012 年	全方位、标准化飞防服务（粮食）	小农户和规模经营主体	建立"智能云服务平台"；以合作社或农资经销公司为依托，通过"标普云平台＋县级服务中心＋乡镇村服务站＋终端农户"的形式提供服务

（三）网络型服务模式

1. 普通网络型服务模式　普通网络型服务模式中若干成员单位合作成立农业社会化服务核心主体，结成服务网络。如表 4-5 所示，川椒王子公司、有农联合体和姜堰农场服务联盟，都属于横向层面上的、各类新型经营主体（成员单位）的网络联合，成员单位各司其职，根据自身的资源禀赋提供服务。很明显，与表 4-2、表 4-3 的核心服务主体相比，表 4-5 的这 3 个核心服务主体的成员单位数量都偏多，换句话说，其成员单位协作难度较大，同时相间互间利益联结紧密程度也较低，所以直接服务对象多为规模经营主体。与川椒王子公司、有农联合体和姜堰农场服务联盟不同，金丰公社公司不仅有农资企业、农机企业等成员单位在横向层面上的网络联合，更有县、乡、村 3 级服务组织在纵向层面上的网络联合；其横向层面的成员单位不仅数量多，而且各自的独立性强、协作更难，但由于存在纵向层面的网络联合，村集体发挥了组织小农户的作用，金丰公社公司的直接服务对象得以聚焦在小农户。另外从农业社会化服务内容看，与表 4-2 和表 4-3 相比，表 4-5 中服务内容的复杂程度明显更高：服务的农作物品种拓展到了机械化程度较低的藤椒等经济作物，服务内容增加了农产品精深加工、质量检测与金融保险等。

表 4-5　普通网络型服务模式案例

核心服务主体	成立时间	服务内容	直接服务对象	典型特征
川椒王子公司	2013 年	农资供应，技术，产品收购、初加工、精深加工、营销等（藤椒）	联合体成员（规模经营主体）	四川川椒王子农业开发有限公司与国资农旅公司＋23 个藤椒合作社＋32 个家庭农场、种植大户＋13 个农资农机合作社组成了"盐麻麻联合体"
有农联合体	2016 年	农资供应、育秧、农机作业、烘干、加工储存销售、全程追溯、质量检测、物联网、金融保险等（水稻、油菜）	联合体成员（规模经营主体）	3 家农业龙头企业＋1 家粮油联合社＋6 家合作社＋21 个家庭农场

（续）

核心服务主体	成立时间	服务内容	直接服务对象	典型特征
姜堰农场服务联盟	—	农资供应、技术、育秧、机耕、机插、秸秆还田、统防统治、烘干、营销、金融保险等（水稻）	家庭农场和小农户	以村集体领办合作社为主建立"村级为农服务综合体"＋"家庭农场、小农户、农机植保合作社、农业服务企业"，组建镇域性家庭农场联盟
金丰公社公司	2017年	农资供应、技术、农机作业、测土配方、农产品营销、人才培养、金融保险等（粮食、花生、马铃薯、胡萝卜等多种农作物）	小农户	横向：世界银行等国际金融机构投资，汇聚拜耳等农资企业、雷沃福田等农机企业、阿里巴巴等产品销售渠道 纵向：总部和县级金丰公社＋乡镇服务中心和村服务站＋各村小社长＋小农户

2. 网络"生态圈"服务模式 如前所述，网络"生态圈"服务模式展现了农业社会化服务主体服务方式与内容的演变。表4-6的4家核心服务主体都是由单一环节服务企业转向农业生产全程托管服务，即农产品营销、农资经营、农技服务等的企业。为实现转型，企业需要吸纳整合农业社会化服务资源，由核心业务延伸，形成一个服务网络"生态圈"。其中美华果业公司成立于2014年，主要从事苹果营销业务，2016年该公司通过村企"联合党建"，整合村庄内外资源、成立各类服务队，开始提供果树生产全程托管服务；谷丰源公司和宝清美来公司原本都从事农资销售业务，2家公司分别于2010年和2015年转型提供农业生产托管服务，不同之处在于，谷丰源公司主要与隆平高科等制种公司合作，宝清美来公司主要整合了村屯农机、农技等服务资源；新翔丰公司原来主要从事种子育繁推业务，2012年公司整合当地县、乡、村3级服务资源，搭建了农业生产全程托管服务网络。4家企业吸纳整合成员单位的服务功能显然是较明确的；而企业与成员单位的利益联结紧密程度、协作难度及服务内容复杂程度，都与上文的普通网络型服务模式相近。类似上文的金丰公社公司，此处的美华果业、新翔丰和宝清美来公司由于发挥了村"两委"等在组织小农户方面的优势，得以直接服务小农户。

表 4-6　网络"生态圈"服务模式案例

核心服务主体	成立时间	服务内容	直接服务对象	典型特征
美华果业公司	2014 年 (2016 年)	耕种收等田间作业、农资供应、技术、果品包装、冷藏物流、加工营销等（苹果）	小农户	原来主要从事苹果营销 村企"联合党建"、建立"企业＋村级组织＋党员"协同机制；整合村庄内外技术人力，成立剪枝、机防、技术等服务队
谷丰源公司	2006 年 (2010 年)	全程植保、统防统治、配方施肥、水肥一体化、土壤改良等（玉米、高原夏菜、中药材）	规模经营主体和小农户	原来主要从事农资销售 农工场：专业服务公司＋生产公司＋小农户、专业服务公司＋规模经营主体；引导制种公司（隆平高科、登海先锋等）开展托管服务
新翔丰公司	2007 年 (2012 年)	农资供应、农机作业、绿色防控、测土配方施肥、销售等（粮食）	小农户	原来主要从事种子育繁推 县服务联合体（整合服务资源）＋乡镇服务中心（农机合作社）＋村级服务站（合作社）＋小农户
宝清美来公司	1990 年 (2015 年)	农资供应、农机作业、收储、加工销售、金融等（粮食）	小农户	原来主要从事农资销售 村干部组织小农户；整合村屯种植能手、农机手

第二节　组织结构视角下农业社会化 服务模式的运行逻辑

一、引言

前面章节对中国农业社会化服务典型案例的分析一再表明，涉农企业在中国农业社会化服务体系中占有十分重要的位置。第一批全国农业社会化服务典型案例共计 20 个，其中仅企业类服务主体就有 13 个。从政策层面来看，党的十七届三中全会提出构建新型农业社会化服务体系，由此明确了龙头企业在该体系中的骨干作用。2015 年《国务院办公厅关于加快转变农业发展方式的意见》也强调，"鼓励引导粮食等大宗农产品收储加工企业为新型农业经营主体提供订单收购、代烘代储等服务""鼓励龙头企业为农户提供技术培训、贷款担保、农业保险资助等服务"。

学术界对涉农企业开展农业社会化服务的情况也进行了诸多研究。以陕西"大荔模式"为例，杨慧莲等（2014）分析了企业在供给农业社会化服务中面临的阻力；以湖北老农民高新科技有限公司为例，程莹莹等（2015）研究了龙头企业的农业社会化服务创新模式。另有学者以江西绿能公司为例，探究了农业社会化服务的可行路径及其背后生成逻辑（罗明忠 等，2019）。但现有研究多基于经济学视角，鲜有学者从企业管理角度出发分析涉农企业的农业社会化服务模式。管理的一切行为是为了实现它的预期目标，企业管理的目标就是提高绩效（朱祖平，2006）。德鲁克在《管理的实践》中就指出："企业的本质，即决定企业性质的最重要原则是经营绩效。"农业社会化服务企业也不例外。企业管理的内容十分丰富，包括对稀缺资源的管理及确保企业目标得以实现的技术的应用（John et al.，1967）。管理产生于组织，也作用于组织，组织是管理的基础（李方勇，2010）；组织结构是服务型制造企业成功的关键因素和保障机制（Oscar et al.，2015）。鉴于此，本节以江西绿能公司为例，从组织结构的视角分析新时代中国涉农企业农业社会化服务模式的运营逻辑及其经营绩效。

二、分析框架与案例介绍

（一）分析框架

在前面的小节中将组织结构的关键要素概括为 4 个方面，分别是：权力分配，分权化程度；任务安排，成员单位任务内容与职责；关系协调，成员单位内部及相互之间的协作；规则制定，正式化程度。在此基础上，结合农业社会化服务公司的具体实践，将组织结构的关键要素进一步简化为 3 点，分别是：任务安排，公司不同农业社会化服务业务的具体安排；权力分配，分权程度，即农业社会化服务经营决策权的下放程度；关系协调，公司不同业务单元与公司内外部资源的协作。农业社会化服务公司通过在组织结构中综合运用联邦分权制原则与平台化优势，可以实现农业社会化服务模式创新、促进小农户增收（图 4 - 3）。

首先，在任务安排和权力分配中应用联邦分权制的原则，能够提高公司管理效率、增加分工收益。德鲁克在《管理的实践》中指出，组织结构必须尽可能包含最少的管理层级，设计最便捷的指挥链，而且组织结构必须采取联邦分权制，或职能分权制。通过尽可能强化联邦分权制及把分权制的原则应用在职能性的组织活动上，改善组织结构，总是能提升企业的经营绩效。在农业社会化服务公司中，则可以通过服务业务部门化和经营决策权下放达到强化联邦分权制、提升企业经营绩效的目的。服务业务部门化指负责农业不同环节服务的单元自成一体，如农资采购部、农机作业部、农产品加工部等；不同业务部门各司其事、独立核算地进行专业化服务，由此增加公司从农业专业化分工中获得的收益。经营决策权下放，即提高分权程度，有助于

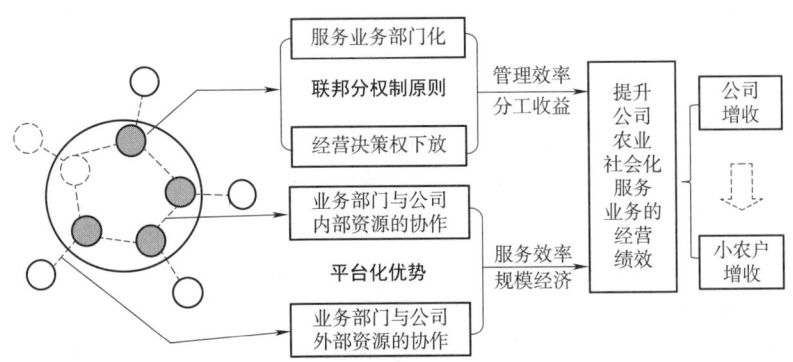

图 4 - 3　农业社会化服务公司组织结构及服务模式

注：◯代指公司外部资源　●代指公司内部资源，即公司的农业社会化服务业务部门

提高经营决策效率、降低公司内部管理成本；正如中国在 20 世纪 80 年代实行的家庭联产承包经营责任制，决策权下放一般会显著提高员工的积极性，降低监督成本。分工收益的增加和公司管理效率的提高，最终会提升公司农业社会化服务业务的经营绩效，进而促进公司以及参与其中的小农户增收。

其次，在关系协调中充分发挥平台化的优势，有助于提高公司的社会化服务效率、增加规模经济。如图 4 - 3 所示，关系协调通常包含 2 个维度：服务业务部门与公司内部资源的协作、服务业务部门与公司外部资源的协作。农业生产的各个环节间是相互衔接和紧密联系的。在公司内部，农资采购部门需衔接农机作业部门，将化肥、农药施用到农作物上，农作物收获之后，农机作业部门需衔接农产品加工和销售部门，将农产品加工和销售出去。通过与公司内部资源开展衔接合作而非二次外包，有助于减少市场交易成本、提高服务效率。与之相比，服务业务部门在与公司外部资源，如农资厂家、农业经营主体等的协作中，可以充分发挥公司集聚资源的平台化优势，提升公司经营绩效的效果更显著。因为平台具有双边网络效应和快速聚合一系列资源的能力，能够帮助管理者应对频繁出现的"惊喜"（Kogut，1991），所以建立各方社会力量广泛参与的开放式合作平台来集成、培育和涵养服务资源，以及通过"一揽子"的统筹协同，可有效解决服务供给过于"碎片化"的问题，可实现服务质量和数量并举（李春海，2011）。与公司外部资源的协作还有助于扩大服务规模，进而通过增加规模经济，提升公司经营绩效，促进小农户增收。

（二）案例介绍

如第三章所述，绿能公司成立于 2010 年，是一家集土地流转、水稻种植、农资农机农技服务、稻谷烘干储存、大米生产加工与销售等于一体的综合性涉农企业。公司总部位于江西省安义县，同时在乐安县成立了绿能子公司。2010—2012 年，公司累计亏损达 670 万元，直到 2013 年才开始赢利，2018 年实现总产值 1.15 亿余元。截至 2019 年 6 月，公司有固定员工 370 人，其中管理科技人员 45 人、聘用长期农民工 325 人。季节性用工 400 余人。公司经营耕地 20.2 万亩，其中，"流转自营"4.4 万亩、托管服务 15.8 万亩（包括全程托管、菜单式托管及订单生产①等），直接带动农户12 000 余户，帮助区域农民年人均增收 2 500 元左右。绿能公司先后被评为"江西省农业产业化龙头企业""全国种粮大户"和"全国农机合作社示范社"。

为促进安义县当地农业社会化服务体系的建立健全、带动小农户和现代农业发展实现有机衔接，绿能公司实践探索出了独具特色的"绿能模式"。由此，绿能公司于 2019 年被列入第一批全国农业社会化服务典型案例。作为新时代涉农企业经营农业社会化服务的典型，绿能公司的组织结构及其服务模式具有重要的实践意义与学术价值。如图 4-4 所示，围绕公司主营业务，绿能公司成立了水稻种植部、烘干部、加工部、销售部及土地流转合作社、农机服务合作社、生产资料合作社、统防统治合作社等业务部门，其中，水稻种植部下又成立了若干生产队，负责"承包"经营公司"流转自营"的 4.4 万亩耕地。而且绿能公司成立的现代职业农民培训学校、土地流转合作社等机构与部门，还发挥了集聚资源的平台作用。结合上述分析框架可知，以绿能公司作为研究对象具备一定的典型性与代表性。表 4-7 详细指出了绿能公司的案例资料来源与收集方式。

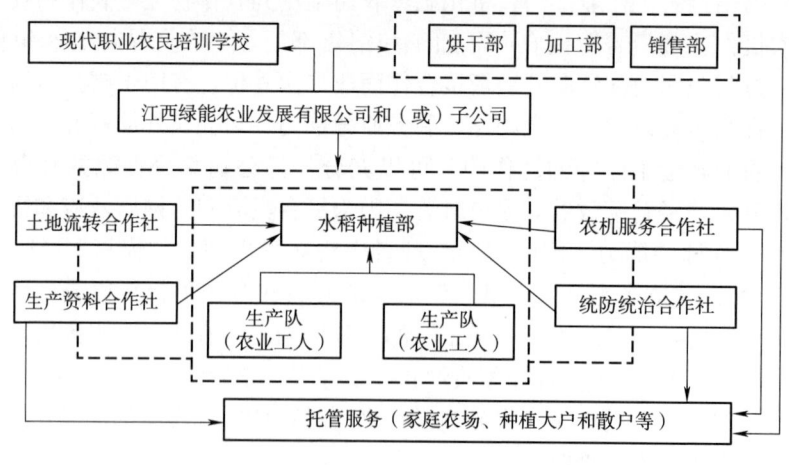

图 4-4　绿能公司组织结构及服务模式

---

① 简单来讲，订单生产可视为将农产品销售环节、农资采购环节等托管给相应的服务供给方，在这里就是指绿能公司。

表 4-7　绿能公司案例资料收集的基本情况

资料类型	收集方法	具体内容
一手资料	半结构访谈法	与安义县公司总部董事长、总经理、有关部门负责人，以及乐安县子公司总经理、员工、村级组织成员等进行面对面访谈
	实地调查法	2019 年 6 月 14—15 日，赴绿能公司在安义县和乐安县的基地进行调研，参观了公司水稻烘干储藏设施设备、农机设备及稻田
二手资料	文献资料分析法	中国知网搜集有关绿能公司的学术论文；绿能公司网站搜集有关信息；2019 年 9 月在山东齐河县召开的全国农业社会化服务工作现场推进会收集案例素材；2020 年 1 月在江西安义县举办的"绿能模式"创新实践高峰论坛收集相关素材

三、案例观察与分析

由上文已知，绿能公司成立了若干服务业务部门（图 4-4）。农业社会化服务中各业务部门遵循联邦分权制的原则，合理分工、密切协作，在保持独立经营的基础上，通过与公司内外部资源的衔接配合，发挥平台化优势，实现了公司管理与服务效率的提高及公司专业化分工收益、规模经济的增加，从而最终促进了绿能公司和参与其中的小农户增收。

（一）服务业务部门的独立性及与公司内部资源的协作

第一，从水稻的产前农资供应服务、产中农机作业与植保服务，到产后烘干加工与销售服务，绿能公司分别成立了生产资料合作社、农机服务合作社、统防统治合作社及烘干部、加工部和销售部等业务部门。其中，生产资料合作社负责采购供应种子、化肥、农药等生产资料；农机服务合作社负责提供农机作业和维修服务；统防统治合作社负责开展病虫害防治服务。水稻收获之后，可以运输到公司烘干部进行烘干；订单生产和自产稻谷，烘干后进入公司加工部，加工成大米，然后经销售部销往市场。绿能公司的各业务部门在服务开展和财务核算中都保持一定的独立性，如单环节托管。另外，在"流转自营"以及水稻的生产托管服务中，绿能公司探索出了"四良"种田法[①]：通过与政府高标准农田建设项目合作，集中连片打造了土地平整、土壤肥沃、设施完善、生态良好、旱涝保收、高产稳产田块；所选品种均具有米质优、产量高、抗病害、抗倒伏、株高适中等特性；耕种过程采用与水稻生产相匹配的农艺措施、科学种田，并通过购置先进农机具，实现了全程机械化。各部门间的协作，使绿能公司得以提供覆盖水稻生产全过程的"九统一"[②] 服务，并促进了

---

① "四良"种田法具体是指良田、良种、良技、良机。

② "九统一"服务具体包括统一供应良种、供应化肥、机械播种施肥、田间技术指导、病虫害防治、收割烘干、回收加工、连锁销售、融资担保。

节本增效。以中稻为例，全程托管后每亩净增收 335 元①。

第二，针对"流转自营"的 4.4 万亩耕地，绿能公司成立了土地流转合作社和水稻种植部。其中，土地流转合作社通过与村集体合作，负责整村、集中连片推进土地流转；水稻种植部则负责"承包"经营公司的"流转自营"耕地。正如前文所述，水稻种植部下成立了若干生产队。绿能公司规定，每个生产队一般由 4 对夫妻 8 名农业工人组成，实行"基本工资＋奖金"的薪酬管理制度，按产量定收入②。每队"承包"经营面积约 1 200 亩，1 对夫妻的耕地经营规模最大为 300 亩，生产队由农业工人自行组建，并选定 1 名队长负责与公司对接。绿能公司按规定亩均标准和经营面积，为各队配发农资；用量超额由生产队承担，结余则公司与生产队五五分成。公司还为每个生产队配置了若干农机具③；生产队既可以使用公司配置的农机具"自服务"，也可以选择"外包"给公司的农机服务合作社。虽然受绿能公司的监管，但是生产队显然已拥有近乎完全独立的经营决策权，这种经营决策权下放到公司最底层的"队生产"责任制，有助于提高管理效率、激发农业工人积极性，促进农户家庭增收。2013 年以来公司累计发放超产奖金 1 219 万元，种粮状元刘高美累计获得 182 万元。目前 1 对夫妻平均能够获得超产奖金 14.7 万元/年。

（二）服务业务部门与公司外部资源的协作

服务业务部门与公司外部资源的协作，主要指各业务部门利用平台化的优势，实现了对相关资源的整合。其中，绿能公司对耕地资源、农机资源、农业工人和农产品营销渠道的集聚、整合效果最为显著。通过资源的整合，绿能公司不仅实现了规模化生产与服务，也提高了农业社会化服务效率，进而以扩大耕地经营服务规模、降低服务价格、提高农产品品质和销售价格等路径，提升了公司的经营绩效，促进了小农户增收。

首先是以土地流转合作社为载体的耕地资源整合平台。整合耕地资源实际上就是组织分散经营的小农户，即公司"流转自营"耕地。如前所述，目

---

① 托管前成本为 1 110 元/亩，产量 555 千克/亩，收入 1 375 元/亩，利润 265 元/亩；托管后成本为 1 080 元/亩，产量 600 千克/亩，收入 1 680 元/亩，利润 600 元/亩。在节本增效的基础上，中稻亩均增收 600 元－265 元＝335 元。

② 以早、晚稻（2 季）为例，绿能公司以 750 千克/亩为基准，低于 750 千克/亩的，每少 0.5 千克/亩扣 1 元；750～775 千克/亩的，每超产 1 千克/亩奖励 1 元；高于 775 千克/亩的，每超产 1 千克/亩奖励 2 元。

③ 绿能公司为每个生产队配置了 2 台大型拖拉机、1 台手扶拖拉机、1 台收割机和若干打药设备。设备折旧期限为 3 年，除机油补贴外，农机设备的保养与维修费用均由生产队负责；生产队在完成本队的农机作业任务后，可以无偿使用公司配备的农机设备对外开展农机作业服务，赚取收入。

前绿能公司的土地流转总面积为 4.4 万亩,其中安义县 2.3 万亩、乐安县 1.6 万亩、莲花县 0.5 万亩。公司主要以"整村整组流转＋组建合作社"的方式进行土地流转。绿能公司充分利用村级基层组织的优势,以村或村组为单位成立土地流转合作社,鼓励农户以承包土地的经营权入股合作社,合作社再将土地统一交付绿能公司经营。公司要求流转耕地必须达到 50 亩连片,有水利、道路等配套基础设施,村集体协助解决水源调配、农民纠纷等问题。在利益分配中,绿能公司除为农户社员支付 500 元/亩的土地租金之外,还承诺给予每家土地流转合作社不低于 160 元/亩的分红收益,其中,60 元用于村集体经济建设、100 元用于农户社员分红;绿能公司还会给村民委员会每亩 20 元的土地流转工作经费。通过耕地资源整合平台,绿能公司实现了对分散、细碎化耕地的集中连片,促进了小农户的组织化。

其次是以农机服务合作社为载体的农机资源整合平台。整合农机资源是绿能公司从事农业生产托管服务的关键支撑,尤其是对于水稻等机械化耕作水平较高的大田作物而言。绿能公司于 2011 年成立了农机服务合作社,负责提供耕、种、收等农机作业服务。农机服务合作社的机械设备,大部分为公司自购;当然,合作社也会吸收社会上的一些农机手带机入社。目前,绿能公司的农机服务合作社共计拥有农业机械设备 430 台(套),全年可完成机耕 5 万亩、机插 1 万亩、机收 5 万亩;公司还专门建设了省级农机维修服务中心和服务站。此外,绿能公司投资 670 万元,为烘干部购置配备了 2 套日处理能力 700 吨的粮食烘干设备。而农机服务合作社以及粮食烘干部对各类农机资源的整合,大大促进了绿能公司农业生产托管服务能力的提升。目前公司的水稻生产托管服务面积已经达到了 15.8 万亩,其中安义县 11.4 万亩、乐安县 3.1 万亩、莲花县 1.3 万亩,服务对象涵盖了家庭农场、种植大户和小农户。由于规模化服务(公司通常要求托管服务的耕地规模必须达到 50 亩连片),绿能公司的服务价格一般会比当地市场价低约 30％。

再次是以现代职业农民培训学校和生产队为载体的农业工人整合平台。绿能公司以现代职业农民培训学校和生产队为载体,通过加强专业技能培训、创新薪酬管理制度等方式,为江西省现代农业发展培养了一批具备一定专业技术能力的管理人员和农业工人。如公司现有管理科技人员 45 人、长期农民工 325 人。在具体做法上,公司特聘贺浩华、罗必良、尹建华、翁贞林等国内知名教授、专家学者到现代职业农民培训学校对农民开展培训;与江西农业大学等高校和国家杂交水稻研究中心等科研院所建立合作关系,选派员工进修和接受在职培训。年轻人接受新生事物能力强,有助于公司推广测土配方施肥和土壤改良等新技术,所以绿能公司加大了对"80 后""90 后"高素质农民的培训力度,培训后持证上岗,让年轻人运用现代化技术管理农业生产。而且，绿能公司在生产队实行"基本工资＋奖金"的薪酬管理制度，承诺返乡年轻农业工人每年至少获得 10 万元超产奖金，这些做法在提高公司管理效率的同时，无疑将激励农业工人提高专业技能、增强自身稻田经营管理水平，并最终带动提升公司的经营绩效。另外，绿能公司也会以评选"和谐奖""执行奖"等方式提高农业工人的工作积极性。

最后是以加工部和销售部为载体的农产品营销渠道整合平台。绿能公司依托加工部和销售部，搭建形成了从稻谷收购到大米加工和销售的农产品营销渠道整合平台。订单生产、高价收购稻谷，帮助公司解决了优质粮源的难题，也提高了水稻种植户抵御粮价波动风险的能力。如 2018 年国务院规定，早籼稻、中晚籼稻和粳稻的最低收购价分别为每 50 千克 120 元、126 元和130 元，分别比 2017 年下调了 10 元、10 元和 20 元，导致大部分水稻种植户收益下降，种粮积极性受挫。为调动水稻种植户的积极性，绿能公司以高于市场价 10%～15% 的保底价进行订单收购、统一加工，打造出了好看、好吃、好安心，零香精、零色素、零污染、零陈米、零掺杂的"三好五零"标准"绿能大米"。在绿能公司，经过烘干加工后的粮食由 1.3 元/千克卖到了 2 元/千克，精深加工的再生稻大米价格更是达到了 20 元/千克。为促进大米销售，绿能公司还注册了"绿能大米""凌继河大米"2 大品牌。与此同时，公司还以安义县当地人外出创业为契机，以"乡情"为卖点，通过外出经商的本地人销售大米，不仅提高了公司销售额，也使得"凌代表"大米走出了江西省。可见，绿能公司通过充分发挥整合农产品营销渠道的平台作用，帮助水稻种植户实现了稻谷的高价销售。

（三）绿能公司农业社会化服务模式的经营绩效

本书重点关注小农户的增收情况。由前文已知，从直观上来看，小农户与绿能公司的合作关系主要分为 3 种：①将土地流转给公司，即土地租赁或（和）股份合作关系；②购买公司的服务，即服务与被服务的关系；③被公司聘用成为农业工人，即雇用与被雇用的关系。通过这 3 种合作关系，绿能公司与小农户建立起了紧密的利益联结机制，带动小农户实现了增收。2013年以来绿能公司直接带动小农户的数量由 2 132 户增加到了 2018 年的 6 708户，间接带动小农户的数量由 8 210 户增加到了 2018 年的 33 500 户。具体来看，在绿能公司小农户的收入来源有经营性收入、财产性收入、工资性收入和转移性收入（主要是保险赔偿）。经营性收入即水稻生产销售收入，农户通过购买绿能公司的服务，尤其是全程托管服务，可以实现节本增效，提高土地经营收入。财产性收入包括承包土地经营权流转的租金收入和分红收入 2 部分，截至 2018 年绿能公司的分红金额已由 2013 年的 156 万元增加到了 518 万元。工资性收入包括务工薪金和超产奖励金，通过劳务聘用，绿能公司帮助农民成为农业工人，每对夫妻每月发放工资 5 000 元，保证"承包"经营公司"流转自营"耕地的农户年工资收入不低于 6 万元。值得注意的是，成为农业工人，赚取工资可使农户收入得到最大幅度提升。因为经营性收入是农业作为第一产业的产出；财产性收入来源主要是土地租金，尽管农户会获得分红，但由前述介绍可知，分红收入相对比较固定；而工资性收入的来源是农业与第二、三产业融合的产出，包含了稻谷精深加工和大米营销等农业价值链增值收益。

第三节　本章小结

第一，组织结构视角下第一批全国农业社会化服务典型案例可以被大致分成层级型（职能型、事业部型）、平台型和网络型（普通网络型、网络"生态圈"）等 3 大类 5 种服务模式。通过观察与分析可知，这些不同类型的服务模式各有优点与不足。在带动小农户、拓展服务内容、降低服务成本等方面，平台型和网络型服务模式明显强于职能型和事业部型等层级型服务模式。在惠泽合作社、超越合作社、田中秧合作社和司雷植保公司等职能型服务模式中，直接服务对象多为分散经营的小农户，且以提供大田作物生产托管和单一环节服务为主；金穗联合社、春源联合社和绿能公司等事业部型模式中，农业社会化服务主体在服务内容层面进行了产业链延伸，拓展到了农产品精深加工等领域，直接服务对象也以农民合作社和家庭农场等规模经营主体为主，小农户则由规模经营主体予以带动；网络型服务模式的服务内容更为复杂多样，但直接服务对象并未以规模经营主体为主，而是通过村"两委"等村社组织直接服务小农户；平台型服务模式的主要特征不仅表现在服务内容繁多等维度，"互联网＋"技术在该模式中也得到了较为广泛的应用，从而明显降低了农业社会化服务的市场交易成本，使其直接服务对象更加灵活，兼顾规模经营主体和小农户。

但平台型和网络型服务模式中的服务内容复杂、所涉及服务资源要素偏多，往往需要实力较强的龙头企业带动。如普通网络型服务模式中的川椒王子公司、有农联合体、姜堰农场服务联盟和金丰公社公司，网络"生态圈"服务模式中的美华果业公司、谷丰源公司、新翔丰公司和宝清美来公司，平台型服务模式中的丰信公司、宏基公司、隆平现代公司和全丰植保公司都要负责组织整合各种各样的服务资源。尤其是金丰公社公司，由世界银行等国际金融机构投资组建，汇聚了拜耳等大型农资企业、雷沃福田等知名农机企业、阿里巴巴等产品销售渠道。相反，在合作社及其联合社等层级型服务模式中则很少需要龙头企业等工商资本介入，且其对农业社会化服务主体汇集服务资源的能力要求也偏低，便于农民自发开展。针对当前中国多数农村地区，尤其是中西部地区，小农户缺乏龙头企业带动的现实状况，合作社等层级型服务模式更加具备可行性。

第二，涉农龙头企业通过在其组织结构中综合运用联邦分权制原则和平台化优势，可以在创新农业社会化服务模式的基础上，显著提升企业农业社会化服务业务的经营绩效，促进小农户增收。绿能公司正是通过分权与平台化，探索出了农业社会化服务的"绿能模式"，促进了小农户增收。一方面根据联邦分权制原则，通过在企业组织结构中践行服务业务部门化和经营决策权下放，可以提高公司管理效率与服务效率、增加农业专业化分工收益，提升企业农业社会化服务业务的经营绩效。绿能公司根据农业社会化服务内容，分别成立了土地流转合作社、农机服务合作社、统防统治合作社、生产资料合作社及水稻种植部、烘干部、加工部与销售部等，并且在水稻种植部下成立了若干生产队，实行"队生产"责任制；从而使得各业务部门在保持独立经营与财务核算的同时，也可以与公司内部其他资源或业务部门衔接配合，实现合理分工、密切协作，提升公司经营绩效。如在"队生产"的责任制下农业工人独立经营决策，1对夫妻（农业工人）平均每年可以获得近15万元超产奖金；农机服务与农资采购等服务业务部门之间的协作，则使绿能公司具备了开展全程农业生产托管服务的能力，促进了农业节本增效。

另一方面，公司的服务业务部门在与公司外部资源的协作中，可以通过充分利用企业组织结构的平台化优势，实现对相关资源的整合，以及农业的规模化生产与服务，进而提高农业社会化服务的效率、提升企业农业社会化服务业务的经营绩效。具体的，绿能公司依靠其成立的各类服务业务部门，通过与农户、村集体、农机手、专家学者、"经销商"等公司外部资源开展协作，实现了对耕地资源、农机资源、农业工人和农产品营销渠道的整合，进而在扩大耕地经营服务规模、降低服务价格、提高农产品品质和销售价格等基础上提升了公司经营绩效。如绿能公司以"整村整组＋合作社"的耕地流转方式，打造了4.4万亩集中连片的高标准稻田；以成立农机服务合作社、吸收社会农机手的方式购置、整合了430（台）套农业机械设备，促使公司托管服务面积增至15.8万亩；以成立现代职业农民培训学校等方式培养了一批具备一定专业技术能力的管理人员与农业工人，显著地推动了绿能公司的现代化农业生产；以订单生产和大米加工、品牌营销等方式实现了稻谷和大米的高价销售。

第五章 农业社会化服务供需双方的垂直协作模式

第一节 研究设计

一、理论基础与概念建构

(一) 理论基础

1. 垂直协作的概念与方式 1963 年 Mighell 等首次提出了垂直协作[①]的概念,其认为垂直协作是指在某种产品的生产和营销系统内协调各相继阶段的所有联结方式。Martinez (2002) 则认为,垂直协作是指与产品流的数量、质量和时间相关的生产和营销各个相继阶段的同步性,并且其指出,垂直协作的方式包括现货市场、合同生产和垂直一体化。国内很多学者也对垂直协作的方式进行过一系列研究 (周曙东 等,2005;王桂霞 等,2006;韩纪琴 等,2008;应瑞瑶 等,2009;张昆 等,2014;刘芳 等,2015)。总之,垂直协作的方式一般包括现货市场交易、销售合同、合作社或战略联盟、生产合同及垂直一体化等。就垂直一体化协作模式而言,Williamson (1991) 认为,垂直一体化模式是一种建立在层级关系基础上的协作模式。王爱群 等 (2006) 指出,垂直一体化关系是指交易双方通过合作制、股份制以及股份合作制等方式一体化为同一个产权组织。

2. 垂直协作模式与交易成本之间的关系 很多学者的研究都曾指出,提高垂直协作紧密程度有利于降低市场交易成本 (常倩 等,2016;Hobbs,1999;Frank et al.,1992)。具体来看,一方面,加强垂直协作紧密程度可以减少机会主义行为带来的交易成本 (Williamson,1975;Hobbs,1996);另一方面,加强垂直协作紧密程度可以减少与无效测量和分类有关的交易成本 (Martinez,2002)。张昆等 (2014) 的研究结果说明,紧密的垂直协作模式能够达到减少交易成本、降低养殖风险和提高生产绩效的效果。应瑞瑶 (2006) 也认为,纵向一体化可以节省生产成本和交易费用。刘芳等 (2015) 同样指出,联系紧密的垂直协作模式优于联系松散的垂直协作模式。节省市

[①] 部分研究中也使用纵向协作的概念,二者本质是一样的。

场交易成本也是美国食品工业中出现契约农业的主要原因（Frank et al.，1992）。

在农业领域的有关研究中，国内学者关注最多的是交易成本对农业生产主体农产品销售渠道选择的影响（姚文 等，2011；宋金田 等，2011；韩洪云 等，2012），其结果都表明交易成本的存在会促使农户倾向于选择紧密的垂直协作模式，即提高销售环节的垂直协作紧密程度有助于降低交易成本，提高或稳定农户的收入。徐家鹏等（2012）对蔬菜种植户在产销环节参与紧密的垂直协作模式意愿的实证分析结果，也在一定程度上反映出了交易成本对农业领域中垂直协作模式选择的影响。而在关于垂直协作模式与交易成本之间关系的学术文献中，尤其需要注意资产专用性对垂直协作模式选择的影响。

由于资产专用性是影响交易成本大小的最为关键的因素，所以在交易成本与垂直协作模式之间关系的研究中，资产专用性是相关文献中出现最多的分析对象。Williamson 的交易成本理论范式曾对资产专用性、交易成本和垂直协作模式之间的关系作过详细的解释（图 5-1）。如图 5-1 所示，为了能够使交易成本最小化，当资产专用性程度位于 K_1 的左边时，采用现货市场交易方式；当资产专用性程度位于 K_1 和 K_2 之间时，则需要采用混合交易方式，例如合同或契约；而当资产专用性程度位于 K_2 的右边时，便需要采用垂直一体化的交易方式。不难看出，在 Williamson 的交易成本理论范式中，交易成本的概念中不仅包含了市场交易成本的内容，也涵盖了组织内部的管理和协调成本。如当资产专用性位于 K_1 的左边时，如果采取垂直一体化的治理方式，其交易成本将是最高的，而这正是由一体化的组织内部管理和协调成本增加所导致的，但目前却鲜有文献对此进行区分和说明。

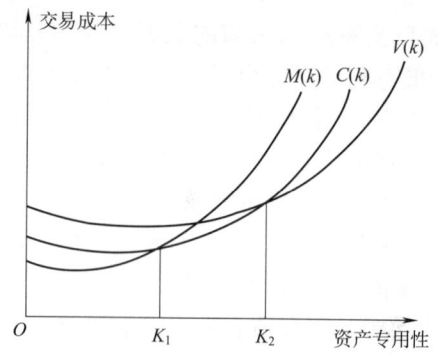

图 5-1　资产专用性、交易成本与垂直协作模式

注：根据 Williamson（1991）的观点总结所得

除 Williamson 之外，很多其他学者也对资产专用性与垂直协作模式之间的关系进行过一系列探讨。如江波等（2008）认为，资产专用性较弱时，适宜采取现货交易方式；资产专用性较强时，适宜采取垂直一体化方式；资产专用性介于强弱之间时，适宜采取合同或战略联盟协作方式。应瑞瑶等（2009）、姚文等（2011）的研究结果都表明，资产专用性越强的农户越倾向于选择紧密的垂直协作模式。刘颖娴等（2012）指出，资产专用性对合作社的纵向一体化同样有显著的影响。Martinez（2002）对美国肉鸡和生猪行业的比较研究表明，由于肉鸡行业的资产专用性程度要高于生猪行业，所以肉鸡行业合同化生产的比例明显要高于生猪行业。Marta 等（2009）也认为，葡萄生产者的物质资产专用性和专用性资产都会促进葡萄酒行业的一体化。但也存在与前述观点不同的研究结果。如王爱群等（2006）认为，当企业和农户的资产专用性都很强并且两项资产又严格互补时，双方应该采用纵向一体化的协作形式，否则应采用合同的协作形式；Marvin（1991）则认为，对于由资产专用性所引起的锁定问题，如果可以为未来的紧急情况提供足够的津贴，那么就可以通过签订长期合同的方法来避免潜在的"敲竹杠"问题。

（二）概念建构

1. 农业社会化服务的供需双方　本书研究中的服务需求方主要指农业社会化服务中的一级发包方，服务供给方主要指一级接包方（图 5 - 2）。当然，作为农业社会化服务的一级接包方，其可以直接为一级发包方提供农业社会化服务，也可以进一步将服务外包给其他农业社会化服务主体，即二级接包方。

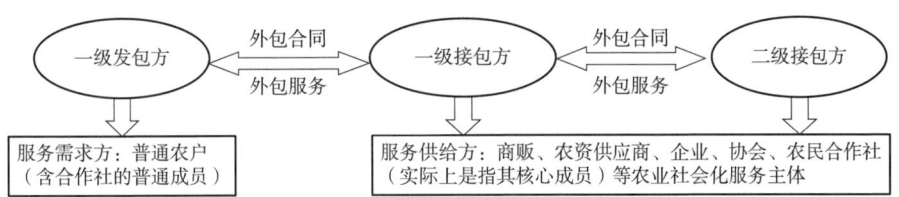

图 5 - 2　农业社会化服务供需双方的关系

注：根据卢峰（2007）的相关资料，并结合农业社会化服务的实际情况整理所得

2. 农业社会化服务供需双方的不同垂直协作模式　根据前述学者对垂直协作模式的研究结果，本书总结出了农业社会化服务供需双方 3 种不同的垂直协作模式，分别是现货市场交易模式、契约协作模式和垂直一体化协作模式（表 5 - 1）。契约协作模式又可以进一步细分为销售契约协作模式和生产契约协作模式。很多学者在研究中也习惯将合作社列为一种垂直协作模式（刘芳 等，2015；张昆 等，2014；MacDonald，1985）。与现货市场交易模

式相比，合作社通过吸收服务需求方入社的方式确实能够明显提高农业社会化服务供需双方的垂直协作紧密程度。然而，正如表 5-1 中最后一列所展示的那样，在合作社中真正发挥作用的是，合作社本身作为服务供给方与接受其服务的普通农户等服务需求方所采取的契约或者垂直一体化协作模式。基于此，本书未将合作社作为一种垂直协作模式单独列出。尤其在中国，从理论上分析，"合作社＋农户"实际上是包含在契约或垂直一体化协作模式中的。

表 5-1　农业社会化服务供需双方不同垂直协作模式的主要特征

类别		主要特征				备注
		社会化服务的具体形式	利益分配方式	生产经营决策主体	垂直协作紧密程度	
现货市场交易模式		未约定服务的价格、时间及地点等	市场价格结算	服务需求方	松散	
契约协作模式	销售契约协作模式	约定了服务的价格、时间及地点等相关内容	市场价格结算	服务需求方	较松散	含"合作社＋农户"的垂直协作模式
	生产契约协作模式		保底价格结算	服务供需双方	较紧密	
垂直一体化协作模式		生产经营决策和操作被整合到一个"系统"，服务供给方以企业管理方式提供服务	按照股份分红	服务供给方	紧密	

注：根据王图展等（2016）、应瑞瑶等（2007）、MacDonald（1985）的文献中有关垂直协作的资料，并结合农业社会化服务的一些实际情况总结整理所得。

需要特别说明的一点是，本书并不试图对农业社会化服务供需双方的外在协作形式进行归纳概括，如很多文献中所总结的"企业＋合作社＋农户""企业＋农户""合作社＋农户""供销合作社＋合作社＋农户""村集体＋合作社＋农户"等服务形式。本书研究的目的在于通过对农业社会化服务供需双方不同垂直协作模式的分类与对比，探究其垂直协作紧密程度存在差异的原因（这是区分前述各种不同服务形式的根本标准）及其对农业社会化服务的内容和经济效益的影响。从表 5-1 来看，主要有 3 方面的因素共同决定了农业社会化服务供需双方在不同的垂直协作模式下的协作紧密程度：

（1）农业社会化服务具体形式的不同。在现货市场交易模式中服务供需双方没有任何约定，与服务交易有关的时间、价格、地点等都随行就市或随机决定；当然，农业的特殊性决定了服务的地点一般就是耕地所处地理位置，但诸如农资销售、信息等服务则没有地理位置的约束。而在契约协作模式中服务供需双方开始约定服务的时间、价格以及地点等内容，如一些农民合作社所实行的社员"生产在家、服务在社"的服务形式就明显地具有契约协作的特点。但在垂直一体化协作模式中农业生产经营各环节的决策和操作都被整合到一个"系统"中，服务供给方采用企业管理的方式为服务需求方提供服务，如目前中国各地正在兴起的土地股份合作社的服务形式。

（2）利益分配方式的不同。随着交易双方之间垂直协作紧密程度的提高，即由现货市场交易模式向垂直一体化协作模式发展的过程中，其利益联结程度也越来越紧密——从利益不相关直到成为利益共同体。Grossman 等（1986）曾指出，垂直一体化是指购入某一个供给者或者购买者的资产，其目的在于获得剩余控制权。通常情况下，剩余控制权就是指组织盈余的剩余索取权，反映了利益分配的方式。因此，衡量农业社会化服务中供需双方垂直协作紧密程度的关键指标就是利益分配方式。由表5-1可知，服务供需双方的利益分配方式一般分为3种：市场价格结算（含优惠市场价格结算）、保底价格结算、按照股份分红。显然，3种方式所体现的服务供需双方的利益联结紧密程度在依次增加。

（3）农业生产经营决策主体的不同。如本书第二章所述，农业生产经营过程中的每一个环节都包括决策和操作2个组成部分。在服务供需双方不同的垂直协作模式中，农业生产经营的决策主体也是不同的。在现货市场交易模式中服务需求方完全掌握生产经营决策权，并根据自身的需要选择是否进行操作（服务）外包；销售契约协作模式中的生产经营决策主体也是服务需求方；而在生产契约协作模式中服务供需双方则共同拥有生产经营决策权；直到垂直一体化协作时，农业生产经营决策完全由服务供给方制定，服务需求方不再参与任何具体决策，在某种程度上就等同于"土地流转"。可见，随着服务供需双方垂直协作紧密程度的提高，服务供给方对生产经营决策的控制程度越来越大。

但现实中服务供需双方的垂直协作模式并不一定与表5-1中的模式一一对应。如农业生产经营决策主体是服务供给方，并且所有的生产经营决策和操作也被整合到了一个"系统"中，而服务供需双方采取的是保底价格结算的利益分配方式。表5-1呈现的只是一种标准状态。可以肯定的是，在契约协作模式中服务供给方开始拥有农业生产经营决策权并对服务的一些具体内容作了约定，垂直一体化协作模式中生产经营决策权全部由服务供给方掌握并连同生产经营操作被整合到了一个"系统"中。利益分配方面，现货市场交易模式下必然以市场价格结算，但随着服务供需双方垂直协作紧密程度的提高，保底价格结算和按股分红逐渐成为主要的利益分配方式。社会化服务形式、利益分配方式及生产经营决策主体共同决定了服务供需双方的垂直协作紧密程度；当然，农业社会化服务供需双方采用的不同垂直协作模式最根本的区别，在于利益分配方式和生产经营决策主体的差异。

3. 农业社会化服务市场交易成本的测量指标 根据本书第二章对交易成本理论的有关阐述，这里将农业社会化服务中所面临市场交易成本的主要测量指标总结如表5-2所示。

表5-2 农业社会化服务市场交易成本的主要衡量指标

角度		衡量指标	影响方向
交易特性	资产专用性	土地细碎化程度、大型农机具的投资、服务契约等	正向
	不确定性	自然和市场等环境的不确定性、服务质量监督难度	正向
	交易频率	交易的次数	正向
交易成本的构成	搜寻成本	获取服务信息的难度	正向
	谈判成本	谈判花费的时间、费用等	正向
	实施成本	运输成本、农机空跑成本等	正向
	监督成本	服务质量的考核难度	正向
	违约成本	违约的损失	正向

首先是基于交易特性的角度来看，资产专用性和不确定性是决定粮食种植业社会化服务中市场交易成本大小的主要因素。由于农业所需社会化服务的交易次数在一个生产经营周期内基本固定不变，所以这里不考虑交易频率对市场交易成本的影响。不确定性主要是指环境和行为等方面的不确定。如表5-2所示，市场价格的波动越大，自然灾害越频繁，同时社会化服务质量的监督难度越大，那么市场交易成本就会越大。

资产专用性则会带来"敲竹杠"的问题。当初始成员拥有的关键资产具有较强的专用性时，其面临被"敲竹杠"的风险会随之增加（Williamson，1985；Grossman et al.，1986；Hart et al.，1990）。资产专用性越强，被"敲竹杠"的风险就越大，市场交易成本也越高。农业社会化服务中的供需双方都存在被"敲竹杠"的风险。对服务需求方来说，农产品收获、销售的时间专用性及耕地的地理位置专用性（土地细碎化程度）等都可能会使其被服务供给方"敲竹杠"。与服务需求方相比，服务供给方面临的"敲竹杠"问题则更为严重。因为对服务供给方来说，其在农业社会化服务中所投入的很多要素都具有资产专用性，如粮食烘干塔等大型农机设备。此外，服务供给方（一级接包方）与二级接包方所签订的服务契约也具有一定的资产专用性[1]。

---

① 服务契约具有资产专用性的原因在于，服务需求方一旦中途退出与服务供给方即一级接包方的协作关系，服务供给方与二级接包方签订的服务契约会随之失去价值，服务供给方将不可避免地面临赔偿二级接包方损失的风险，即服务供给方被锁定在了与二级接包方所签订的服务契约关系中。

　　其次是基于交易成本构成的角度来看，搜寻、谈判、实施、监督和违约成本都会明显增加农业社会化服务的市场交易成本。如表5-2所示，获取农业社会化服务信息的难度越大，搜寻成本就越高；谈判花费的时间和费用越多，谈判成本越高；农业社会化服务质量的考核难度越大，违约的损失越大，监督和违约成本则越高；在农业社会化服务的实施成本方面，如果农资由厂家直接送货上门，或农产品收购企业直接上门收购，将会降低运输及中间商的差价成本，从而减小服务的实施成本。需要特别指出的是，在农业所涉及的各项社会化服务中，农机作业服务的实施成本通常有较大的下降空间，如连片作业有助于降低农机作业服务的空跑成本，也就是实施成本；反之，如果土地比较分散且距离较远，那么就会不可避免地产生较多的空跑成本。

　　市场交易成本的测量指标实际上反映了其潜在的影响因素。这表明，通过降低或减弱表5-2中所列市场交易成本衡量指标就有可能降低市场交易成本。显然，由对市场交易成本各个测量指标的论述已知，无论是基于交易成本的哪个角度——交易特性或交易成本的构成，如果增强农业社会化服务供需双方之间的信任、利益联结机制及赋予服务供给方更多的生产经营决策权，就有可能降低农业社会化服务的市场交易成本。换句话说，缓解信息不对称、优化农业生产组织方式是减少服务交易中的"敲竹杠"问题和不确定性，以及降低搜寻、谈判、实施、监督和违约等成本的重要措施。

二、研究框架及研究假说

（一）农业社会化服务供需双方垂直协作模式对土地生产率的影响

　　由《国家现代农业示范区建设水平监测评价办法（试行）》可知，小农户与现代农业发展有机衔接的指标有土地生产率、农业劳动生产率、环境友好度和机械化水平等。在这些指标中土地生产率最为直观并具有综合性，其由资源禀赋、经济、技术、物质装备条件及各类要素投入综合决定；很多学者也对提高土地生产率的途径进行过研究（刘凤芹，2006；钱克明 等，2014；刘卫柏 等，2016）。一些研究中习惯使用单位耕地面积上生产的农产品数量来衡量土地生产率（仇焕广 等，2017；范红忠 等，2014）。在本书中，将以亩均利润来衡量土地生产率。之所以选择土地亩均利润，是因为农业社会化服务的经济效益更多地体现在降低亩均生产成本和提高农产品质量、销售价格等方面。而农业社会化服务提高农产品产量的效果并不是十分显著（穆娜娜 等，2016），尤其对于粮食作物来说，产量的提高是比较有限的。

　　农业社会化服务供需双方不同垂直协作模式对土地生产率究竟会产生怎样的影响呢？很多研究指出，在农产品销售中选择适当的垂直协作形式有助于减少市场等方面的不确定性（徐家鹏 等，2012；王桂霞 等，2006；周曙东 等，2005；Poole et al.，1998），从而降低市场交易成本。Joskow（2002）和 Klein（2000）也认为专用性投资引起的"敲竹杠"问题通过契约安排或者垂直一体化等方式可以被最大限度地减少。张昆等（2014）指出，垂直协作模式不仅能直接影响农户的生产绩效，而且能通过影响交易成本和养殖风险来间接影响生产绩效。同时由表 5-1 可知，从现货市场交易模式到契约协作模式，再到垂直一体化协作模式，农业社会化服务供需双方的垂直协作紧密程度是逐渐提高的。所以，探究农业社会化服务供需双方不同垂直协作模式对土地生产率的影响，即是分析农业社会化服务供需双方垂直协作紧密程度的提高对土地亩均利润的作用机制。

上文已经提到，农业社会化服务供需双方利益联结紧密程度的增加及服务供给方对生产经营决策控制程度的增加，是服务供需双方垂直协作紧密程度提高的根本表现。如图 5-3 所示，总体上来看，农业社会化服务供需双方的利益联结越紧密，越有助于增加彼此之间的信任，缓解农业社会化服务过程中的信息不对称问题以降低服务的市场交易成本；同时服务供给方对农业生产经营决策的控制程度越大，就越有助于优化农业生产组织方式以降低服务的市场交易成本。当然，服务供需双方的利益联结紧密程度和服务供给方对农业生产经营决策的控制程度，也会相互加强彼此在降低市场交易成本方面的效果。但从市场交易成本降低到土地亩均利润增加的逻辑线索则可以明确地概括为 2 点：一是提高服务需求方已外包服务的质量、降低已外包服务的总成本——直接途径"①"；二是增加服务需求方所接受的农业社会化服务——间接途径"②"。无论是直接途径还是间接途径，最终都可以通过农业生产成本的降低及农产品的产量、质量和价格提高中的一种或几种方式来实现土地增收的目的。

1. 农业社会化服务供需双方垂直协作模式促进土地增收的直接途径

首先，服务供需双方利益联结紧密程度的增加对服务需求方已外包服务的质量和总成本的影响。根据"委托-代理"理论可知，恰当的激励和约束机制可以预防道德风险，有助于缓解代理人与委托人之间的信息不对称问题。基于此，服务供需双方采取的增加彼此间利益联结紧密程度的激励和约束机制将有利于缓解农业社会化服务中的信息不对称问题。从交易特性的角度来看，信息不对称问题的缓解：①能够减少由地理位置等资产专用性所可能引起的服务需求方被服务供给方"敲竹杠"的行为，从而实现服务质量的提高和服务成本的降低；②能够促进服务供给方进行更先进的农机具、技术等专用性资产投资，从而实现服务需求方已外包服务的质量的提高和成本的降低。当然从交易成本的构成来看，信息不对称问题的缓解则可以帮助农业

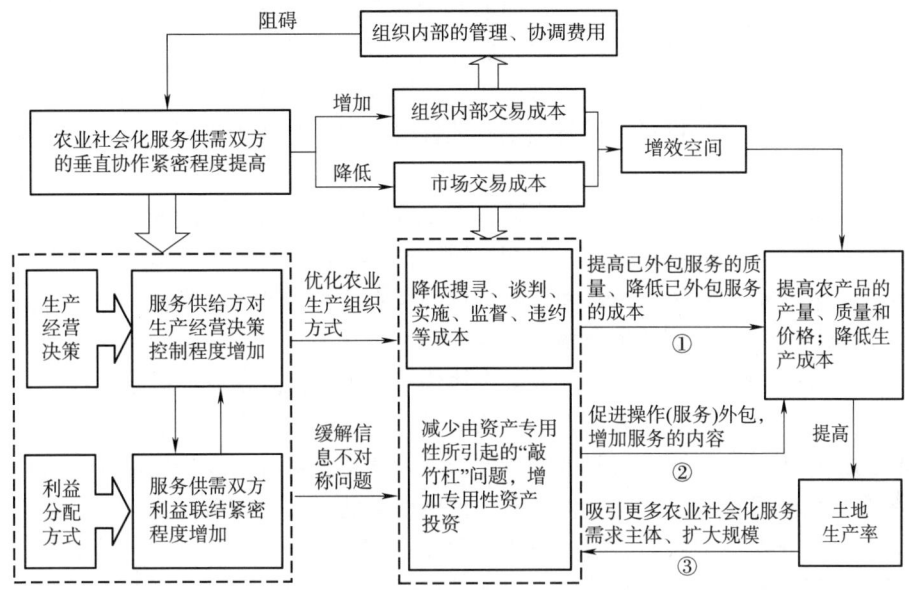

图 5-3　垂直协作、交易成本与土地生产率

社会化服务供需双方降低服务前的谈判成本，服务中的监督、实施成本及服务后的违约成本等；由于农业社会化服务的总成本包括服务本身的生产成本和服务的市场交易成本，所以市场交易成本的降低不仅能够提升服务的质量，也会降低服务的总成本。

其次，服务供给方农业生产经营决策控制程度的增加对服务需求方已外包服务的质量和总成本的影响[①]。如图 5-3 所示，服务供给方对农业生产经营决策控制程度的增加有助于优化农业生产组织方式，有助于合理、高效地安排农业生产经营操作，从而降低服务的实施成本。如服务供给方可以统一农作物品种或将服务需求方的土地进行整合、连片以便统一作业，降低农机作业服务的实施成本——避免分散服务产生较高的空跑成本，即市场交易成本中的实施成本。如果同时农业社会化服务供需双方的利益联结紧密程度也较高，那么服务供给方将有更大的动力来优化农业生产组织方式、降低社会化服务的实施成本，并且其也可能会增加专用性资产投资以提高农业社会化服务的质量和降低服务的成本。可见，农业社会化服务供给方对农业生产

---

① 服务供给方对农业生产经营决策控制程度的增加通常意味着服务需求方的操作（服务）外包的增加，但也有例外，如类似订单农业的一些服务模式，销售服务供给方控制了农业生产经营全过程的所有决策，其却可能仅提供农资供给和农产品销售服务，所以此处不考虑决策增加即为服务外包增加的情况。

经营决策控制程度的增加，不仅能够基于农业生产组织方式的优化降低农业社会化服务的实施成本，还可以在服务供需双方利益联结紧密程度增加的影响下增大服务市场交易成本降低的幅度，以及增加与服务需求方已外包服务有关的专用性资产投资，最终实现农业社会化服务总成本的降低及服务质量的提高。

很明显，农业社会化服务质量的提高最终会促进农产品的质量、产量及价格的提高，而服务总成本的降低则会带来农业生产成本的降低。由图 5-3 可知，农产品的质量、产量和价格的提高及农业生产成本的降低都将会促进土地亩均利润，即土地生产率的提高。

2. 农业社会化服务供需双方垂直协作模式促进土地增收的间接途径 如前所述，社会化服务供需双方利益联结紧密程度的增加有助于缓解服务外包中的信息不对称问题。对服务需求方来说，信息不对称问题的缓解：①有助于减少由地理位置、时间等资产专用性所引起的"敲竹杠"行为；②有助于降低社会化服务的谈判、实施、监督和违约等成本，从而促进服务需求方进行生产经营操作（服务）外包，增加其接受的农业社会化服务。当然，信息不对称问题的缓解除了能够减少服务需求方被服务供给方"敲竹杠"的可能性，更重要的是其也会缓解服务供给方被服务需求方"敲竹杠"的风险。由此就会促进服务供给方进行专用性资产投资，增加服务的内容。但服务供给方最终能否实现服务内容的增加，在一定程度上与其对服务需求方农业生产经营决策控制程度的增加有密切的关系。如果服务供给方对生产经营决策没有较大的控制权，即在服务需求方仍掌握农业主要生产经营决策的情形下，那么服务供给方即使进行了专用性资产投资，也不一定就能够增加服务内容。换句话说，服务供给方农业生产经营决策控制程度的增加，能够强化服务供需双方利益联结紧密程度，增加在促进服务供给方进行专用性资产投资、增加服务内容中的作用。最终结合劳动分工理论可知，农业社会化服务作为农业领域中的分工，将会促进农业经济效益的增加，即通过农产品质量、产量和价格的提高及农业生产成本的降低中的一种或几种途径实现土地生产率的提高（图 5-3）。

（二）组织内部交易成本对农业社会化服务供需双方一体化的影响

通过前文的分析可知，农业社会化服务供需双方的垂直协作模式大致可以分为现货市场交易模式、契约协作模式和垂直一体化协作模式 3 类。在现货市场交易模式下服务供需双方会面临严重的市场交易成本，不利于农业分工与专业化经济的实现；而农业社会化服务供需双方在契约协作模式和垂直一体化协作模式下则能够达到降低市场交易成本及实现土地亩均利润增加的目的。当然，就服务供需双方的协作紧密程度而言，垂直一体化协作模式明显要优于契约协作模式，而且在垂直一体化协作模式下服务需求方接受的服务通常会更多，服务供需双方面临的市场交易成本最低，土地增收效果也最为显著。王图展等（2016）以柑橘为例的研究指出，产加销的一体化运作大大减少了原料果搜寻、价格谈判、合约订立和监督等交易成本，提高了企业核心竞争力。

但实际上许多农业活动都是在一个契约框架内进行的，既代替了现货市场交易，也代替了垂直一体化交易（Cook et al.，2000）。在中国的农业生产经营活动中，契约交易也是比较普遍的一种垂直协作模式。这是为什么呢？垂直一体化作为最能够降低市场交易成本的垂直协作模式，却并没有被广泛地采用，原因在于，根据交易成本的相关理论可知，当组织程度提高时，交易成本降低而组织成本增加，所以最优的组织模式应使交易成本与组织成本之和最小（常倩 等，2016）。王图展等（2016）的研究也表明，纵向一体化经营后橙汁加工企业内部的组织和管理成本会随之大幅上升。这也就是说，垂直一体化协作模式会使农业社会化服务供给方面临较高的管理和协调等组织成本，即本书所界定的组织内部交易成本。由此可见，尽管提高农业社会化服务供需双方的垂直协作紧密程度能够降低市场交易成本，但如图 5 - 3 所示，随着农业社会化服务供需双方垂直协作紧密程度的提高，农业社会化服务供给方会面临越来越高的管理和协调等组织内部交易成本，从而阻碍其与服务需求方实行协作紧密程度更高的垂直一体化协作模式。

（三）研究假说的提出

上述分析表明，服务供需双方通过实行紧密程度较高的垂直协作模式，能够在降低市场交易成本的基础上实现农产品的质量、产量和销售价格的提高及生产成本的降低，从而最终增加土地亩均利润、提高土地生产率。具体来看，农业社会化服务供需双方从现货市场交易模式到契约协作模式，再到垂直一体化协作模式，土地亩均利润会逐渐增加。依此类推，农业社会化服务一级接包方与二级接包方之间垂直协作紧密程度的提高同样会在降低农业社会化服务市场交易成本的基础上实现土地生产率的提高。由此提出研究假说 1：

H1：农业社会化服务供需双方的垂直协作紧密程度越高，越有助于降低农业社会化服务的市场交易成本，提高土地生产率。

需要注意的是，土地生产率的提高可能会吸引更多服务需求主体进行操作（服务）外包，从而扩大服务供给方的服务规模。许庆等（2011）研究指出，服务规模的扩大有助于降低管理成本、获得大量采购原材料的折扣优惠和获得信贷支持。即服务供给方服务规模（劳动分工理论中的市场范围）的扩大，能够通过降低市场交易成本的途径增加土地亩均利润、获得规模经济，如图 5-3 中的"③"所示。

但正如图 5-3 中所表达的那样，组织内部交易成本会阻碍农业社会化服务供需双方垂直协作紧密程度的进一步提高。那么服务供需双方进行垂直协作模式选择的条件究竟是怎样的呢？降低市场交易成本相当于提高农业社会化服务的经济效益，如前所述，市场交易成本的降低会带来土地亩均利润的增加。假设农业社会化服务供需双方协作紧密程度提高所增加的组织内部交易成本为 $\Delta TC_内$，增加的经济效益为 ΔR，降低的市场交易成本为 $\Delta TC_市$，其中 $\Delta R \approx \Delta TC_市$。显然，只有当 $\Delta R - \Delta TC_内$ 远大于 0 时，服务供需双方实行更高紧密程度的垂直协作模式的可能性才会较大（图 5-3）。也可以认为，如果服务供需双方通过提高垂直协作紧密程度所降低的市场交易成本远大于增加的组织内部交易成本，即 $\Delta TC_市$ 远大于 $\Delta TC_内$，那么服务供给方将会与服务需求方选择垂直一体化等更为紧密的垂直协作模式。换句话说，只有当垂直一体化所增加的组织内部交易成本远小于其降低的市场交易成本时，农业社会化服务供需双方才会选择实行垂直一体化协作模式。由此提出研究假说 2：

H2：农业社会化服务供需双方因垂直协作紧密程度提高所增加的组织内部交易成本越高，双方进行垂直一体化协作的可能性就越低。

需要说明的是，本书并不关注垂直一体化协作所增加的组织内部交易成本及降低的市场交易成本，即增加的经济效益具体是由农业社会化服务的供给方还是需求方承担或享有。因为一旦农业社会化服务供给方承担了较多的组织内部交易成本，从理性经济人的角度分析，其一般会通过提高服务费等方式将成本转嫁到服务需求方一部分，最终实现双方的利益平衡。

三、案例选择及资料收集

本章的研究对象主要是农民合作社（服务供给方）和普通农户（服务需求方）。准确来讲，本章是对现货市场交易模式中的普通农户及加入农民合作社并与合作社采取了不同垂直协作模式——契约协作模式和垂直一体化协作模式的普通农户的服务外包、土地生产率等内容进行对比分析和研究。由于合作社有其自身的特殊性，因此有必要进一步明确农业社会化服务供给方与需求方在"合作社＋农户"这一服务形式中的具体内容。

从理论上讲，农民合作社的成员不仅是其惠顾者，也是其经营者。然而事实上在中国成立的合作社中惠顾者与经营者远未实现统一。根据孔祥智等（2017）的观点，中国现有的各类农民合作社皆是在"元合作社"的基础上演化而来的。根据"元合作社"是否吸收成员及其所吸收成员与合作社发起人在权利和义务方面的差异，总结出了"元合作社"在中国演变的基本情况。如图 5-4 所示，中国农民合作社可以大致分为 3 类：理想型、改良型及空壳合作社。不同类型合作社之间实际上并没有非常严格的界限，如对于一个"元合作社"来说，其吸收的成员中会同时存在与发起人权利义务相同和不同的情况。尽管图 5-4 中的 3 类合作社与最原始的罗虚戴尔先锋社相比存在较大差异，但其都是在适应时代发展和立足中国国情、农情的基础上进行的合理演变，除空壳合作社外，其他 2 种合作社可以说是中国对"元合作社"的改良与升级。

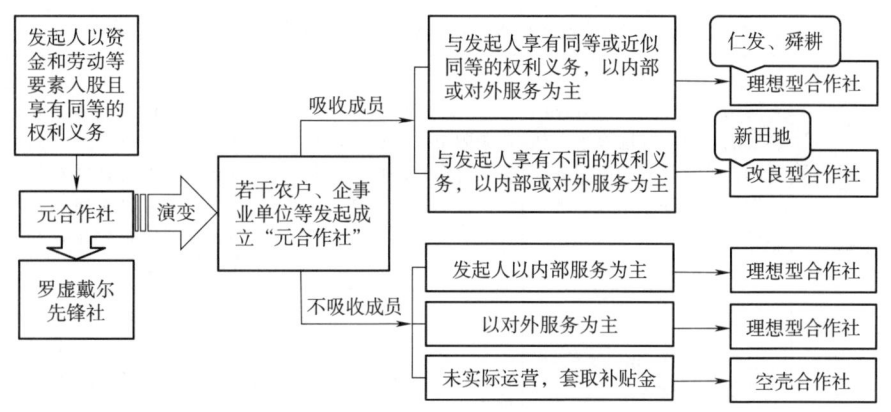

图 5-4　农民合作社在中国演变的基本情况

　　鉴于中国以在"元合作社"基础上吸收成员的农民合作社最为典型和有代表性，且其服务使用者和供给者甚少实现统一，也即实行的是"合作社＋农户"的形式，本章便以该类合作社作为研究对象。最终根据需要，选择了仁发合作社、新田地合作社和舜耕合作社作为研究案例。表 5-3 详细介绍了这 3 家案例合作社资料收集的具体情况。其中，仁发合作社和舜耕合作社属于吸收成员类别中的理想型合作社，新田地合作社属于吸收成员类别中的改良型合作社。在实践中这些合作社通常拥有核心和普通 2 类成员：核心成员为合作社的出资者和决策者，一般为发起人（个别合作社还包括"元合作社"吸收的与发起人权利义务相同的成员），他们是农业社会化服务的实际供给方，本书研究中合作社的概念在本质上就是指这部分成员；普通成员以普通农户为主，很少出资，名义上多以土地要素入股，但基本不参与合作社整体运营和规划方面的决策，为农业社会化服务需求方。与仁发合作社直接提供服务不同，舜耕和新田地合作社的社会化服务更多由二级接包方提供。

表 5-3　农业社会化服务案例资料收集的具体情况

方法		仁发合作社	新田地合作社	舜耕合作社
半结构访谈法	访谈对象	理事长、理事会成员、普通成员、农机手等	理事长、要素车间主任、农机手、成员、社员等	理事长、理事会成员、普通成员、基层社和为农服务中心负责人等
	访谈内容	合作社的成立、发展、盈余分配、服务内容、经营模式与绩效等	合作社的成立、发展、社会化服务内容、经营模式与收入等	合作社的成立、发展、利益分配、社会化服务内容、经营模式与收入等
	形式	根据每位被访谈者的特征及其对合作社的熟悉程度，分别进行 0.5~3 小时不等的访谈。其中，对理事长的访谈时间长达 3 小时。为了使访谈者畅所欲言，保证访谈的有效性，课题组对每个人员的访谈都是在独立的办公室中进行的		
实地调查法		2013—2017 年多次赴克山县实地调研，现场观察合作社的农机具及其仓库、部门设置情况与办公条件、规章制度等	2016—2017 年，先后 2 次赴荥阳市实地调查，现场观察了合作社的烘干设施、办公条件、规章制度、农业生产安排等	2017 年 4 月赴滕州市实地调研，现场观察了合作社的办公条件、规章制度及参与开展村社共建的情况等；同时也实地调查了当地基层供销合作社和为农服务中心的运营现状
文献资料分析法		合作社年度和季度总结、规章制度与财务报表；各种会议资料和报告；政府部门对其运营模式的经验总结；网络、电视等媒体的有关报道；学术论文	合作社财务报表、规章制度以及年度（或季度）总结；各种会议资料和报告；政府相关部门对合作社发展模式的经验总结与评述	山东供销合作总社的文献资料（省社的政策文件和报告、总结；网络等媒体的报道；学术论文）；舜耕合作社本身的一些文献资料，包括财务报表和总结报告；网络等媒体对其运营模式的经验总结；基层供销合作社和为农服务中心的相关材料等

第二节　服务供需双方垂直协作模式对土地生产率的影响

目前学术界针对仁发合作社的研究已取得了丰富的科研成果。如刘同山等（2014、2015）讨论了精英对仁发合作社发展演变的作用；周振等（2015）强调了仁发合作社盈余分配机制对合作社经营绩效的影响；孔祥智等（2017）分析了仁发合作社的初始资产专用性对要素匹配与合作社盈利的影响；周振等（2017）以仁发合作社为例，分析了资产专用性对农业产业化利益分配方式的影响；闵继胜等（2017）分析了仁发合作社的各类经营模式与农业清洁生产效果之间的关系；薛建良等（2018）则在梳理仁发合作社农业经营方式转型过程基础上综合、详细地分析了仁发合作社在发展中面临的压力及解决的途径。可见，仁发合作社之所以能够取得现有的发展成效，乡村能人、要素投入、盈余分配机制及经营模式等都发挥了重要的作用。但关于仁发合作社农业社会化服务功能对其经营绩效的影响，还没有比较深入和详细的研究。仁发合作社的数次改革变迁，伴随着其与接受其服务的农户间垂直协作紧密程度的不断提高及其农业社会化服务内容的持续增加。刘同山等（2014）曾指出，仁发合作社的成功还在于现代农业技术的采纳和订单农业的实施。这2个方面显然分别属于农业社会化服务中的技术和销售服务。

一、仁发合作社中农业社会化服务供需双方的具体内容

仁发合作社在发展的初始阶段（2009—2010年）只有7户成员，即最初的7户发起人。这7户发起人通过购置农机具、组建合作社来对外提供代耕代种等农机作业服务，而且服务对象以普通农户为主。在这一时期，仁发合作社作为农业社会化服务主体与接受其服务的农户之间只是简单的现货市场交易关系：双方在利益分配方面是以市场价格结算；仁发合作社不参与其所服务农户的任何粮食生产经营决策。本书研究中没有获得这种现货市场交易模式下接受仁发合作社农机作业服务的农户的土地亩均利润数据，但毋庸置疑，在该时期接受仁发合作社农机作业服务的农户的土地生产率，与当地大多数于现货市场中接受农业社会化服务的农户的土地生产率理论上是相同或相近的。

2011年仁发合作社开始吸收农户入社。如表5-4所示，2011年之后合作社中的成员明显分成了2类：①核心成员，即最初的7户发起人，主要以资金的方式入股；②普通成员，即仁发合作社吸收入社的普通农户和个别专业大户，仅以土地入股。其中，核心成员为农业社会化服务的实际供给方，而普通成员为农业社会化服务的主要需求方。关于仁发合作社中服务供需双方的具体构成和内容可见图5-5，其中服务供给方为核心成员，他们是仁发合作社的主要决策者和代表；服务需求方为仁发合作社于2011年后陆续吸收的普通成员，即入社农户。当然，一些核心成员同时也是农业社会化服务的需求方，如除李凤玉理事长之外的其他6户核心成员在2015年之后都有耕地入股到合作社（表5-4）。由于核心成员的入股耕地数量比较少且其主要功能是提供农业社会化服务，所以暂时不考虑其作为服务需求方的角色和定位。

表5-4　仁发合作社的成员结构及其入股情况的变化

指标		2011年	2012年	2013年	2014年	2015年	2016年	2017年
核心成员	户数/户	7	7	7	7	7	7	7
	入股土地/亩	0	0	0	0	289	289	289
	入股资金/万元	850	850	850	850	850	850	850

（续）

指标	2011 年	2012 年	2013 年	2014 年	2015 年	2016 年	2017 年
普通成员/户	307	1 215	2 429	2 631	1 007	1 007	1 007
入股耕地的总规模/亩	15 000	30 128	50 159	54 000	56 000	56 000	56 000

注：根据调研资料整理所得。2015 年之后入社户数减少，耕地面积却增加的原因有 2 点：第一，之前很多农户将自家的人口和土地分割成几部分，再分户入社以便多获得国家财政补贴资金分红，因为正如下文将提到的仁发合作社将国家财政补贴资金获得的收入按户平均分红；第二，2015 年有 12 个大户加入了合作社，其入股耕地面积分别为 1 000～5 000 亩不等，极大地增加了仁发合作社入股耕地面积，当然仁发合作社服务需求方的主要来源是普通农户。

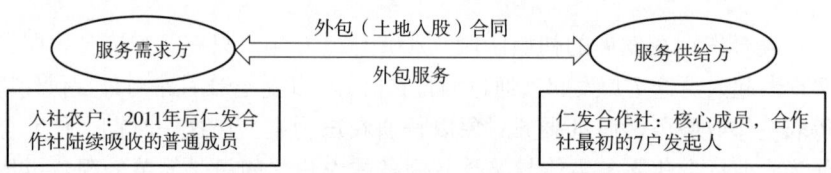

图 5-5　仁发合作社中社会化服务的供需双方

需要说明的是，这里并未将仁发合作社在发展初期以现货市场交易模式服务的普通农户包含在服务需求方中。原因有二：①可以通过未入社农户[①]与入社农户的横向比较来验证现货市场交易模式和其他紧密程度更高的垂直协作模式对土地亩均利润的不同影响；②将服务需求方界定在入社农户有助于统一概念，方便后文的研究。当然，仁发合作社在为其成员提供服务的同时也会为部分非成员提供一些播种、收获、整地、中耕或喷药等农机作业服务。到 2016 年仁发合作社为非成员提供农机作业服务的面积已达 50 万亩，当年获得盈余 4 816 481 元；但相对成员来说，这部分非成员服务需求方与仁发合作社之间的协作关系不固定，因此不在本书研究范围之内。

二、仁发合作社与入社农户垂直协作模式及收入的演变

（一）仁发合作社与入社农户的契约协作阶段：2011—2012 年

仁发合作社于 2010 年通过在现货市场中提供农机作业服务，全年收入还不到 100 万元。如果不考虑折旧，当年的净利润有 13 万元；考虑到农机折旧，合作社则亏损 187 万元。2011 年为扭转发展初期的亏损，仁发合作社的 7 户发起人（核心成员）商议形成了"七条承诺"以吸收有农业社会化服务需求意愿的农户入社。

"七条承诺"的具体内容是：①保证带地入社的农户能够获得每亩 350 元

---

① 未入社农户是指"以现货市场交易模式接受农业社会化服务的普通农户"，下同。

的保底收益，这比当地土地流转的价格要高出 110 元/亩；②所有入社农户享有平等的权利义务，即都能够参与仁发合作社每年秋后的盈余分红①；③由政府给予的 1 234 万元农机购置补贴资金所产生的盈余，每年秋后按照成员户数进行平均分配；④合作社以 10％的年息为带地入社农户提供资金借贷服务，贷款限额为入社土地的市场流转价格折价；⑤入社农户仍然享有政府发放的种粮补贴；⑥合作社的重大决策实行民主决策，一人一票而非按股权进行表决；⑦入社自愿、退社自由，成员在退出合作社时可以获得该成员账户上的全部股金，包括各种盈余结转、公积金等。"七条承诺"的实施极大地提高了仁发合作社周边农户的入社积极性。仅 2011 年的春季，仁发合作社就吸收了307 户农民入社，入股耕地面积达到了 15 000 亩。之后仁发合作社更是通过村"两委"及村集体来组织协调村民，以整村推进的方式吸收农户入社。2012 年末合作社的成员总数已发展到了 1 222 户，耕地面积为 30 128 亩。

　　2011—2012 年仁发合作社与入社农户采用的是何种垂直协作模式呢？首先，在该阶段作为服务供给方的仁发合作社与其服务需求方，即入社农户的利益分配方式为"保底＋分红"，且由政府农机购置补贴资金所产生的盈余也按户在成员中平均分配。这表明农业社会化服务的供需双方——仁发合作社与其入社农户实现了"利益共享"。其次，仁发合作社对入社农户的农业生产经营决策拥有了一定控制权，2011 年之后合作社负责对入社农户的耕地进行统一规划与经营管理，而入社农户则仅对合作社的重大决策拥有"一人一票"的表决权，并且入社农户的成员代表可以对理事会执行决议进行监督（图 5-6）。但在 2011—2012 年，仁发合作社的农业生产经营活动主要由理事长带领雇工进行操作，最终导致了一系列机会主义行为的出现，如在工资已定前提下，很多雇工出工不出力。也就是说在该阶段，仁发合作社对入社农户农业生产经营决策的控制程度在机会主义行为的影响下有所弱化。

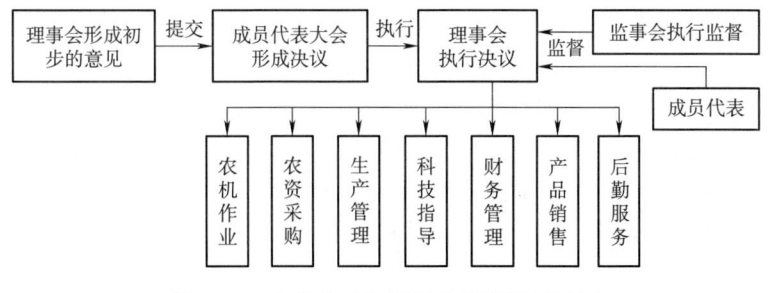

图 5-6　仁发合作社的民主议事运行机制

---

　　① 仁发合作社的可分配盈余（总盈余－保底金）中有 50％用于分红，剩余的 50％作为公积金提取。

即便如此，结合农业社会化服务供需双方不同垂直协作模式的主要特征可知，在 2011—2012 年仁发合作社与入社农户已经形成了较为紧密的利益共同体，即农业社会化服务供需双方实现了契约协作。与此同时，仁发合作社的赢利能力也得到了极大的提升——2011 年实现总盈余 1 342 万元，2012 年总盈余则近 2 759 万元；而仁发合作社的入社农户通过土地入股，在 2011 年和 2012 年分别获得亩均 710 元和 730 元的"保底＋分红"收入。

（二）仁发合作社与入社农户的垂直一体化阶段：2013—2016 年

1. 垂直一体化协作模式的第一阶段（2013—2014 年） 2013 年仁发合作社取消了入社农户的土地保底收入，实行仅按股分红的利益分配方式。当然仁发合作社仍会在其总盈余中提取一定比例的公积金。"取消土地保底金、仅按股分红"的做法加深了仁发合作社与入社农户的利益联结紧密程度，真正实现了"利益共享、风险共担"。但按入股耕地分红的盈余比例远大于按成员权益（股金＋上年结转公积金＋国投资金）分红的比例，且仁发合作社在 2013 年从土地分红比例中提取的公积金比例要小于从成员权益分红比例中提取的公积金比例[①]。值得注意的是，入社农户的土地在仁发合作社总盈余中的分红比例并不是预先规定好的。仁发合作社是在参考当地专业大户收入的基础上，以不低于专业大户收入的土地收入作为成员入股耕地的分红标准并调整成员权益的收益率，由此得以确定入股耕地在仁发合作社总盈余中的分配比例。否则，一旦入社农户的土地分红收入低于专业大户的收入，就有可能会出现成员退社的现象；同时，这样的土地分红比例确定方式也保证了核心成员利益的最大化。可见，尽管仁发合作社与入社农户实现了"利益共享、风险共担"，但实际上入社农户的风险承担责任还是有限的。

此外，这一阶段仍然由仁发合作社负责入股耕地的统一规划与经营管理，入社农户仅参与重大决策与监督。与 2011 年和 2012 年不同的是，仁发合作社在 2013 年进行了农业经营方式改革，开始实行分片承包责任制经营，具体来讲，合作社将 5 万多亩入股耕地集中划分成了 22 个连片区域，由 22 个"片长"（通常为各村村组长）承包经营，并以"同种农作物的平均产量×市场销售价格－平均成本"作为考核标准，减惩超奖。由此，仁发合作社便加强了对入社农户农业生产经营决策的控制程度。结合 2013 年仁发合作社的利益分配方式及农业经营方式的改革可知，仁发合作社与入社农户在

---

① 2013 年，入股耕地参与总盈余分红的比例为 74％，其中提取了 25％的公积金；成员权益参与总盈余分红的比例为 26％，其中提取了 40％的公积金。

2014 年，入股耕地参与总盈余分红的比例为 75％，其中提取了 40％的公积金；成员权益参与总盈余分红的比例为 25％，其中提取了 40％的公积金。

2013—2014年显然已经形成了紧密的利益共同体，即农业社会化服务供需双方建立了垂直一体化协作模式。至此，仁发合作社中的社会化服务供需双方实现了一定程度的统一。由于入社农户所获收入仍然包含有保底的部分，换句话说，仁发合作社的农业社会化服务要素的投资主体仍是其核心成员，所以这种统一并不完全。在该协作模式下仁发合作社的成员总数、入股耕地面积在2013年分别增加到了2 436户和50 159亩，总盈余近5 329万元，入社农户更是获得了922元/亩的分红收入；2014年成员总数则发展到2 638户，耕地规模达54 000亩，总盈余4 890万元，入社农户获得了854元/亩的分红收入。

2. 垂直一体化协作模式的第二阶段（2015—2016年） 仁发合作社在2015年最大的变化便是取消了公积金的提取。具体来看，2015年及之后，仁发合作社所产生的盈余全部按照入股耕地和成员权益进行分红而不再从中提取一定比例的公积金；同时，2015年之前累计提取的公积金仍记录在成员账户中，但其不再作为投资参与成员权益的分红。对于农民合作社而言，公积金通常具有弥补损失及扩大生产经营规模等用途。尽管仁发合作社与入社农户仍然实行"按股分红"的利益分配方式，但仁发合作社停止提取公积金的做法无疑减弱了与入社农户的利益联结紧密程度。当然，从总体上来看，在2015—2016年仁发合作社与入社农户采用的还是垂直一体化协作模式，而且合作社的成员总数和入股耕地面积在该阶段也分别稳定在了1 014户和56 000亩。收入方面，2015年合作社总盈余约4 196万元，2016年总盈余约3 626万元；入社农户在2015年和2016年分别获得了708元/亩和602元/亩的土地分红收入。

（三）关于仁发合作社与入社农户收入来源的进一步解释和说明

需要特别解释的一点是，入社农户在2011—2012年获得的"保底＋分红"收入及在2013—2016年获得的分红收入不仅包括土地经营收入，还包括仁发合作社的农机作业收入和其他收入（主要指合作社的粮食烘干塔收入和利息收入，其中粮食烘干塔是仁发合作社在2014年才引进的），即上文所提的收入并非单指土地经营收入。仁发合作社的总盈余，即入社农户收入来源的计算公式为：总盈余＝土地经营收入＋农机作业收入＋其他收入（粮食烘干塔收入＋利息收入）－土地经营支出－农机作业支出（大修提存＋日常维修＋轮胎提存＋主油＋副油＋管理费＋驾驶员工资）－固定资产折旧（农机装备＋场库棚）－管理费（管理人员工资等）－其他支出。显然，入社农户真实获得的收入为"保底＋分红"收入（2011—2012年）或分红收入（2013—2016年）。但本书要分析的是土地生产率，即土地亩均利润在农业社会化服务供需双方（仁发合作社与入社农户）不同垂直协作模式下的变化。"保底＋分红"收入或分红收入实际上反映了农业社会化服务供需双方的利益分配方式——本书中自变量的衡量指标，土地亩均利润才是本书所关注的因变量。

三、仁发合作社与入社农户不同垂直协作模式下土地生产率的交易成本解释

(一) 仁发合作社与入社农户不同阶段的垂直协作模式比较

由前文已知，仁发合作社与入社农户主要经历了契约协作和垂直一体化协作2个发展阶段。农业社会化服务供需双方垂直协作紧密程度的衡量指标，包括服务供需双方的利益联结紧密程度和服务供给方对农业生产经营决策的控制程度。在研究范围内仁发合作社与入社农户的利益联结紧密程度分为2个等级：①"保底＋分红"式的"利益共享、风险不共担"；②"按股分红"式的"利益共享、风险共担"（表5-5）。2011—2016年仁发合作社与入社农户的利益联结紧密程度逐渐增强；同时合作社对农业生产经营决策的控制程度也在逐渐增加。如表5-5所示，2011年仁发合作社就拥有了入社农户的农业生产经营决策权；到2013年合作社更是通过经营方式的改革强化了其对农业生产经营决策的控制程度。可见，仁发合作社与入社农户的垂直协作紧密程度在不断提高。由于仁发合作社通过参考当地专业大户的收入来确定入社农户的土地分红比例，所以即便是实行垂直一体化协作模式，仁发合作社中的农业社会化服务供需双方仍未实现真正的统一：核心成员代表仁发合作社提供服务，带地入社的普通成员接受服务。

随着服务供需双方，即仁发合作社与入社农户垂直协作紧密程度的提高，合作社的固定资产投资、农业社会化服务内容及土地生产率也都发生了诸多变化。①仁发合作社的固定资产投资和农业社会化服务内容不断增加。如表5-5所示，在契约协作模式下仁发合作社的服务内容包括农机作业、农资采购、资金借贷、销售和技术，固定资产为30多台（套）大型农机具；而当仁发合作社与入社农户于2013年进入到垂直一体化协作模式的发展阶段时，其拥有的大型农机具便超过了113台（套），固定资产达3 295万元，到2016年合作社的固定资产增加到了5 107万元，农机装备合计130台（套）左右，同时仁发合作社还在2013年增加了品牌服务，在2014年增加了粮食烘干仓储服务。②合作社入社农户的土地生产率不断提高。如表5-5所示，2011年入社农户的土地亩均利润为833元/亩，2013年增加到1 078元/亩；到2016年入社农户的土地亩均利润虽降为699元/亩，但仍比未入社农户的土地亩均利润高出322元。而2015—2016年入社农户土地亩均利润绝对值没有继续增加的原因在于2014年后黑龙江地区玉米价格持续低迷[①]。另外，由契约协作进入到垂直一体化协作时，仁发合作社的入股耕地规模增加了20 000多亩。

---

① 中央政府2016年开始实施的玉米"价补分离"政策改革对当地玉米价格产生了一定的负面影响。

表5-5　仁发合作社与入社农户不同阶段的垂直协作模式比较

年份	垂直协作模式	利益分配方式	农业生产经营决策主体	入股耕地规模/亩	固定资产投资	农业社会化服务的内容	入股耕地生产率(元/亩)	入社农户的"保底+分红"或分红收入(元/亩)	比未入社农户土地生产率(元/亩)
2011	契约协作模式	保底+分红	合作社统一规划与经营管理、入社农户参与重大决策和监督	15 000	固定资产约2 084万元、30多台(套)大型农机具	1. 农机作业 2. 农资采购 3. 资金借贷 4. 销售 5. 技术	833	710	310
2012				30 128			875	730	330
2013	垂直一体化协作模式	按股分红(以大户收入为基准,确定分红比例)	合作社统一规划与经营管理、入社农户参与重大决策和监督 实行分片责任制经营	50 159	固定资产总值3 295万元、大型农机具113台(套)	1. 农机作业 2. 农资采购 3. 资金借贷 4. 销售 5. 技术 6. 品牌 7. 烘干仓储(于2014年开始提供)	1 078	922	322
2014				54 000	农机装备资产原值3 162.3万元、固定资产合计3 779万元		929	854	404
2015		按股分红(以大户收入为基准,确定分红比例;取消公积金)		56 000	农机装备资产原值2 880.8万元、固定资产合计5 553万元		777	708	408
2016				56 000	固定资产合计5 107万元、农机装备130台(套)左右		699	602	322

注：根据调研资料整理所得。入社农户的"保底+分红"收入或分红收入之所以低于入股耕地经营(亩均)收入，一是因为入股耕地经营(亩均)收入分担了仁发合作社的部分组织、管理成本，二是源于仁发合作社与入社农户的利益分配方式。

由表 5-5 可知，在仁发合作社与入社农户采用契约协作模式时，入股耕地的亩均利润大大超过了当地未入社农户的土地亩均利润，说明与现货市场交易模式相比，契约协作模式有助于提高土地生产率；而当仁发合作社与入社农户采取垂直一体化协作模式时，入股耕地的亩均利润明显地高于契约协作下入股耕地的亩均利润，这说明与契约协作模式相比，垂直一体化协作模式下土地生产率得到了进一步提高。仁发合作社进行固定资产投资是为了更好地提供服务，如采用先进、大型的农机具有助于抢抓农时以便完成大面积、标准化的作业服务；农业社会化服务有利于农业增收的观点在很多研究中也都被详细地论证过。农业社会化服务供需双方的垂直协作模式与服务内容、土地生产率之间是否具有一定的联系呢？市场交易成本使得农户在接受农业社会化服务时，倾向于选择协作紧密程度较高的垂直协作模式（宋金田 等，2011；姚文 等，2011；韩洪云 等，2012），原因在于提高农业社会化服务交易双方的垂直协作紧密程度能够达到降低市场交易成本的目的（Frank et al.，1992；Hobbs，1999；张昆 等，2014）。

（二）垂直协作模式与土地生产率之间关系的交易成本解释

交易成本的概念最初起源于 Coase。Coase（1937）在 *The Nature of The Firm* 一文中运用交易成本的原理探讨了企业存在的原因以及其扩张的边界。Williamson（1975）进一步对交易成本的内容进行了分类，并且指出了交易行为本身的 3 个主要特性——资产专用性、不确定性和交易频率（Williamson，1985）。在此基础上，Williamson（1991）研究分析了资产专用性、交易成本与治理结构之间的关系。本书中垂直协作模式的概念便与Williamson 交易成本范式中治理结构的概念相类似。需要强调的是，大部分文献中的交易成本一般仅指市场交易成本，不包括本书所界定的由农业社会化服务供需双方垂直协作紧密程度提高所增加的管理、协调等组织内部交易成本。

仁发合作社不断提高与入社农户垂直协作紧密程度的做法，就是逐渐降低农业社会化服务市场交易成本、缓解由资产专用性所引起的"敲竹杠"问题，从而促进土地生产率提高的过程。其内在逻辑可以从直接和间接 2 条途径来解释：直接途径是指仁发合作社通过提高与入社农户的垂直协作紧密程度、降低入社农户已外包服务的总成本、提高已外包服务的质量，从而带来农产品产量、质量和销售价格的提高及农业生产成本的降低，实现土地生产率提高的过程；间接途径主要是指仁发合作社通过提高与入社农户的垂直协作紧密程度，增加入社农户所接受的农业社会化服务，从而带来农产品产量、质量和销售价格的提高及农业生产成本的降低，实现土地生产率提高的过程。下面将基于仁发合作社为入社农户所提供的农机作业、农资采购、农产品销售、技术、品牌及粮食烘干仓储服务，说明农业社会化服务供需双方不同垂直协作模式与土地生产率之间的关系。此外，由表5-5可知，仁发合作社还能够为入社农户提供资金借贷服务，但实践中仁发合作社很少提供该项服务，所以本书不对资金借贷服务展开分析。

1. 农业社会化服务供需双方不同垂直协作模式促进土地生产率提高的直接途径　农机作业、农资采购和农产品销售基本上是所有普通粮食种植农户都需要进行外包的操作（服务），仁发合作社自2011年以来也一直为入社农户提供这3项服务。接下来就将以农机作业、农资采购和农产品销售3项农业社会化服务为例来解释和分析农业社会化服务供需双方不同垂直协作模式促进土地生产率提高的直接途径。

（1）农机作业服务与土地生产率的提高。农机作业服务不仅是仁发合作社在发展初期的主营业务，也是其成立的初衷。2010年仁发合作社便以现货市场交易模式为各类农业经营主体，也即未入社农户提供农机作业服务，但最终惨遭亏损。这主要是因为在现货市场交易模式中，社会化服务供需双方面临较高的市场交易成本：一方面，服务供需双方之间会因为信息不对称等问题而产生搜寻、谈判、监督及违约等成本；另一方面，服务需求方的耕地可能并不连片，从而给农机作业服务供给方带来较高的机械空跑成本，增加了农机作业开支。显然，如果没有这些市场交易成本的存在，那么服务供给方就有减少服务费的空间和可能性，由此降低农户的农机作业成本、增加土地亩均利润。

2011—2012年仁发合作社与入社农户采取了契约协作模式。在此期间农机作业服务由现货市场交易变为契约交易，使得农业社会化服务的搜寻、谈判、监督等市场交易成本大幅降低。同时仁发合作社对农业生产经营决策还具有了一定的控制权，因此得以将入股耕地进行连片作业，使"合作社大型农机具的空跑成本降低，'吃不饱'问题得到有效缓解"，合作社的相关负责人如是说。2013—2016年仁发合作社与入社农户实现了垂直一体化，在这一阶段不仅服务供需双方的利益联结更加紧密，合作社还增加了对入社农户农业生产经营决策的控制。农机作业服务方面最明显的变化就是仁发合作社于2013年购置了较多先进的农机具（表5-5），开始实施深耕深松以提高农机作业质量。尽管深耕深松成本高于普通作业成本，但据合作社的工作人员反映，深耕深松可以蓄水保墒、使产量提高10%～15%。而仁发合作社之所以会增加对农机具的投资，显然与垂直一体化协作缓解了由资产专用性引起的"敲竹杠"问题——降低了农业社会化服务的谈判、违约等市场交易成本有关。仁发合作社与入社农户垂直协作紧密程度的提高，在降低市场交易成本的基础上使入社农户接受了成本更低、质量更高的农机作业服务，从而促进了土地亩均利润的增加。

（2）农资采购、农产品销售服务与土地生产率的提高。仁发合作社自2011年与入社农户实行契约协作模式以来，便开始提供农资采购和农产品销售服务。与现货市场交易模式相比，在契约协作模式下农业社会化服务需求方所接受的农资采购和农产品销售服务不仅成本要低很多而且质量有保证。如在2011—2012年仁发合作社为入社农户统一采购种子、化肥和农药，亩均可以比未入社农户在现货市场交易模式中的采购成本节省100元左右；这是因为仁发合作社采购的农资由厂家直接配送不会产生中间费用，且农资生产厂家争相与仁发合作社进行合作的现状还降低了搜寻、谈判等市场交易成本，所以仁发合作社提供的农资采购服务最终使化肥节省300～500元/吨，农药节省40～50元/亩，种子比市场价便宜约20％。同时仁发合作社的农资供应厂家基本是施可丰、田丰农资、龙峰种业等知名大型企业，从而确保了农资的品质。

契约协作模式下仁发合作社又是如何为入社农户提供低成本、高质量的农产品销售服务的呢？2011—2012年仁发合作社通过与麦肯公司签署2 000亩大垄马铃薯订单，在保障农产品销路的同时提高了销售价格，与之相比，未入社农户则只能获得现货市场交易模式中的市场价。2013—2016年仁发合作社与入社农户发展为垂直一体化协作模式。同时合作社增加了与麦肯公司的订单合作，如2013年通过与麦肯公司签订1万亩马铃薯销售订单，使仁发合作社的马铃薯亩均纯收入3 000元，共计增收780万元。2015年仁发合作社投资建立"仁发特卖"网络营销平台，当年合作社生产的有机高蛋白豆浆豆通过电商直销上海超市，售价26元/千克，比普通大豆高出近10倍，亩均利润1 200元以上。仁发合作社还于2015年联合当地其他7家农民合作社共同出资5 000万元建立了仁发农业发展有限责任公司[①]，开展马铃薯、甜玉米等加工业务；仁发合作社占股51％，绝对控股。由此，仁发合作社入股耕地所产出的农产品便可以高价直接销售给仁发农业发展有限责任公司。

通过上述分析发现，与现货市场交易模式相比，仁发合作社在与入社农户的契约协作和垂直一体化协作中提供了成本更低、质量更高的农资采购和农产品销售服务。很明显的是，仁发合作社在生产资料采购和农产品销售中更多的是发挥了中间人的作用。随着与入社农户垂直协作紧密程度的提高，

----

① 7家合作社在仁发农业发展有限责任公司的基础上还建立了华彩薯业、仁发食品、仁发主食、哈克仁发等4家分公司。就仁发合作社而言，普通成员是不参与公司盈余分红的，这也再次印证了入社农户仅作为服务需求方的身份。

仁发合作社进行了大量与农资采购、农产品销售服务有关的专用性资产投资，如农资采购契约、订单销售合同、网络销售平台及农业发展公司等，通过提高服务质量、降低服务成本来提高农产品销售价格、降低农资采购成本和提高农资品质，从而最终得以增加土地亩均利润。同农机作业服务一样，仁发合作社之所以能够进行前述专用性资产投资，是因为契约协作和垂直一体化协作模式促进了"敲竹杠"问题的缓解——降低了农业社会化服务的谈判、违约等市场交易成本。

2. 农业社会化服务供需双方不同垂直协作模式促进土地生产率提高的间接途径　就技术服务而言，除政府等有关部门提供的公益性技术服务外[①]，因为市场交易成本的存在，大多数普通农户很少会在现货市场交易模式中购买和外包技术（操作）服务。仁发合作社也是在与入社农户实行契约协作模式后才开始提供技术服务的。同时由表 5 - 5 可知，与契约协作模式相比，仁发合作社在与入社农户实行垂直一体化协作模式之后，还增加了品牌和粮食烘干仓储服务。显然，与农业社会化服务的现货市场交易模式相比，技术、品牌、粮食烘干仓储等农业社会化服务是仁发合作社在提高了与入社农户的垂直协作紧密程度之后才提供的。因此接下来，就将以这 4 项农业社会化服务为例来解释说明农业社会化服务供需双方不同垂直协作模式促进土地生产率提高的间接途径。

（1）技术服务与土地生产率的提高。前文已多次提到，在发展初期的现货市场交易模式中，仁发合作社的主营业务是为各类农业经营主体提供农机作业服务。而 2011 年仁发合作社在与入社农户实行了紧密程度较高的契约协作模式之后，便开始提供技术服务并且取得了积极的经济效益。如 2011—2012 年仁发合作社提供的"科技包保"[②] 技术服务使入股耕地玉米亩均增产 50 多千克。2013 年仁发合作社与入社农户实现了垂直一体化协作模式，随之合作社增加了其所提供的技术服务的内容。如仁发合作社于 2013 年购买了北京中绿华夏公司的农产品检测等技术服务以确保农产品的质量合格；同时仁发合作社还在玉米生产中采用了 110 厘米"大垄双行技术"、马铃薯生产中采用了 85 厘米"大垄单行密植技术"并辅以测土配方施肥等先进技术，最终使玉米亩均增产 120 千克、马铃薯亩均增产 1 500 千克，农作

---

　　① 由第三章的数据可知，在接受过技术服务的样本主体中有 45% 的技术服务供给主体是政府部门。

　　② "科技包保"是指政府农业技术推广站的农技人员与种粮大户或专业合作社签署科技服务、种苗采用协议；如果该技术或品种能够提高粮食单产，农技人员则获得一定的资金奖励；如果不能达到议定的增产效果，农技人员则要自掏腰包补偿种粮大户或专业合作社的损失。

物总体增产 10%～15%。技术具有一定的资产专用性。显然，在仁发合作社与入社农户垂直协作紧密程度提高的过程中，作为服务供给方的仁发合作社被"敲竹杠"的风险逐渐得到缓解，从而通过增加技术服务的方式得以提高农产品的产量、质量和销售价格，最终促进了土地亩均利润的增加。

（2）品牌、粮食烘干仓储服务与土地生产率的提高。一般情况下，现实中的未入社农户很少外包品牌和粮食烘干仓储等服务。而仁发合作社在与入社农户进行垂直一体化协作后开始为入社农户提供品牌服务。具体来看，合作社于 2013 年注册了"仁发"商标，2014 年注册了"龙哥""龙妹"和"仁发绿色庄园"等商标。由于缺乏相关数据，本书无从得知品牌服务为促进入社土地增收所发挥的具体作用。但是，品牌效应通常能够为其使用者增加利润。2014 年初，即仁发合作社与入社农户实行垂直一体化协作模式的第二年，合作社开展了粮食烘干仓储服务。仁发合作社提供的粮食烘干服务，使入股耕地的亩均利润得到了显著增加。如表 5-6 所示，2014 年玉米在烘干之前的单价为 1.60 元/千克，烘干后的单价为 2.18 元/千克；1 000千克（1 吨）潮粮，即湿玉米，烘干后能够得到 840 千克干粮，除去烘干费用 80.00 元，增收 151.20 元。2015 年仁发合作社继续引进了 30 万吨的粮食烘干仓储设备以满足服务需求。与技术一样，品牌和粮食烘干仓储设备等服务要素都具有明显的资产专用性。垂直一体化协作缓解了仁发合作社所面临的"敲竹杠"问题，因此其才会增加这 2 项农业社会化服务，而后得以通过提高农产品销售价格的方式促进土地亩均利润的增加。

表 5-6 仁发合作社玉米烘干服务的成本-收益情况 （2014 年）

烘干前（潮粮）			烘干后（干粮）			烘干费用合计/元	纯利润/元
数量/千克	单价/（元/千克）	金额/元	数量/千克	单价/（元/千克）	金额/元		
1 000	1.60	1 600	840	2.18	1 831.20	80.00	151.20

注：根据调研资料整理所得。

3. 农业社会化服务供需双方不同垂直协作模式与土地生产率之间关系的总评　由前文分析可知，仁发合作社通过提高与入社农户的垂直协作紧密程度，提高了入社农户已外包服务的质量、降低了已外包服务的成本并增加了入社农户所接受的服务，从而最终促进了土地亩均利润的增加。农业社会化服务供需双方垂直协作紧密程度提高的表现有 2 点：①服务供需双方的利益联结更紧密；②服务供给方对农业生产经营决策的控制程度越来越强。正是通过这 2 点，农业社会化服务的市场交易成本得以降低、由交易行为的资产专用性所引起的"敲竹杠"问题得到缓解，并最终在降低服务成本、提高服务质量和增加服务内容的基础上实现了土地生产率的提高。

在农业社会化服务现货市场交易模式中的农户，即本书所指的未入社农户大多只接受过农机作业、农资采购和农产品销售等农业社会化服务。如图 5-7 所示，2011 年仁发合作社开始吸收农户入社，并与其形成了较紧密的契约协作模式，从而使入社农户不仅在市场交易成本降低的基础上获得了高质量、低成本的农机作业、农资采购和农产品销售等农业社会化服务，而且还获得了合作社提供的技术服务，最终入股耕地的亩均利润得以远高于未入社农户土地的亩均利润（b 曲线）；2013—2016 年仁发合作社与入社农户实行了"利益共享、风险共担"的垂直一体化协作模式，该阶段农业社会化服务市场交易成本的进一步降低，除了使合作社入社农户获得更高质量、更低成本的农机作业、农资采购、农产品销售及技术等服务外，还促使仁发合作社增加了品牌和粮食烘干仓储等服务，同时入股耕地的亩均利润也在2013 年达到了高峰（a 曲线）。当然，由 a 曲线可以发现，在 2015—2016 年仁发合作社入股耕地的亩均利润呈现出了显著下降趋势，其中的原因在前文已经进行过解释，这里不再赘述。

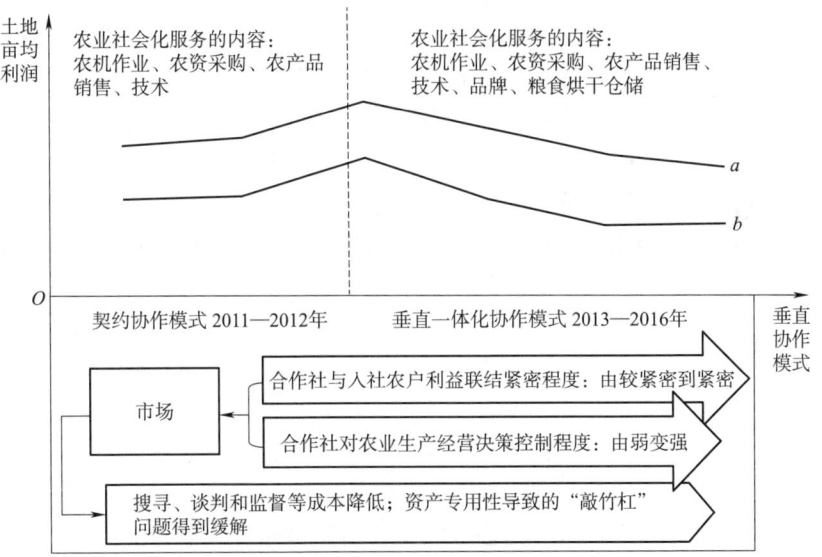

图 5-7 仁发合作社与入社农户的垂直协作模式及土地亩均利润

注：a 曲线代表的是 2011—2016 年入股耕地亩均利润的变化

　　b 曲线代表的是 2011—2016 年入股耕地与当地未入社农户土地的亩均利润之差

值得注意的是，土地经营（服务）规模也会对农业社会化服务市场交易成本的大小产生一定影响。如表 5-5 所示，仁发合作社的土地经营规模在2013 年实现了迅速扩张，从 2012 年的 30 128 亩直接增加到 50 159 亩，

2014 年继续发展到 54 000 亩，直到 2015 年才稳定在 56 000 亩。土地经营规模的扩大会产生规模经济效应，尤其是有助于降低农机作业、农资采购和农产品销售等服务的市场交易成本，从而促进土地生产率的提高。但 2013 年合作社的土地经营规模之所以增加了 2 万多亩，合作社相关负责人解释说，"2011—2012 年仁发入社农户的土地亩均利润显著高于当地未入社的那些农户，在这样的情形下，周边很多农户都积极主动要求加入了我们合作社"。可见，经营规模对土地生产率的影响也是以仁发合作社通过提高与入社农户的垂直协作紧密程度，进而增加土地亩均利润为根本前提的。

四、研究结论

本节以仁发合作社作为研究对象，探究了农业社会化服务供需双方不同垂直协作模式对土地生产率的影响。不同的垂直协作模式实际上反映了农业社会化服务供需双方协作紧密程度的不同。通过本节的案例研究可以发现，从交易成本构成的视角来看，农业社会化服务供需双方垂直协作紧密程度的提高有助于降低农业社会化服务的搜寻、谈判、实施、监督及违约等市场交易成本；从交易特性的视角来看则有助于缓解资产专用性所导致的"敲竹杠"问题。正是基于这 2 点，仁发合作社自 2009 年注册成立发展至今，取得了显著的经济效益，带动当地农户实现了增收。

第一，农业社会化服务供需双方垂直协作紧密程度的提高能够使服务需求方外包服务的成本降低、质量提高，从而在降低农业生产成本和提高农产品质量、产量及销售价格的基础上促进土地生产率的提高。对于服务需求方而言，农业社会化服务市场交易成本的降低及服务供给方相关专用性资产投资的增加都能够产生降低已外包服务成本、提高已外包服务质量的效果。如与现货市场交易模式中未入社农户相比，仁发合作社就通过为入社农户提供成本更低、质量更高的农机作业、农资采购和农产品销售服务增加了入股耕地的亩均利润；且随着仁发合作社与入社农户协作紧密程度的提高——由契约协作模式到垂直一体化协作模式，前述农业社会化服务促进土地增收的效果也愈加明显。

第二，农业社会化服务供需双方垂直协作紧密程度的提高能够增加服务需求方所接受农业社会化服务的内容，从而在降低农业生产成本及提高农产品质量、产量和销售价格基础上促进土地生产率的提高。农业社会化服务市场交易成本的降低能够促使服务需求方增加服务外包；更重要的是，农业社会化服务供需双方协作紧密程度的增加缓解了"敲竹杠"问题，从而激励服务供给方在加大专用性资产投资的同时增加了其提供的农业社会化服务。如与现货市场交易模式中未入社农户相比，仁发合作社为入社农户提供技术、品牌及粮食烘干仓储等服务，由此增加了入股耕地亩均利润，而且这些服务是在仁发合作社与入社农户垂直协作紧密程度提高的过程中逐渐增加的：技术服务始于契约协作，品牌和粮食烘干仓储服务始于垂直一体化协作。

第三，农业社会化服务供需双方垂直协作紧密程度的提高，为服务需求方所带来的增收效果可能会促进服务供给方土地经营（服务）规模的扩大，进而再次通过降低农业社会化服务市场交易成本的方式来提高土地生产率。土地经营规模的扩大通常会产生规模经济效应，尤其是有助于降低农机作业、农资采购和农产品销售等农业社会化服务的市场交易成本，从而促进土地亩均利润的增加。如 2011—2012 年仁发合作社与入社农户通过契约协作增加了入社农户的土地收入之后，仁发合作社的入股耕地规模于 2013 年得到了大幅增加，从而进一步降低了农业社会化服务的市场交易成本。

第三节　组织内部交易成本对服务供需双方垂直一体化的影响

同仁发合作社一样，位于河南省荥阳市的新田地合作社也是以提供农业社会化服务为主营业务的经营主体。但与仁发合作社不同，新田地合作社自成立至今，与其服务需求方一直保持契约协作的关系而非紧密程度更高的垂直一体化协作关系。尽管垂直一体化能够最大限度地降低农业社会化服务的市场交易成本以及提高土地生产率，但其也会增加组织内部的协调和管理成本（常倩 等，2016；王图展 等，2016），即组织内部交易成本。由此可推测，新田地合作社与其服务需求方没有选择垂直一体化协作模式，在很大程度上应该与垂直一体化协作所增加的组织内部交易成本有关。学术界对新田地合作社的研究也取得了一些成果。如孔祥智等（2017）分析了新田地合作社基于资本增进和服务扩张的演变路径；周振等（2017）从统分结合的视角分析了新田地合作社农业规模经营的实现路径。但关于新田地合作社与其服务需求方之间垂直协作模式选择的逻辑、新田地合作社农业社会化服务的内容及其带来的经济效益尚缺乏理论层面的分析与解释。本节旨在通过验证组织内部交易成本对农业社会化服务供需双方垂直一体化协作模式选择的影响，分析解释新田地合作社农业社会化服务的增收效果与机制。

一、新田地合作社中农业社会化服务供需双方的具体内容

在新田地合作社中，成员，包括其核心成员和普通成员，等同于一般农民合作社中的"核心成员"，为出资入股者和经营决策制定者，承担着供给农业社会化服务的任务。而社员是新田地合作社吸收入社、有农业社会化服

务需求的普通农户及个别专业大户，等同于一般农民合作社中的"普通成员"，为新田地合作社中主要的农业社会化服务需求方。当然，新田地合作社中的大部分成员同时也是其农业社会化服务的需求方，但成员作为出资入股及决策的主体，其主要作用是代表新田地合作社为社员提供各项农业社会化服务。因此，为了统一概念以方便接下来的分析，本书将新田地合作社中的服务需求方界定为社员，服务供给方则是指由成员控制决策和经营的新田地合作社——由核心成员和普通成员组成（图5-8）。

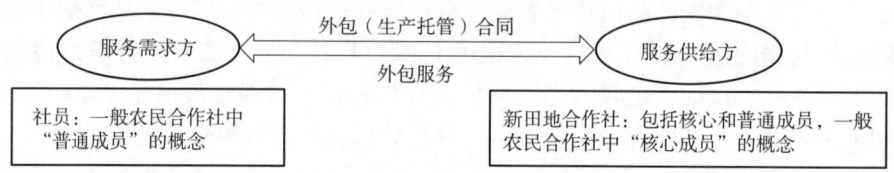

图5-8　新田地合作社中农业社会化服务的供需双方

二、新田地合作社与社员的垂直协作模式及土地生产率

（一）新田地合作社的农业社会化服务过程与方式

新田地合作社最主要、最典型的特征就是其所采用的农业生产要素车间管理方式。生产要素车间是新田地合作社设立的虚拟单位，负责组织管理合作社分布在各个村庄的社员；每个要素车间都配有1名管理人员，也就是车间主任，车间主任在合作社的整个运营中发挥着重要的代理人的作用。新田地合作社一般会以1 000亩耕地为标准设立1个生产要素车间，基本就是1个村庄的规模；当然，如果遇到合作社服务的耕地面积比较大的村庄，则设立多个要素车间。生产要素车间主任都是从新田地合作社的社员中进行选拔和聘用的，选用标准包括：①该社员要在本村中具有较大的威望而且种粮经验丰富；②除从事农业生产之外，本人最好有其他的职业，如电工、农机手等；③坚决不聘用村干部[①]。根据各个生产要素车间的耕地数量，车间主任会相应获得新田地合作社支付的绩效工资。截至2017年5月，荥阳市新田地合作社已发展社员1.2万户、耕地服务面积5.1万亩，设立生产要素车间60个。

显然，生产要素车间的组织管理功能主要体现在新田地合作社为其社员提供农业社会化服务的过程中。如图5-9所示，新田地合作社与接受其服务的社员签订生产托管服务合同，签订方式为一季一签；合同签订之后，社员会将自己的农机作业、农资采购等服务需求反馈给相应的生产要素车间主

---

① 新田地合作社不聘用村干部的原因在于防止村干部利用职权的便利，在合作社的运营中以权谋私。

任，车间主任再将其管辖生产要素车间内所有社员的需求统一反馈给新田地合作社，由合作社来安排和提供各项农业社会化服务。与一般农业社会化服务主体不同的是，新田地合作社直接提供的农业社会化服务比较少。换句话说，新田地合作社将很多服务都进行了二次外包（图5-9）。以农机作业服务为例，新田地合作社本身拥有的农机具仅仅是4架无人植保机——2架多旋翼和2架单旋翼。基于此，除去约20％的飞防植保服务是由新田地合作社直接提供以外，社员的耕、种、收作业服务都经新田地合作社外包给了当地的荆寨、马沟和牛口峪等其他农机合作组织，而绝大部分的飞防植保作业服务外包给了来自河南安阳市的一家航空植保公司[①]；虽然农机作业服务价格由新田地合作社与二级接包方商议确定，但服务费用由接受服务的社员直接与二级接包方结算，新田地合作社不会在中间参与分成，而且其农资采购服务也是采取这样的价格结算方式。

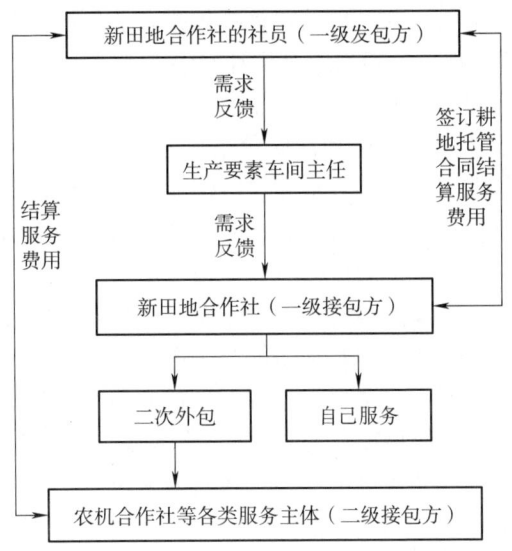

图5-9　新田地合作社的农业社会化服务过程

（二）新田地合作社与社员的垂直协作模式及土地生产率

尽管社员所接受的很多农业社会化服务并非由新田地合作社直接提供，但新田地合作社对社员的大部分农业生产经营决策都具有一定的控制权。如表5-7所示，首先是农资投入环节的决策，由于新田地合作社专注生产、销售优质小麦和玉米，因此其规定社员必须使用本社提供的种子、化肥和农药

---

① 该航空植保公司的名称为"安阳全丰航空植保科技股份有限公司"。

等关键性农资而且用量也由新田地合作社决定；其次是粮食烘干和销售等环节的决策，新田地合作社规定，社员生产的粮食须统一在本社烘干并销售给本社。而除此之外的生产经营决策则基本由社员自行制定，当然合作社也会参与部分农机作业决策（表5-7），如根据社员需求，统一安排飞防植保等。

表5-7　新田地合作社与社员的农业生产经营决策及利益分配的基本情况

农业生产经营环节	生产经营决策主体	利益分配方式
种子、化肥、农药等农资投入	新田地合作社	社员获得市场优惠价，合作社不参与分成
耕、种、收、飞防植保等农机作业	社员与新田地合作社	社员获得市场优惠价，合作社不参与分成
灌溉、除草等田间日常管理	社员	—
烘干、销售等	新田地合作社	社员获得市场价，合作社获得销售差价

注：根据调研资料整理所得。

由于产前的农资投入和产后的粮食销售是农业生产经营过程中最重要的2个环节，所以相比社员，新田地合作社对农业生产经营决策的控制程度明显要更强一些。而在利益分配方面，新田地合作社与社员以市场优惠价结算为主，也就是介于市场价结算和保底价结算之间。如表5-7所示，新田地合作社为社员提供的农资采购价格和农机作业服务价格都要低于市场价且合作社本身不参与分成；粮食销售方面，社员以市场价与新田地合作社结算，然后合作社再以高于市场价的价格将粮食销售出去并从中获得差价收入。结合农业社会化服务供需双方不同垂直协作模式的主要特征可知，新田地合作社与社员显然已经形成了较为紧密的契约协作关系。

在契约协作模式下，与荥阳市当地未入社农户[①]相比，新田地合作社的土地亩均利润实现了大幅增加。如表5-8所示，2016年当地未入社农户的小麦亩均利润还不足200元，玉米亩均利润也仅为450元；而同年新田地合作社的小麦亩均增收525元/亩，玉米亩均增收580元/亩。这说明，社员通过接受新田地合作社所提供的农业社会化服务，在节本、增效的基础上提高了土地生产率。但通过前文的论述已知，粮食销售价格提高所带来的差价收入是由新田地合作社获得的，社员并未享受价格提高带来的增收效果。对新田地合作社的社员而言，土地增收的来源仅包括节本和增产2部分。因此，社员小麦亩均增收85元/亩（成本节约）+180元/亩（增产）=265元/亩，玉米亩均增收110元/亩（成本节约）+320元/亩（增产）=430元/亩，同样高于未入社农户的土地生产率。

---

① 　未入社农户是指以现货市场交易模式接受农业社会化服务的普通农户。

表 5 - 8　新田地合作社土地亩均增收的基本情况（2016 年）

品种	新田地合作社								未入社农户
	成本节约/（元/亩）				增产/（千克/亩）	提价/（元/千克）	增效/（元/亩）	增收/（元/亩）	亩均利润/（元/亩）
	种子	化肥	农药	农机					
小麦	20	50	10	5	100	0.4	440	525	<200
玉米	10	70	10	20	200	0.2	470	580	450

注：根据调研资料整理所得。

①小麦增效：2016 年荥阳当地未入社农户的小麦亩产 550 千克，市场价是 1.8 元/千克，合作社社员的小麦亩产 650 千克，650 千克×0.4 元/千克（提价）＝260 元，100 千克（增产）×1.8 元/千克＝180 元，260 元＋180 元＝440 元。

②玉米增效：2016 年荥阳当地未入社农户的玉米亩产 550 千克，市场价是 1.6 元/千克，合作社社员的玉米亩产 750 千克，750 千克×0.2 元/千克（提价）＝150 元，200 千克（增产）×1.6 元/千克＝320 元，150 元＋320 元＝470 元。

③增收＝成本节约＋增效。

另外，需要说明的是，本书研究假设新田地合作社社员与当地未入社农户面临相同的劳动成本。这样进行假设的合理性在于：①当地未入社农户与新田地合作社社员的农业生产经营机械化程度都已经达到了较高的水平，也就是说，在实际的生产经营活动中，无论是新田地合作社社员还是当地未入社农户，都只需要很少的劳动力投入；②即使对劳动成本进行比较，新田地合作社社员的劳动成本也会低于未入社农户的劳动成本，如据新田地合作社理事长李杰反映，粮食收获之后，未入社农户需要自己人工晾晒，而社员统一在合作社用烘干塔免费烘干，省去了大量的人力物力，但是显然这并不会改变前文的分析结果。加上劳动成本的计算也缺少一定的数据支撑，所以本书暂时忽略了两者在劳动成本方面的差异。

三、组织内部交易成本与农业社会化服务供需双方的垂直一体化

通过前文的论述已知，在新田地合作社与其社员的契约协作模式下，土地生产率得到了极大提高。但契约协作模式并不是垂直协作的最高级模式。在提高农业社会化服务供需双方垂直协作紧密程度有助于降低市场交易成本、缓解资产专用性的"敲竹杠"问题以增加土地亩均利润的理论与现实背景下，新田地合作社与其社员却没有选择更高紧密程度的垂直一体化协作模式，这是为什么呢？下面本书将基于组织内部管理与协调成本，即组织内部交易成本的视角，来探索新田地合作社作为农业社会化服务的供给方，与服务需求方即其社员采取契约协作模式的内在逻辑。

（一）指标测度与案例选择

1. 指标的测度　组织内部交易成本指组织内部的管理和协调成本。在

合作社内部制度安排相同的情况下，林坚等（2006）认为，导致其组织成本上升的原因主要有 2 点：①社员数目的增多使协调成本增加；②社员明显的异质性使协调困难增加。温菊萍（2009）则指出，内部管理成本可以看作是有效整理组织内部资源所需的成本。在农业社会化服务中垂直一体化协作要求服务供给方把服务需求方的土地资源进行整合、统一决策并安排农业生产经营中各环节的具体操作。在该过程中最关键的是要实现对服务需求方土地资源的整合，整合难度越大，农业社会化服务供需双方进行一体化协作所面临的组织内部交易成本就会越高；而土地资源的整合实际上就是指对其经营主体（在本书中为普通农户）的整合。结合前述学者的分析，本书认为决定服务需求方土地资源整合难度的因素，一是农户的数量和异质性，二是农户的组织或整合方式。由于本书中的服务需求方基本为普通粮食种植农户，不存在明显的农户异质性，因此，农业社会化服务供需双方一体化的组织内部交易成本评价指标就限定在了农户的数量与组织方式上。

最终本书以农民合作社及其服务需求方（普通农户）为例，列出了衡量农业社会化服务供需双方进行垂直一体化协作的组织内部交易成本的 3 项指标：服务需求方的户数、户均耕地面积和组织或整合方式。如表 5 - 9 所示，服务需求方的户数越多，越不利于合作社对其服务需求方进行利益协调、分配和管理；户均耕地面积偏小，则表明服务需求方的土地细碎化现象比较严重，农民合作社进行连片作业、统一生产安排的协调与管理难度就会增加。在这样的条件下，农民合作社如果与其服务需求方进行垂直一体化协作，将产生较高的组织内部交易成本。就服务需求方的组织方式而言，由村"两委"或村集体经济组织进行协调、组织，便于实现整村推进，有助于降低垂直一体化过程中所增加的组织内部交易成本。孙新华（2017）曾详细地探究了村"两委"及村集体经济组织在组织协调农民中的作用，指出村社干部可以借助自身职责、能力和威信来协调、推进农民的组织化。而如果农民合作社仅依靠自身来发动和组织农户，由于其在农民中没有一定的群众基础和威信，很难整村或连片地将农户的土地组织起来。在这种情况下，合作社与其服务需求方进行垂直一体化协作无疑会产生较高的组织内部交易成本。

表 5 - 9　农业社会化服务供需双方一体化协作的组织内部交易成本衡量指标

指标		对组织内部交易成本的影响
服务需求方的户数		正向
服务需求方的户均耕地面积		负向
服务需求方的组织或整合方式	村"两委"或村集体经济组织进行协调、组织	负向
	合作社依靠自身发动和组织农户	正向

2. 案例的选择　现实中影响农业社会化服务供需双方垂直一体化协作的因素必定是多方面的。其中有些因素也可能会在不同程度上通过组织内部交易成本来影响农业社会化服务供需双方的一体化。如从事农业社会化服务时间较长的主体会对服务业务更熟悉、实力更雄厚，从而容易与其服务需求方进行一体化协作；拥有优秀管理才能的服务供给方，也有可能会以较低的组织内部交易成本实现对服务需求方土地资源的整合。为准确反映出表5-9所列组织内部交易成本的衡量指标对农业社会化服务供需双方进行垂直一体化协作的影响，必须控制可能会影响服务供需双方一体化或干扰一体化组织内部交易成本的其他因素。因此，本书以新田地和仁发合作社为例展开比较研究，仁发合作社为"对照组"，新田地合作社为"实验组"。

之所以选择新田地与仁发合作社作为研究案例，首要原因在于2家合作社与其各自服务需求方所采取的垂直协作模式不同。如表5-10所示，仁发合作社与其服务需求方实现了垂直一体化协作，而新田地合作社与其服务需求方采取的则是契约协作模式。

表5-10　2家案例合作社的基本情况比较

指标	新田地合作社	仁发合作社
注册成立时间	2011年3月	2009年10月
牵头人或单位	李杰理事长与其他5户农民	李凤玉理事长与其他6户农民
理事长的学历	大专	高中
耕地服务总规模（2015年至今）/亩	51 000	56 000
耕地的经营管理方式（2015年至今）	"农业生产要素车间"，每个车间约1 000亩耕地	"分片承包责任制经营"，每片2 000～3 000亩耕地
服务需求方的经营内容	小麦、玉米	玉米、水稻、马铃薯等
服务需求方规模（2015年至今）/户	12 000	1 007
服务需求方户均耕地面积/（亩/户）	3.83	55.32
服务需求方的组织或整合方式	合作社依靠自身（生产要素车间主任）发动和组织农户	村"两委"或村集体经济组织干部协调、组织农户，整村推进（2012年）
与服务需求方的垂直协作模式	契约协作模式	垂直一体化协作模式

注：根据调研资料整理所得。其中，新田地合作社的耕地服务总规模中包含其成员的5 000亩耕地，仁发合作社的耕地服务总规模中包含其核心成员的289亩耕地。因此，准确来讲，2家合作社服务需求方的户均耕地面积分别为（51 000－5 000）亩/12 000户≈3.83亩/户和（56 000－289）亩/1 007户≈55.32亩/户。

其次，新田地与仁发合作社的注册成立时间、牵头人类别、管理者才能及耕地服务总规模等指标比较相近，可以作为控制变量来缓解其对垂直一体化协作模式的组织内部交易成本或农业社会化服务供需双方垂直一体化协作模式选择的影响。具体的：①2 家合作社的注册成立时间相近，新田地合作社注册成立于 2011 年 3 月，仁发合作社注册成立于 2009 年 10 月并于 2010 年初正式运营；②2 家合作社的牵头人或单位都以农民为主，没有企事业单位参与领办；③2 家合作社的管理者才能相似，李杰（新田地合作社理事长）是大专学历，李凤玉（仁发合作社理事长）是高中学历；④2 家合作社在同一时期内的耕地服务总规模相近，2015 年至今新田地合作社的耕地服务面积一直稳定在 51 000 亩，仁发合作社的耕地服务面积则一直保持在 56 000 亩；⑤2 家合作社的服务需求方都以经营粮食作物为主，新田地合作社主要种植小麦和玉米，仁发合作社以种植玉米、水稻和马铃薯等为主；⑥2 家合作社的经营管理方式相似，2015 年至今新田地合作社都以约 1 000 亩耕地作为 1 个管理单位（农业生产要素车间）开展农业社会化服务，仁发合作社则以 2 000～3 000 亩耕地作为 1 个提供农业社会化服务的承包片区。

最后，也是本书选择新田地与仁发合作社作为案例研究对象最重要的原因，即这 2 家合作社与其各自服务需求方进行垂直一体化协作过程中所面临的组织内部交易成本存在明显不同。如表 5-10 所示，自 2015 年开始至今，新田地合作社服务的农户数量，也就是其社员，一直都保持在 12 000 户，户均耕地面积约为 3.83 亩/户，并通过合作社自身所聘用的生产要素车间主任发动和组织各个村庄的农户来接受其提供的农业社会化服务，而且为了防止村社组织成员利用职权的便利以权谋私，新田地合作社规定绝不会聘用村干部做生产要素车间的主任；相比之下，仁发合作社服务的农户数量，也即其入社农户自 2015 年起一直维持在 1 007 户，远低于新田地合作社服务需求方的规模，但仁发合作社入社农户的户均耕地面积却高达 55.32 亩/户，同时，2012 年以来仁发合作社便通过村"两委"或村集体经济组织等村社组织的干部来协调、组织各自村庄的农户，实现了整村、统一接受社会化服务的效果和目的。可见，如果选择与服务需求方进行垂直一体化协作，那么仁发合作社会比新田地合作社面临更低的组织内部交易成本。

（二）案例观察与对比分析

通过前文分析已知，与新田地合作社相比，仁发合作社与其服务需求方进行垂直一体化协作所面临的组织内部交易成本会更低，且在现实中仁发合作社与其服务需求方也采取了垂直一体化协作模式，而新田地合作社与其服务需求方一直保持契约协作关系。可见，组织内部交易成本可能影响了农业社会化服务供需双方垂直协作模式的选择。

　　然而即便组织内部交易成本很低，也并不一定就会促使农业社会化服务供需双方选择垂直一体化协作模式。因为垂直一体化协作所降低的市场交易成本，即增加的经济收益如果不能抵消其所增加的组织内部交易成本，基于理性经济人的视角，农业社会化服务供需双方一般也不会采取垂直一体化协作模式，所以有必要对2家案例合作社与其各自服务需求方采取契约协作模式时面临的市场交易成本加以比较。在本研究前述章节中曾提到，资产专用性是决定市场交易成本的最重要的因素。资产专用性越强，其拥有者被"敲竹杠"的风险就越大，市场交易成本也就越高。而在与粮食种植业有关的各项农业社会化服务中，农机作业服务交易中的资产专用性最为明显。同时由于当前中国的农机作业服务市场发展已相对比较完善，即农机作业服务需求方被"敲竹杠"的风险普遍比较低，所以本书将用服务供给方的专用性物质资产投资来衡量市场交易成本的大小。

　　仁发合作社在成立的初期便购置了30多台（套）大型农机具，从而导致在与其服务需求方，即入社农户进行契约协作时，仁发合作社会面临较为严重的被"敲竹杠"的风险。但新田地合作社自成立至今，没有购置与耕种收作业服务相关的任何农机具。除部分飞防植保作业服务外，新田地合作社将其所提供的全部耕种收及大部分飞防植保等农机作业服务都进行了二次外包。换句话说，新田地合作社在与其服务需求方，即社员进行契约协作时，会较少存在由资产专用性所引起的被"敲竹杠"的风险。与新田地合作社相比，仁发合作社与其服务需求方进行契约协作所面临的市场交易成本会相对更高一些。

　　为了更好地对2家案例合作社分别与各自服务需求方进行垂直一体化协作的成本-收益情况进行比较，本书用 a 和 b（$a>b$）来分别表示2家案例合作社与各自服务需求方采取垂直一体化协作模式时所可能增加的组织内部交易成本，以 c 和 d（$c<d$）来分别表示2家案例合作社与各自服务需求方采取契约协作模式时所面临的市场交易成本。如表5-11所示，新田地合作社如果与其服务需求方进行垂直一体化协作，服务供需双方可以节约的交易成本将是 $c-a$，而仁发合作社与其服务需求方进行垂直一体化协作能够节约的交易成本是 $d-b$。显然，$c-a<d-b$，即与新田地合作社相比，仁发合作社与其服务需求方进行垂直一体化协作所节约的交易成本更多。本研究无从得知 $c-a$ 与 $d-b$ 各自具体的大小，但可以确认的是，在 $c-a<d-b$ 的理论与现实背景下，仁发合作社与其入社农户自2013年以来便一直是垂直一体化的协作关系，而新田地合作社自2014年吸收社员以来，便与之保持契约协作的关系。

表 5 - 11　2 家案例合作社与各自服务需求方垂直一体化协作的成本比较

指标解释	新田地合作社	仁发合作社
与服务需求方进行垂直一体化协作所增加的组织内部交易成本	a（较高）	b（较低）
与服务需求方进行契约协作所面临的市场交易成本	c（较低）	d（较高）
与服务需求方进行垂直一体化协作所节约的成本	$c-a$	$d-b$

　　注：农业社会化服务供需双方进行垂直一体化协作所节约的成本，等于垂直一体化协作能够降低的市场交易成本与其同时所可能增加的组织内部交易成本之差。

　　上述分析结果充分说明了组织内部交易成本会对农业社会化服务供需双方垂直一体化协作模式的选择产生影响。具体来看，当垂直一体化协作所能够降低的市场交易成本与可能增加的组织内部交易成本之差越大时，农业社会化服务供需双方进行垂直一体化协作所节约的交易成本就越多，其相应地越倾向于选择垂直一体化协作模式。与仁发合作社相比，新田地合作社正是因为与其服务需求方进行垂直一体化协作增加的组织内部交易成本，相对高于双方在契约协作模式下所面临的市场交易成本，而最终与其社员选择了契约协作模式。

四、新田地合作社与社员垂直协作模式选择的交易成本解释

　　由前文的案例观察与对比分析已知，农业社会化服务供需双方进行垂直一体化协作所能降的市场交易成本及其可能增加的组织内部交易成本，共同影响了新田地合作社与社员的垂直协作模式的选择。毋庸置疑，在契约协作模式下新田地合作社获得了最优的土地增收效果。如 2016 年与荥阳市当地的未入社农户相比，新田地合作社的小麦亩均实现增收 525 元，玉米亩均实现增收 580 元（表 5 - 8）。这表明新田地合作社与社员实行的契约协作模式既促进了农业社会化服务市场交易成本的降低，也没有明显增加组织内部交易成本，由此实现了土地生产率的提高。对于新田地合作社来说，除了粮食烘干和部分植保服务外，其在机耕、机种、机收、农资采购、技术指导、粮食运输及销售等农业社会化服务中都"扮演"了中间人的角色，而不是直接为社员提供服务。即便如此，与当地未入社农户相比，新田地合作社的社员仍然接受了成本更低、质量更高的农业社会化服务。

　　（1）农资采购与技术指导服务。为确保农资品质，新田地合作社为其社员所供应的农资全部来自一线品牌企业，在源头上保障了农产品的产量与质量。如新田地合作社统一采购的农药由深交所上市企业——红太阳集团供应，化肥由洋丰、史丹利等上市企业供应；种子方面，新田地合作社与秋乐种业、九圣禾种业都形成了稳定的合作关系，由这 2 家公司为其社

员提供强筋小麦和宇玉玉米等优质品种。新田地合作社的所有农资合作厂家都直接送货到社员所在村庄，没有了经销商、零售商等中间渠道的费用支出，可以大幅度地降低社员的农资投入成本。同时新田地合作社要求所有与之合作的上游农资企业，都必须在合同中注明该企业可以为合作社提供相应的技术指导服务，也就是说，新田地合作社的社员可以享受到免费的技术服务。

（2）农机作业与粮食运输服务。新田地合作社提供的农机作业服务具体包括机耕、种肥同播、飞防植保和机收等4个方面。通过前文已知，新田地合作社将其全部的耕种收作业和80%左右的飞防植保作业都外包给了其他农机服务组织，即二级接包方。由于新田地合作社的耕地服务规模较大，所以其在与二级接包方就农机服务价格、质量进行谈判时具有明显的优势，从而帮助社员节省了农机作业服务外包的搜寻、谈判和监督等市场交易成本，促进了社员农机作业成本的降低并保证了服务的质量。而新田地合作社提供的飞防植保和种肥同播服务本身在生产成本方面就优于传统的农机作业方式，同时又节省农资、省工省时。值得注意的是，与上述技术指导服务一样，新田地合作社的粮食运输服务也是免费的：新田地合作社规定，其他农机服务组织（二级接包方）在为本社社员提供粮食收获服务之后，还要负责将粮食运输到新田地合作社。

（3）粮食烘干与销售服务。社员通过其他农机服务组织将收获的粮食运输到新田地合作社之后，直接在合作社进行烘干（一般都是烘干玉米，小麦很少需要烘干）和销售。尽管新田地合作社基本以市场价收购本社社员的粮食，但对于社员而言，其可以获得由新田地合作社免费提供的粮食烘干服务。烘干服务不仅有助于社员节省人工晾晒的时间成本，还能够降低粮食发霉变质的风险及其所造成的经济损失。最终，新田地合作社再将从本社社员处收购的粮食以高于市场价 0.2～0.4 元/千克的价格销售给下游的工厂及企业，其中玉米主要销往饲料厂，小麦则主要销往益海嘉里、五得利和中粮等大型面粉企业。截至 2017 年，新田地合作社已经与 30 多家面粉企业和 20 多家饲料厂[①]签订了粮食收购合作协议。

通过以上论述可知，在新田地合作社与社员的契约协作关系中农业社会化服务市场交易成本明显得到了降低。具体来看，新田地合作社提供的农资采购服务降低了社员农户自己进行农资采购的搜寻、实施（运输等）、谈判及监督（鉴别等）等市场交易成本，从而最终在保证农资质量的同时也降低了社员的农资投入成本；在农机作业服务中，新田地合作社统一联系和组织

---

① 面粉企业包括益海嘉里、中储粮、中粮等，饲料厂包括正大、广安饲料等。

农机合作社为社员服务，既确保了服务质量，也降低了服务成本；而新田地合作社为其社员提供的技术指导、粮食运输和烘干等服务则是免费的，与现货市场交易模式比，其市场交易成本无疑是比较低的。尽管社员农户通过新田地合作社销售粮食获得的是市场价，但其降低了社员农户自己卖粮的搜寻、实施及谈判等市场交易成本并且合作社能够确保粮食销路稳定，避免了市场不景气时卖粮难的问题。

更为重要的一点是，新田地合作社在契约协作关系中无须将社员的土地资源进行统一组织或整合，避免了组织内部交易成本的显著增加。具体来看，在契约协作模式中新田地合作社并没有将 12 000 户社员的 51 000 亩土地按照生产要素车间的规模进行连片、整合。换句话说，新田地合作社的社员农户仍然是分散地从事农业生产经营活动，因此合作社也就不会产生协调、管理社员利益及其生产经营活动的成本。对新田地合作社而言，其只需雇用生产要素车间主任来汇总、传达各生产要素车间内社员的农业社会化服务需求，并联系其他农业社会化服务主体（二级接包方）来开展服务即可，组织内部交易成本主要为合作社支付给车间主任的绩效工资。总之，基于交易成本理论视角的分析表明，契约协作模式是新田地合作社与其社员的理性选择。

五、研究结论

本节以新田地合作社作为研究对象，同时结合其与仁发合作社的对比分析，论证了组织内部交易成本，即组织内部的管理和协调成本对农业社会化服务供需双方垂直一体化协作模式选择的影响。研究结果表明，组织内部交易成本的存在不利于农业社会化服务供需双方进行垂直一体化协作模式的选择：农业社会化服务供需双方进行垂直一体化协作所节约的交易成本越多，即如果农业社会化服务供需双方通过垂直协作紧密程度的提高所能够降低的市场交易成本，相对而言，越大于其可能增加的组织内部交易成本，那么服务供需双方选择垂直一体化协作模式的可能性就会越大，如仁发合作社。

仁发合作社的农业社会化服务需求方的规模相对较小，户均耕地面积相对较大（高达 55.32 亩/户），且由村"两委"或村集体经济组织干部从中协调、组织农户；同时仁发合作社还在初始发展阶段投资了大量的专用性资产。但中国绝大多数的农业服务主体并不具备仁发合作社的资源条件。相反，类似新田地合作社的农业服务主体却很多，即如果与其服务需求方采取垂直一体化协作模式：①会导致较高的组织内部交易成本，因为此类服务主体面对的是诸多户均耕地面积在 5～10 亩的普通农户，而且缺少村社组织干部辅助协调和组织农户；②降低的市场交易成本比较有限，因为作为一级接包方的此类服务主体，一般都没有较多的专用性资产投资，其被"敲竹杠"的风险或面临的市场交易成本本身较低。在这样的背景下，契约协作模式就成为类似新田地合作社农业社会化服务供需双方的普遍选择。当然，新田地合作社与其社员在契约协作模式下，同样取得了积极的经济效益，提高了土地生产率。

　　不同类型的农户对农业社会化服务的需求通常是不一样的。契约协作模式下农户还需在一定程度上参与农业生产经营过程中各个环节的决策和操作，这对于仍然有务农意愿的兼业、半兼业农户来说是比较合适的。但随着各行各业，包括农业的分工深化，中国农民面临的务农机会成本不断增加，更多农户将倾向于脱离农业或将农业生产经营过程中各个环节的决策和操作都进行托管，即农业社会化服务需求方对垂直一体化协作模式的需求意愿会越来越强。如何通过降低垂直一体化协作的组织内部交易成本、提高垂直一体化协作的经济效益，来满足广大农户日益增加的对农业社会化服务中垂直一体化协作模式的需求呢？这将是接下来要解决的问题。

第四节　山东供销合作社农业社会化服务模式的交易成本解释

　　通过第二、三节的分析已知，提高农业社会化服务供需双方的垂直协作紧密程度有助于降低市场交易成本，提高土地生产率。同时第三节的案例对比研究表明，农业社会化服务供需双方垂直协作紧密程度的提高会增加组织内部交易成本，从而阻碍服务供需双方的一体化。其中影响组织内部交易成本的因素主要有服务需求方的规模、户均耕地面积和组织方式，规模和户均耕地面积一般受限于当地的人地资源条件，组织方式则通常由服务供给方决定。第三节中提到村"两委"、村集体经济组织等村社组织在协调、组织农户方面具有显著优势；但村委会或村集体经济组织的干部一般缺乏组织农民的动力，除了协调费或管理费之外，行政力量的推动是必不可少的（孙新华，2017）。现实中不同的社会化服务体系发展路径和服务模式，不仅是社会化分工和系统自组织演变的结果，也是政府部门的适度干预和引导使然（李春海 等，2011）。

　　由第三章的案例介绍可知，山东省供销合作社自 2014 年改革以来，逐步建立和完善了其农业社会化服务体系，并推动全省诸多农业社会化服务供给主体与其服务需求方（主要是普通农户）建立了紧密程度较高的"准垂直一体化"协作模式，在降低农业社会化服务市场交易成本的同时也避免了组织内部交易成本的显著增加，达到了提高土地生产率的目的。位于滕州市的舜耕合作社就是在村"两委"及供销合作社的共同推动下发展起来的农业社会化服务主体。中国的县级及县级以上供销合作社属于政府参公事业单位，也就是说，舜耕合作社在为普通农户提供农业社会化服务过程中有行政力量的参与。因此，本节将基于山东省供销合作社系统改革的背景，以舜耕合作社为例，详细深入地探讨村"两委"等村社组织及供销合作社在农业社会化服务中的作用，尤其是分析其在促进服务供需双方垂直协作紧密程度提高中的作用，以便为发展符合中国国情、农情的农业社会化服务体系提供借鉴与思考。

一、舜耕合作社中农业社会化服务的供需双方

由于成立发展过程中所涉的主体较多，因此舜耕合作社的股东组成相对较复杂。如表5-12所示，丰谷农资公司、东王庄村党支部书记在内的12名村"两委"成员、农业职业管理人、东王庄村村集体经济组织及其所有的农户分别以不同的方式参股了舜耕合作社；西岗镇基层供销合作社虽然在引导东王庄村农户以土地经营权入股舜耕合作社过程中发挥了重要作用，但其自身并没有入股该合作社。丰谷农资公司、12名村"两委"成员、农业职业管理人、村集体经济组织及西岗镇基层供销合作社共同代表舜耕合作社，组成了为入社农户提供农业社会化服务的服务供给方（表5-12），他们负责制定合作社的日常和重大决策。以土地经营权入股的东王庄村农户则不会参与舜耕合作社的任何日常或重大决策，而是仅通过与舜耕合作社签订的土地全托管协议来接受其提供的农业社会化服务与获取分红，显然，这部分入社农户为舜耕合作社经营活动中农业社会化服务的服务需求方（表5-12）。需要注意的是，舜耕合作社的农业职业管理人全部为东王庄村的村"两委"成员；而在舜耕合作社以资金方式参股的只有丰谷农资公司和12名村"两委"成员，入股比例分别为65%和35%。

表5-12　舜耕合作社中农业社会化服务的供需双方及其入股方式

类别		具体内容	入股方式	资金股占比
服务供给方	舜耕合作社	丰谷农资公司	农资、资金、技术、销售渠道	65%
		党支部书记在内12名村"两委"成员	农业机械、资金	35%
		农业职业管理人（村"两委"成员）	管理才能	—
		东王庄村村集体经济组织	电力、水利设施和办公场地	—
		西岗镇基层供销合作社	—	
服务需求方	入社农户	东王庄村的所有农户	土地经营权	

注：根据调研资料整理所得。

二、舜耕合作社中服务供需双方的垂直协作模式及土地生产率

舜耕合作社依据《中华人民共和国农民专业合作社法》相关规定建立了三会制度。其中合作社理事会由 3 名西岗镇基层供销合作社代表和 2 名村"两委"成员代表组成，监事会由 1 名西岗镇基层供销合作社财务人员和 1 名丰谷农资公司的会计组成，成员代表大会则由所有入社农户组成。但实际上舜耕合作社的农业生产经营决策和日常管理由丰谷农资公司、东王庄村村"两委"和西岗镇基层供销合作社共同负责。具体的，丰谷农资公司负责种植决策制定、农资供应、资金支持和技术管理，如公司每年会为合作社垫支大约 400 元/亩的农资、农机作业等成本费用；东王庄村村"两委"负责水电和场地等生产设施的经营管理；由 4 名村"两委"成员组成的现场管理队则以农业职业管理人的身份划片负责耕、种、耙、收的决策和田间日常经营管理；基层供销合作社的作用主要是指导、管理和监督舜耕合作社的运营。值得注意的是，舜耕合作社的耕、种、收、测土配方智能配肥和植保等农机作业服务都进行了二次外包[①]。作为服务需求方的入社农户在同舜耕合作社签订"入股式"土地全托管协议后，便不再参与农业生产经营过程中任何环节的具体决策与操作。总之，在舜耕合作社与其入社农户的协作关系中，农业生产经营决策的主体为服务供给方。

舜耕合作社与其入社农户所采取的利益分配方式可以总结为"保底＋分红"。如表 5-13 所示，正常年份时，舜耕合作社的农业生产经营收入扣除农资、农机作业、雇工和保险等成本和支付给入社农户的保底金后，如果有盈余，将按照 2∶8 的比例提取风险金和给股东分红，其中丰谷农资公司和 12 名村"两委"成员作为合作社的出资主体，与村集体经济组织、农业职业管理人和入社农户会以 2∶2∶2∶2 的比例获得相同的分红收入；如果没有盈余，那么除入社农户外，其他股东都不会从舜耕合作社的农业生产经营活动中获得收入。正是基于此，舜耕合作社选择有固定工资收入的村"两委"成员作为农业职业管理人。为最大限度地降低各类风险可能带来的损失，舜耕合作社还购买了双重农业保险[②]，保费记作生产成本，从农业生产经营收入中予以扣除。一旦合作社遭遇比较严重的自然灾害或市场价格波动，根据土地托管协议，如表 5-13 所示，舜耕合作社将首先通过保险公司

---

① 同前一节中新田地合作社的做法相类似。

② 舜耕合作社购买的双重农业保险分别指政策性保险和商业性保险。其中，政策性保险的保费为 15 元/亩（政府补贴 12 元/亩，农民只需支付 3 元/亩），赔偿金额是 375 元/亩；商业性保险的保费同样是 15 元/亩（全部是由农民自付），赔偿金额也是 375 元/亩。

的赔付金及往年所提取的风险金来支付入社农户的保底金，不足部分则由丰谷农资公司和12名村"两委"成员承担60%，村集体经济组织和入社农户承担40%。尽管舜耕合作社与其入社农户采取"保底＋分红"的利益分配方式，但显然双方已近似达成了"利益共享、风险共担"的利益联结机制。

表 5 - 13   舜耕合作社中农业社会化服务供需双方的利益分配

主体		正常年份有盈余	正常年份无盈余	遭遇严重损失年份	
服务需求方	入社农户	900 元/亩＋盈余分红 20%	900 元/亩	900 元/亩	－40%×（900－750－a）元/亩
服务供给方	村集体经济组织	盈余分红 20%	0	0	
	丰谷农资公司	盈余分红 20%	0	－60%×（900－750－a）元/亩	
	12 名村"两委"成员		0		
	农业职业管理人	盈余分红 20%	0	0	
	西岗镇基层供销合作社	0	0	0	
风险金		盈余提取 20%	0	－a 元/亩	

注：根据调研资料整理所得。其中，750 是指保险赔付金；a 代表舜耕合作社的风险金中用于弥补损失、补充入社农户保底收入的金额。

结合农业社会化服务供需双方不同垂直协作模式的主要特征可知，舜耕合作社与入社农户已经建立了"准垂直一体化"的协作关系。而且在该"准垂直一体化"的协作模式下，不仅土地生产率得到了提高，舜耕合作社与入社农户也都实现了增收。如 2016 年舜耕合作社的土地亩均利润为 1 200 元，西岗镇同样种植粮食作物的未入社农户的亩均利润最多也只有 1 000 元；当年入社农户通过"保底＋分红"每亩地获得收入 960 元，由此来看，入社农户从土地生产率提高中获得的农业增收效果并不显著；但东王庄村的农户因实行土地托管而得以从农业生产中解放出来，并通过转移就业提高了家庭的非农收入，总体上实现了增收。如东王庄村的农户王某果，一家 4 口人（王某果夫妇和 2 个子女）共经营有 4 亩地。如表 5 - 14 所示，在生产托管，即与舜耕合作社进行"准垂直一体化"协作后，其家庭总收入获得了明显增加，王某果也表示："如果没有土地托管，（自己家）是不会有这么多收入的。"当然丰谷农资公司与村"两委"成员作为出资主体，同村集体经济组织、农业职业管理人在 2016 年也分别获得分红 66 660 元[①]（职业管理人人均16 665 元）。可见，舜耕合作社与入社农户的垂直协作模式在提高土地生产率的基础上达到了多方共赢的效果。

---

① 丰谷农资公司和村"两委"成员一共获得分红 66 660 元（2016 年），但该部分收入一直存放在舜耕合作社的账户中作为流动资金及弥补合作社的生产经营损失。

表5-14 入社前后东王庄村农户的家庭收入变化（以王某果为例）

类别	家庭分工	农业收入	非农收入
生产托管（入社）前	王某果夫妇2人主要从事农业生产，子女在外打工。农闲时王某果外出打工；农忙时外出打工的子女也回乡参与农业生产	1 000元/亩	王某果短期零工收入；子女打工收入，月工资3 500元，农忙时回乡务农会少收入10 000元左右
生产托管（入社）后	王某果在村里的建材厂上班，农忙时还去邻村开展农机作业；王某果的妻子在合作社打工，从事田间植保、套袋装箱等工作；子女农忙时无须回乡务农、耽误工作	960元/亩	王某果上班收入为2 800元/月，农机作业收入10 000多元/年；王某果的妻子收入8 000元/年；子女打工收入3 500元/月

注：根据调研资料整理所得。其中生产托管（入社）前，王某果家的农业收入以未入社农户的土地亩均利润最大值（1 000元/亩）来表示。

三、供销合作社主导下舜耕合作社农业社会化服务模式的交易成本解释

由前文已知，西岗镇基层供销合作社联合东王庄村村"两委"组织该村全体农户与舜耕合作社签订了"入股式"农业生产全程托管协议，并且东王庄村村"两委"成员及其村集体经济组织也都参股了舜耕合作社。当然，本节重点关注的是滕州市各级供销合作社与舜耕合作社之间的关系。如图5-10所示，西岗镇基层供销合作社不仅对舜耕合作社的运营进行指导管理，同时还牵头成立了包括舜耕合作社在内的西岗供销合作社农民专业合作社联合社（以下简称"西岗供销合作社联合社"）、入股建设了西岗为农服务中心；而作为西岗镇基层供销合作社上级单位的滕州市供销合作社则对舜耕合作社的领办主体——丰谷农资公司绝对控股，并且该公司最初投资建设了西岗为农服务中心。

为了便于流转土地来从事小麦和玉米的示范种植基地建设，2009年滕州市供销合作社控股的丰谷农资公司在西岗镇东王庄村牵头成立了舜耕合作社。2014年初在西岗镇基层供销合作社和东王庄村村"两委"共同推动下，东王庄村全体村民与舜耕合作社签订了"入股式"农业生产全程托管协议，而且村"两委"、村集体经济组织等村社组织分别以不同的方式参股了舜耕合作社；同年底，在省、市供销合作社的政策引导下，丰谷农资公司开始投资建设西岗为农服务中心。2016年为给当地农业经营主体提供成本更低、品质更高的农业社会化服务，西岗镇基层供销合作社牵头组织段庄合作社、丰裕合作社、舜耕合作社、宏顺合作社、正义合作社等5家粮食种植专业合

作社成立了西岗供销合作社联合社。2016 年底西岗镇基层供销合作社和舜耕合作社开始参股西岗为农服务中心的投资建设。由图 5-10 可知，舜耕合作社的利益相关主体中既有联合社，也有供销合作社、公司、村社组织及普通农户。毋庸置疑的是，供销合作社系统在舜耕合作社的生产经营活动中处于主导地位。因此，下面就基于交易成本的视角来探究供销合作社系统在舜耕合作社与其服务需求方（东王庄村的所有农户）垂直协作模式选择，以及舜耕合作社进行服务外包（农业生产经营操作环节二次外包）中的作用机制。

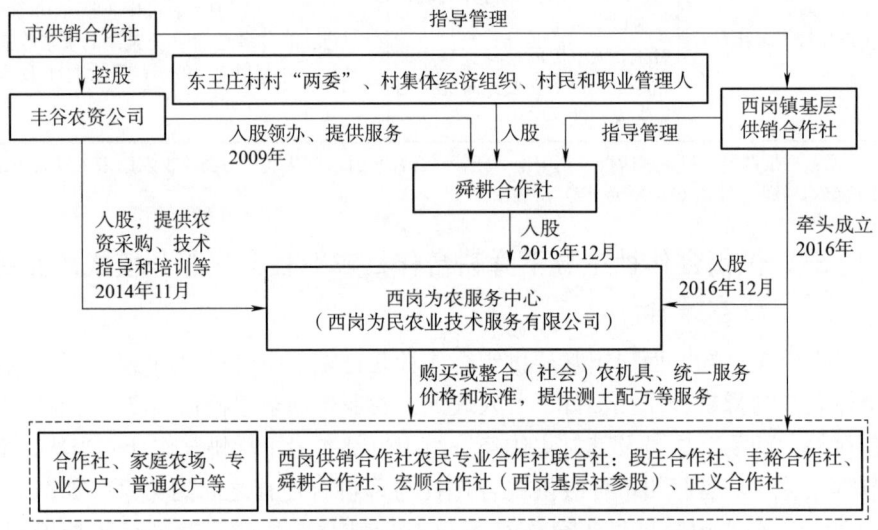

图 5-10　滕州市各级供销合作社与舜耕合作社的关系

注：为了实现规范运营，山东供销合作社在各地指导建设的部分为农服务中心在工商部门进行了注册，西岗为农服务中心便注册为"西岗为民农业技术服务有限公司"

（一）供销合作社主导与农业社会化服务供需双方垂直协作模式的选择

通过第二、三节的研究结果可知，舜耕合作社之所以与入社农户实行"准垂直一体化"的协作模式，原因主要在于：对舜耕合作社及入社农户来说，"准垂直一体化"协作所能够降低的市场交易成本相对要大于其可能增加的组织内部交易成本，并最终实现土地生产率的提高。而由供销合作社及东王庄村村"两委"来协调和组织村民的优势，更是大大降低了舜耕合作社与入社农户进行"准垂直一体化"协作所可能会增加的组织内部交易成本。

东王庄村人多地少，全村共有农户 256 户，户均耕地面积 4 亩左右。从数量上看，舜耕合作社需要组织协调的农户规模并不大，但户均耕地面积过小，土地细碎化现象严重。同时由于在 2009 年时，东王庄村很多村民曾以 900 元/亩的价格将土地租给滕州市界河镇的一位农民经营，但不到 1 年该农民就因经营亏损而"跑路",导致村民对舜耕合作社的牵头单位丰谷农资公司也缺乏信任。基于此,丰谷农资公司要组织协调256户村民并对其耕地进行整合以实现一体化,所面临的困难就会比较大,换句话说,垂直一体化的组织内部交易成本将会明显偏高。但2013年在山东省供销合作社大力实施"党建带社建,村社共建"创新工程的背景下,西岗镇基层供销合作社联合东王庄村村"两委"共同组织协调、引导该村村民加入舜耕合作社;仅到2014年初,东王庄村便顺利地实现了整村入社,即全村村民都与舜耕合作社签订了"入股式"农业生产全程托管协议。根据东王庄村一位村民的说法:"村集体和供销合作社有承担风险的能力,不会跟个人一样出点儿问题就跑路,所以大家伙儿都积极地加入了(舜耕)合作社。"显然,供销合作社和村"两委"在农民群体中的威信降低了舜耕合作社与入社农户因垂直一体化协作而可能增加的组织内部交易成本。

此外,促使舜耕合作社与东王庄村村民,也就是入社农户采取"准垂直一体化"协作模式的另一关键因素在于专用性资产投资。为了给入社农户提供全程社会化服务,舜耕合作社进行了一系列专用性资产投资。如舜耕合作社的股东东王庄村村集体经济组织对村庄的水电设施所进行的投资管护,以及丰谷农资公司为入社农户垫支农资、农机作业费用和聘请专家开展技术指导、培训等。当然,其中最重要的是丰谷农资公司以公司的名义投资建设了西岗为农服务中心,舜耕合作社所外包的测土配方智能配肥和农机作业等服务基本来自该服务中心。如图5-10所示,2016年12月舜耕合作社还以合作社名义参股了西岗为农服务中心建设[①]。显然,舜耕合作社在为入社农户提供农业社会化服务过程中,直接或间接地进行了多项专用性资产投资。专用性资产投资会使投资主体面临被"敲竹杠"的风险,而"准垂直一体化"协作模式有助于缓解专用性资产投资所带来的"敲竹杠"问题,降低农业社会化服务的市场交易成本,提高了服务的经济效益。基于此,在供销合作社与村"两委"的组织协调及引导作用促进了组织内部交易成本降低的情形下,舜耕合作社与入社农户选择了紧密程度较高的"准垂直一体化"协作模式。

(二)供销合作社主导与舜耕合作社服务外包市场交易成本的降低

除去田间日常管理、灌溉及大部分技术、农资采购、农产品销售等农业社会化服务由舜耕合作社直接提供外,入社农户的耕种收、植保、测土配方智能配肥、仓储及少部分技术、农资采购、农产品销售等农业社会化服务都经舜耕合作社外包给了其他农业服务主体,也就是农业社会化服务中的二级

---

① 关于舜耕合作社入股西岗为农服务中心的具体方式,舜耕合作社理事长说:"为了获得(西岗为农服务中心)更为优惠的服务价格,我们将2台农机给了为农服务中心,算作是一种入股。"

接包方。而为舜耕合作社的入社农户提供农业社会化服务的二级接包方主要有西岗为农服务中心和西岗供销合作社联合社。这2类主体的关键共同之处在于：①都是由供销合作社系统主导建设或成立；②都促进了舜耕合作社进行服务外包，即农业生产经营操作环节二次外包市场交易成本的降低。

1. 西岗为农服务中心与舜耕合作社服务外包市场交易成本的降低　西岗为农服务中心的股东包括丰谷农资公司、西岗镇基层供销合作社及舜耕合作社（图5-10）。其中，丰谷农资公司承担了为农服务中心主要的建设任务，并且山东省供销合作社和各级政府财政也为为农服务中心的建设投入了30%～50%不等的扶持资金。值得注意的是，丰谷农资公司是由滕州市供销合作社绝对控股的。这充分表明，西岗为农服务中心是在山东供销合作社系统的支持下才得以建设成立的。基于此，为农服务中心兼具经营性与公益性，如免费提供测土配方智能配肥及技术指导、培训等农业社会化服务。

对舜耕合作社而言，西岗为农服务中心的优势在于降低了其外包耕种收、植保等农机作业服务的市场交易成本。前文曾提到，供销合作社在农村具有较高的威信，所以在供销合作社参与下西岗为农服务中心整合了社会上很多闲散农机具，这些农机具主要来自农村的一些农机手与农机合作社；但从社会上整合的农机具一般都是使用比较普遍的耕种机或播种机等，植保机、配肥机等大型先进且价格高昂的农机具则由资金实力雄厚的省级或市县级供销合作社统一采购和调度。农机具整合后，为农服务中心还会对农机手进行技术培训，统一制定服务价格和标准，从而节省了舜耕合作社等新型农业经营主体及普通农户与农机作业服务主体的谈判和监督成本。当舜耕合作社等新型经营主体或普通农户有作业服务需求时，通过为农服务中心便可以获得全方位服务，无须再去市场上寻找合适的农机手或农机作业服务组织，从而显著地降低了其搜寻成本。为农服务中心还会根据就近、连片的原则调度农机手或农机作业服务组织，以最大限度地降低农机作业服务的实施成本。此外，有供销合作社系统作担保，并且新型农业经营主体等服务需求方一般都会与为农服务中心或直接提供服务的主体签订服务协议，所以违约成本也会得到降低。

2. 西岗供销合作社联合社与舜耕合作社服务外包市场交易成本的降低　根据山东省供销合作社农业社会化服务体系的顶层设计示意图可知，镇级农民合作社联合社需要控股为农服务中心。但西岗供销合作社联合社并未参股西岗为农服务中心（图5-10），且在实际运营中西岗镇基层供销合作社牵头成立的西岗供销合作社联合社同西岗为农服务中心之间还是竞争与合作的关系。竞争的方面体现在西岗供销合作社联合社同为农服务中心一样也会提供农资采购、农机作业、技术指导与培训等农业社会化服务，但其面对的服务需求主体主要是成员社；合作的方面则是指西岗供销合作社联合社会接受西岗为农服务中心提供的部分农业社会化服务。

对舜耕合作社来说，西岗供销合作社联合社的主要作用便是降低了其外包农资采购、粮食仓储和烘干等农业社会化服务的市场交易成本。一方面，联合社能够提供免费的技术培训和信息共享服务，如建立西岗高素质农民俱乐部微信平台，而且联合社的技术与信息服务也面向非成员社及其社员。另一方面，舜耕合作社以联合社为载体与其他 4 家成员社合作，增强了农资采购优势。具体来看，联合社通过直接与丰谷农资公司或其他农资企业联系，能够以最低的价格将农资运送到各成员社所在地，最终在降低搜寻、实施、谈判等市场交易成本的基础上减少了成员社的农资采购费用，如金中华化肥的市场价为 2 400 元/吨，而联合社直接从丰谷农资公司批量采购的价格为 2 150 元/吨，比市场价便宜约 10%。需要说明的是，由于舜耕合作社最大的股东和牵头单位就是丰谷农资公司，所以舜耕合作社不会也无须通过联合社来采购该公司的农资。此外，联合社还会为各成员社联系仓库及饲料厂、粮库等销售渠道，从而降低成员社的搜寻、谈判等市场交易成本。同时，联合社的成员社之一，西岗镇基层供销合作社参股的宏顺合作社还会为其他成员社提供粮食烘干服务且只收成本费，这说明舜耕合作社外包粮食烘干服务的市场交易成本几乎为零。

（三）舜耕合作社农业社会化服务的内容及其经济效益

由于东王庄村村民与舜耕合作社签订的是农业生产全程托管服务协议，所以合作社的社会化服务内容很明显覆盖了农资采购、耕种收、植保、灌溉、田间管理及农产品销售等所有的农业生产经营环节。当然，正如前文所述，并非所有环节的操作（服务）都由舜耕合作社直接提供。但无论农业社会化服务的直接供给主体是否为舜耕合作社，其都在降低市场交易成本的基础上显著促进了土地亩均利润的增加。如前文所述，2016 年舜耕合作社的土地亩均利润为 1 200 元，比当地未入社农户至少提高 200 元。

首先是农资采购、农机作业和粮食烘干等农业社会化服务与土地亩均利润的增加。舜耕合作社将其为入社农户所提供的农资采购、农机作业和粮食烘干等服务都进行了不同程度的二次外包。当然，舜耕合作社为入社农户提供的农资除少数可能来自西岗供销合作社联合社外，多数是由其股东——丰谷农资公司直接提供，由于减少了中间的经销和运输费用，亩均可以节省种子、化肥和农药开支 80 元左右。入社农户外包给舜耕合作社的机耕、机种、机收、测土配方施肥及飞防植保等农机作业服务，则经合作社二次外包给了西岗为农服务中心，为农服务中心的服务价格明显低于市场价，如为农服务中心为舜耕合作社等农业经营主体所提供的耕种收、飞防植保（含农药费）和测土配方施肥（测土配方环节通常是免费的，为农服务中心仅收取施肥操作和肥料费)等服务可以使小麦生产成本最低比市场价节省 125 元/亩,玉米生产成本最低节省 135 元/亩(表 5 - 15)。由于股东的身份,舜耕合作社在购买为农服务中心的农机作业服务时还能获得额外优惠。此外通过前文可知,西岗供销合作社联合社为舜耕合作社等成员社提供的粮食烘干服务也仅收取成本费。

表 5 - 15　西岗为农服务中心服务价格与市场服务价格的比较

单位:元/亩

服务项目	(1) 为农服务中心服务价格		(2) 市场服务价格		(2)—(1) 价格差	
	小麦	玉米	小麦	玉米	小麦	玉米
机耕	60	60	90	90	30	30
机种	20	20	30	30	10	10
机收	60	70	80	100	20	30
测土配方施肥	250	250	300	300	50	50
飞防	15	15	30	30	15	15
总计成本	405	415	530	550	125	135

注:根据 2017 年在西岗为农服务中心的调研数据整理所得。为了更加充分地说明西岗为农服务中心在服务价格方面的优势,表中的为农服务中心服务价格取其最大值,市场服务价格则取其最小值。

其次是灌溉、除草、看护等田间日常管理类农业社会化服务与土地亩均利润的增加。与前述服务不同,入社农户所接受的灌溉、除草、看护等田间日常管理类服务都由舜耕合作社直接提供。如前文所述,舜耕合作社将其托管的所有耕地进行了整合、划片,分别由 4 名农业职业管理人经营管理。农业职业管理人可以直接参与除草、看护等生产经营操作,也可以雇用当地农民来操作,当然这些都会被记作劳动支出核算在农业生产成本中。由于农业职业管理人的盈余分红收入与土地生产率密切相关,在利益的驱动农业职业管理人发生机会主义行为的可能性大大减少,即监督成本得到降低,从而最终会有助于提升除草、看护和灌溉等服务的质量,促进土地产出数量和质量的提高。由于东王庄村所有耕地实现了连片,从而舜耕合作社得以对其托管的耕地实施统一灌溉。统一灌溉使得村集体水电设施设备的作用得到了充分发挥,不仅避免了一家一户灌溉所带来的单次频繁操作启动的麻烦,也减少了设施设备的磨损、延长了其使用寿命,关键是降低了设施设备的维护费用和农业灌溉成本。

四、研究结论

本节以山东省供销合作社系统的改革为背景,针对其农业社会化服务体系的建设情况,分析了滕州市西岗镇舜耕合作社作为农业社会化服务供给方,与其服务需求方,即东王庄村的普通农户(村民)采取"准垂直一体化"协作模式的交易成本逻辑;更重要的是,本节探究了供销合作社系统在降低服务供需双方垂直一体化协作的组织内部交易成本,以及农业社会化服务市场交易成本中的作用机制。总的来看，通过本节的研究可以得出以下结论：

第一，供销合作社系统参与农业社会化服务不仅有利于降低农业社会化服务供需双方进行垂直一体化协作所可能增加的组织内部交易成本，也有助于降低农业社会化服务的市场交易成本。中国的供销合作社系统自其成立以来便扎根农村、服务农业，并且县级及县级以上供销合作社还属于政府参公事业单位，"上联政府、下接基层"的制度安排使供销合作社系统具备了一定的政府公信力和群众基础，尤其是在农村和农民中拥有较高的威信。此外，供销合作社系统长期从事农资和农产品的供销，不仅积累了丰富的服务三农的经验，而且其社会资源和资金实力也十分雄厚，如到 2017 年山东省供销合作社共拥有企业 1 330 家，资产总额达 1 517 亿元。

基于此，供销合作社一方面得以在农村开展"党建带社建，村社共建"创新工程，从而使基层供销合作社能够以较低的组织内部交易成本协调、引导各村农户成立或参加合作社，最终在实现农民组织化的同时也促进了农业社会化服务供需双方的垂直一体化。另一方面，供销合作社以其主导建立的为农服务中心和农民合作社联合社为载体，将社会上的各类农业服务资源进行整合，当然供销合作社本身也会购置一些先进、大型的机械设备，最后在降低市场交易成本的基础上得以为家庭农场、专业大户、农民合作社和农业企业等新型经营主体及普通农户提供低成本、高质量的农业社会化服务。

第二，村"两委"和村集体经济组织等村社组织不仅有利于降低农业社会化服务供需双方垂直一体化协作的组织内部交易成本，其在提供农业社会化服务和降低社会化服务市场交易成本方面也大有可为。中国现存的大多数农村集体经济组织通常都会拥有一些水利、电力等公用设施设备和资产，然而，由于历史等各方面的原因，很多村集体经济组织的设施设备或者处于闲置状态，或尽管仍在使用但因缺少全面的管理和维护，效率日渐降低。滕州市舜耕合作社的实践表明，通过股份合作等方式可以实现村集体经济组织资产的合理管护与使用，从而既充分发挥了村集体经济组织资产的农业社会化服务功能，也降低了农业社会化服务的实施成本。

第五节　本章小结

首先，农业社会化服务供需双方通过实行紧密程度较高的垂直协作模式，能够在促进市场交易成本降低的基础上提高土地生产率。通过第二节的案例研究可以发现，农民合作社等农业社会化服务主体对农业生产经营决策的控制程度越大，与普通农户等服务需求主体的利益联结越紧密，越有助于降低农业社会化服务的市场交易成本及缓解由交易行为本身的主要特性之

——资产专用性所引起的"敲竹杠"问题；进而通过农业社会化服务需求方已外包服务成本的降低、质量的提高及服务需求方所接受的服务内容的增加，来促进农业生产成本的降低及农产品产量、质量和销售价格的提升，最终由此实现土地亩均利润增加，即土地生产率提高的效果。

其次，组织内部交易成本的存在不利于农业社会化服务供需双方进行垂直一体化协作模式的选择。第三节的案例对比研究表明：农业社会化服务供需双方通过提高垂直协作紧密程度，所能够降低的市场交易成本或增加的经济效益，相对而言，如果越大于其可能增加的组织内部交易成本，即垂直一体化协作的净收益越大，那么社会化服务供需双方选择垂直一体化协作模式的可能性就越大。以农业社会化服务主体——合作社为例，当合作社在初始发展阶段进行了大量专用性资产投资，其所面对的农业社会化服务需求主体即普通农户的资源禀赋特征为"人少地多"，同时，又有村"两委"和村集体经济组织等村社组织的干部从中辅助协调、组织农户时，合作社与农户将会倾向选择垂直一体化协作模式。

再次，村"两委"和村集体经济组织等村社组织不仅有助于促进农民的组织化，以及降低农业社会化服务供需双方进行垂直一体化协作所可能增加的组织内部交易成本，其在提供农业社会化服务，以及降低服务市场交易成本中也可以发挥重要的作用。第三节和第四节的案例研究都表明，由于村"两委"和村集体经济组织等村社组织的干部一般在村民中具有较高的威信，所以其能够比较容易地协调和推进农民的组织化，从而降低服务供给方农民合作社与服务需求方普通农户进行垂直一体化协作所可能增加的组织内部交易成本。此外，由第四节可知，村集体经济组织通常拥有诸多水利、电力等公用设施设备，通过股份合作等方式村集体经济组织可以充分地发挥其服务功能并降低农业社会化服务的实施成本。

最后，供销合作社参与农业社会化服务不仅有利于降低服务供需双方进行垂直一体化协作所可能增加的组织内部交易成本，也有利于降低农业社会化服务的市场交易成本。由第四节可知，山东供销合作社在改革中探索出了"农民组织化＋服务规模化"的农业社会化服务模式。滕州市西岗镇舜耕合作社的案例研究则进一步揭示了供销合作社主导与该服务模式之间的因果联系：供销合作社一方面能够以较低的组织内部交易成本促进农业社会化服务供需双方建立垂直一体化的协作关系，以及通过合作社最终实现农民的组织化；另一方面，供销合作社以其主导建立的为农服务中心和联合社为载体，通过整合社会上的各类服务资源得以在降低农业社会化服务市场交易成本的基础上，为各类农业经营主体提供低成本、高质量的服务。

第六章 农业社会化服务中的 "统分结合" 结构

第一节 农业社会化服务对于农村基本经营制度的意义

以家庭承包经营为基础、统分结合的双层经营体制是中国农村的基本经营制度。通过分析历年的中共中央文件①可知，在这一制度的传统设计框架中，"统"主要指村集体经济组织统一经营的服务功能，"分"指独立、分散的家庭承包经营。然而，统分结合的双层经营体制实施以来，村集体经济组织"统"的功能一直没有得到充分发挥（董志勇 等，2019）。家庭联产承包责任制时期的家庭只承担了农业资本循环的产中（生产）环节，而弱化了本应由农村集体经济组织来完成的产前（购买）和产后（销售）环节，从而增加了单个家庭作为市场主体的交易成本，并加剧了小生产与大市场的矛盾（王国敏 等，2011）。早期针对中国农村双层经营体制的研究也提出，家庭承包经营主要解决农业生产体制问题，并没有解决生产与市场的衔接问题，而生产与市场脱节正是制约中国农业进一步发展的主要因素之一（刘国臻 等，2002）。农村经济体制的完善的关键是如何处理好"统"与"分"的关系，以及农户和集体如何与市场对接，公平参与市场竞争（涂维亮 等，2003）。

在上述背景下，为"稳定和完善农村基本经营制度"以"实现农村发展战略目标，推进中国特色农业现代化"，2008 年党的十七届三中全会提出"推进农业经营体制机制创新，加快农业经营方式转变"，也就是"两个转变"——"家庭经营要向采用先进科技和生产手段的方向转变，增加技术、资本等生产要素投入，着力提高集约化水平；统一经营要向发展农户联合与合作，形成多元化、多层次、多形式经营服务体系的方向转变，发展集体经济、增强集体组织服务功能，培育农民新型合作组织，发展各种农业社会化服务组织，鼓励龙头企业与农民建立紧密型利益联结机制，着力提高组织化程度"。可见，针对家庭承包经营的弱点及村集体经济组织"统"得不够的

---

① 《中共中央批转〈全国农村工作会议纪要〉》《当前农村经济政策的若干问题》《中共中央关于进一步加强农业和农村工作的决定》等。

问题，中央开始思考转变农业经营方式，尤其提出通过拓展"统一经营"的内涵，即"发展农户联合与合作，形成多元化、多层次、多形式经营服务体系"来推进农业现代化。到 2017 年，党的十九大则明确提出"健全农业社会化服务体系，实现小农户和现代农业发展有机衔接"。根据 2019 年出台的《中共中央办公厅　国务院办公厅关于促进小农户和现代农业发展有机衔接的意见》，小农户是家庭承包经营的基本单元。2021 年《农业农村部关于加快发展农业社会化服务的指导意见》进一步指出，"通过发展农业社会化服务……帮助小农户解决一家一户干不了、干不好、干起来不划算的事，丰富和完善农村双层经营体制的内涵"。

显然，发展农业社会化服务一定程度上属于农业经营体制机制创新的范畴。而作为近年来中央和地方政府大力支持、积极推广的农业社会化服务形式——生产托管在重构"统分结合"的农业经营结构、助推农业经营体制机制创新中发挥了尤为重要的作用。如冀名峰（2019）曾分析指出，托管模式在一些地区极大改变了中国农业生产和经营模式，已经超出了一种服务方式层面的意义。同样的，韩庆龄（2019）进一步指出，土地托管模式再造了农地经营中的统分结合结构："统"的一端，一方面充分实现农业服务供给侧农资产品和农机服务的资源整合，另一方面实现农业服务需求侧土地集中和农民的有效组织；"分"的一侧则充分发挥个体农户的主动性和创造性，使在村劳动力可以通过农业生产获得基本保障。新型农业经营主体通过不断加强农业社会化服务能力建设，推动着"统分结合"的双层经营体制的持续完善，为小农经济的存续拓展了新的空间（赵晓峰 等，2018）。但现有研究关于农业社会化服务助推中国农业经营体制机制创新的逻辑，尚缺乏较为系统的分析。韩庆龄（2019）指出了土地托管重塑统分结构的基本逻辑却并未对此展开详细探讨；周振等（2019）基于对"统分结合"创新逻辑的分析，从组织制度设计和生产服务维度讨论了农民合作社如何推进农业规模经营，却未对发展农业社会化服务的意义作深入探讨。

农业社会化服务助推中国农业经营体制机制创新的逻辑究竟是怎样的？"统分结合"结构在农业社会化服务中有何表现？小农户在该过程中的生产经营方式和效益又呈现出了什么样的变化？为回答这些问题，本章以 2019 年全国农业社会化服务典型案例为研究对象，通过剖析不同农业社会化服务模式中的"统分结合"结构，归纳出农业社会化服务助推中国农业经营体制机制创新的逻辑及其经济效益，期冀为进一步健全中国农业社会化服务体系、巩固完善双层经营体制，进而促进小农户融入现代农业发展轨道提供思考与启示。

第二节　分析框架

一、农业社会化服务助推农业经营体制机制创新的逻辑

农业社会化服务助推中国农业经营体制机制创新的逻辑主要在于，其重构了双层经营体制中的"统分结合"结构。根据实践经验和已有研究可知，"统分结合"结构在当前各类农业社会化服务模式中的表现有 2 点：①服务内容，即指"统一经营"[①] 与"分散经营"在农业生产经营各环节中的应用情况，要根据服务内容的属性、特征来选择"统一经营"还是"分散经营"；②服务方式，即指服务规模的合理安排，要在"统一经营"基础上适当"分散经营"，也就是罗必良（2017）、周振等（2019）、张琛等（2020）在其研究中所分析的服务（交易）半径的问题。具体来看，农业社会化服务中构建"统分结合"结构的经济合理性在于（图 6-1）：

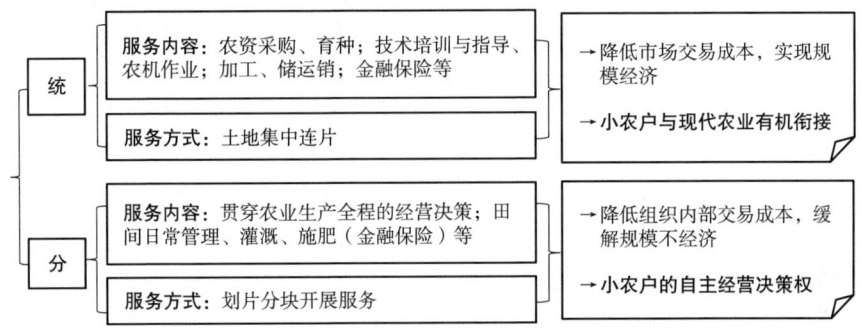

图 6-1　农业社会化服务中的"统分结合"结构

注：划片分块开展服务的服务方式，涵盖了实践中分户、分级、分村、分片、分社、分块等不同类型的"分散经营"的服务方式，为便于表述，将其统一概括为"划片分块"

1. "统一经营"能够降低生产成本，尤其是市场交易成本，实现规模经济　交易成本源自于交易本身所具有的 3 个特性：资产专用性、不确定性和交易频率，其中最重要的是资产专用性（Williamson，1984）。农业生产中所需的农机、冷库、烘干塔、加工设备、水利设施等都属于专用性固定资产。这些固定资产的专用性特征必须和其他要素相结合才能产生价值（孔祥智 等，2017）。尤其是大型农机设备，必须结合一定规模的土地才能得到充分使用、缓解资产套牢风险。一般来讲，小农户不具备购置这些固定资产的能力；即便自购了农机等固定资产，耕地和服务规模的限制也使小农户难以

---

① 这里的"统一经营"是相对于家庭承包农户（小农户）的独立、分散经营而言的。

真正从中获益，反而会因资产折旧和季节性闲置，增加生产成本。而农业社会化服务组织"统一经营"的服务功能，不仅可以帮助小农户减少专用性固定资产投资、接触到先进的农机设备，也能够在规模经济理论框架下降低服务的实施成本，增加农业经济效益。再如病虫害防治等技术密集型服务，对耕地面积同样有较高的要求，只有达到相当规模才能发挥出规模经济（芦千文 等，2019）。这进一步说明，农业社会化服务功能的发挥需要建立起"统"的机制、实现土地的集中连片和服务资源的集聚整合。

当然，上文更多是从土地经营规模与农机、农技等服务能力匹配的角度来分析农业社会化服务中"统一经营"的经济合理性。此外，"统一经营"的经济优势还在于增强市场谈判权（周振 等，2019）。在"统一经营"的农业社会化服务模式下，小农户的市场谈判能力将得到增强，进而通过降低议价、搜寻等市场交易成本来获得规模经济、实现增收。如由农业社会化服务组织统一采购农资，通常能获得比市场价更低的采购价格；由农业社会化服务组织统一销售农产品，一般可以获得比市场价更高的销售价格。但由规模经济理论可知，随着服务规模的扩大，服务组织内部沟通与组织活动会变得困难，成本也更高，进而可能会导致规模不经济的发生，即图6-2中的点（Q_2，C_2）所示。正如罗必良（2017）所述，在扩大交易密度来增加市场容量的过程中，会因为交易半径的扩大而产生不可忽略的服务交易成本，当服务交易成本过大时，分工带来的经济性将被耗散。所以农业社会化服务中"统一经营"的内容不宜过多，"统一经营"的规模或半径也有一定限制；否则就会产生巨大的管理、协调、监督等组织内部交易成本，给农业经营效率带来消极影响。

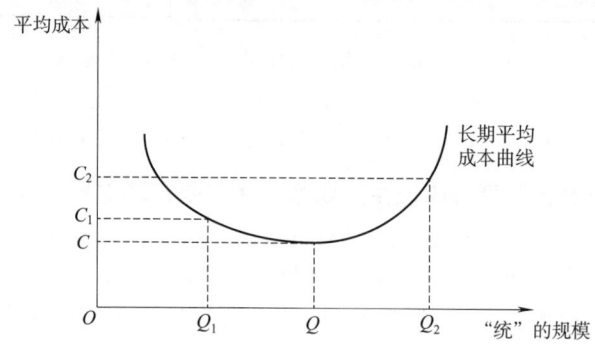

图6-2　农业社会化服务的长期平均成本曲线

注：当"统"的规模由 Q_1 扩大到 Q 时，服务的平均成本会由 C_1 降到 C，此时获得农业社会化服务的规模经济；而随着"统"的规模的继续扩大，如由 Q 扩大到 Q_2，服务的平均成本会由 C 增加到 C_2。所以农业社会化服务的规模也要保持在一定的规模范围之内，接近最优的服务规模水平 Q

2. "分散经营"有助于降低组织内部交易成本、缓解规模不经济的消极影响　当服务规模大幅增加时，在"统一经营"基础上划片分块开展服务是多数农业社会化服务主体所必须作出的选择。通过划片分块开展服务，可以将单位服务规模，即服务半径控制在相对合理的范围之内，避免组织内部交易成本的过度增加。正如张琛等（2020）所指出的，服务半径过小则难以实现规模经济，服务半径过大又存在着较高的风险和较大的交易成本。

就服务内容而言，目前仍有一些农业生产经营环节需要"分散经营"。这是因为农业生产受季节、气候、地理位置等自然环境影响较多，造成生产过程的标准化、程序化和定量化程度较低，不易达到工业生产过程中的劳动监督水平（桂华，2017）；加之农业社会化服务是一种典型的委托代理行为（Ahouissoussi，1995；赵玉姝 等，2013；蔡键 等，2019），在这种情况下将田间管理、灌溉、施肥等劳动密集型服务外包，可能会给小农户等服务发包方带来较高的代理成本。同时灌溉、施肥 2 项服务由于所需要投入的人力、物力成本高，收益不稳定且交易摩擦多，农业生产性服务市场中少有提供这 2 项服务的主体（李虹韦 等，2020）。王玉斌等（2019a）的分析也表明，村集体提供各项农业生产性服务占比最低的是统一灌溉排水。基于此，实践中的小农户或土地产出、承包经营的直接利益相关主体一般选择亲自实施田间日常管理、灌溉和施肥服务，即在田间日常管理及灌溉、施肥等生产经营环节，多数农户仍采取"自服务"的分散经营方式。

此外需要说明的是，农业社会化服务中的土地经营权一般不会发生转移，这是服务带动型规模经营在中国优于土地流转型规模经营的重要原因。一方面，使小农户保留了农业生产经营的自主决策权，缓解了小农户对于失去土地的担忧、维系了土地的社会保障功能；另一方面，节省了大量的地租成本，为服务主体分散了经营成本与风险（周振 等，2019）。

总的来看，上述分析表明实践中不同的农业社会化服务模式，一方面可以通过"统一经营"的服务功能获得规模经济，帮助小农户实现与现代农业发展的有机衔接；另一方面也通过适当的"分散经营"缓解了"统一经营"可能会带来的规模不经济现象，由此保障了小农户自主经营决策的权力。在此基础上，农业社会化服务实现了对中国农业生产经营中"统分结合"结构的重塑，达到了创新农业经营体制机制和提升农业经济效益的目的。

二、"统分结合"结构下农业社会化服务对小农户收入的影响

学术界关于农业社会化服务促进农户增收机制的研究很多。王方红（2008）从改革农业劳动手段和劳动对象、丰富劳动者的知识技能、提高农业物质装备效能、促进农产品加工增值转化等角度，分析了现代农业科技服务功能促进农民增收的内在原理。刘强等（2017）则分析了金融保险、技术、机械和加工销售等水稻生产性服务对提高成本效率、节约生产成本的作用。此外，农业生产性服务可以促进土地规模经营（杨万江 等，2018），通

过扩大生产规模，较大幅度地降低机械作业、病虫害防治等成本（钱克明等，2014）。农业社会化服务还有助于将高附加值的资本和技术导入农业生产过程中，从而缓解农业生产的技术约束，增加农业经营收益和获利能力（杨子 等，2019）。孙顶强等（2016）的研究也表明，农业生产性服务能够促进水稻生产技术效率的提高。

而关于不同农业社会化服务模式促进农户增收机制与效果的研究并不多。穆娜娜 等（2016）曾详细分析了农业社会化服务模式创新促进农民经营性收入、工资性收入和财产性收入增加的效果与机制。但穆娜娜等（2016）当时所用案例资料较为有限且未对农业社会化服务模式创新的具体内涵作深入剖析。而本书将基于农业社会化服务中的"统分结合"结构，分析农户家庭增收的效果与机制。普通农户参与产业融合，实现增收的路径包括劳动力增收路径、土地增收路径、资金增收路径、产品增收路径（李乾 等，2018）。上文的分析已经在一定程度上说明了"统分结合"结构下农业社会化服务带动小农户增收的效果。但上文主要围绕的是经营性增收，即降低生产成本、提高产量与销售价格、增加农产品附加值——土地增收和产品增收路径，未涉及社会化服务对农户工资性、财产性和转移性收入的影响。实际上，在农业社会化服务过程中，小农户不仅可以通过土地和产品增收路径增加其家庭经营性收入，还能够通过劳动力、土地和资金增收等路径增加其工资性、财产性与转移性收入（图6-3）。

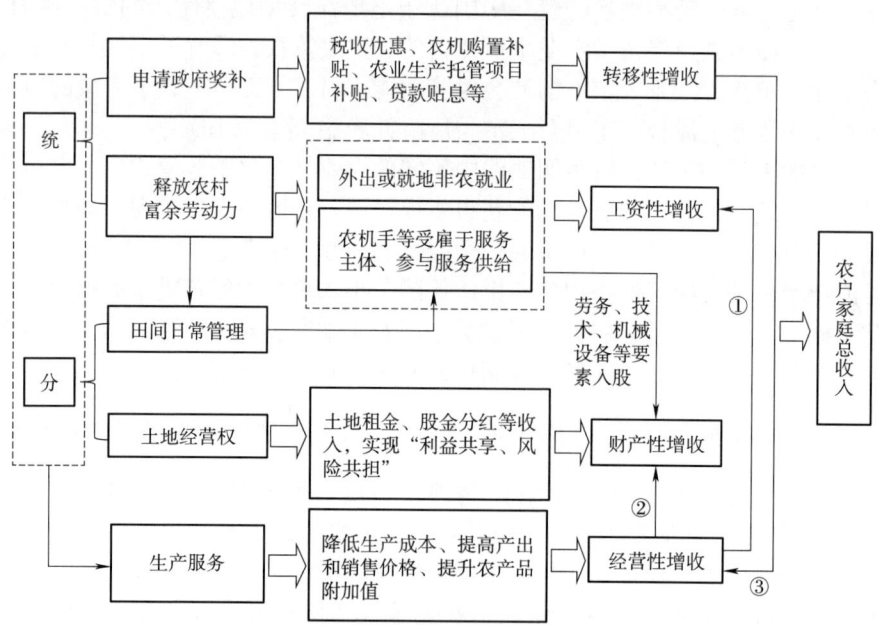

图6-3 "统分结合"结构下农业社会化服务带动小农户增收的机制与效果

1. 经营性增收　由上文分析已知，在农业社会化服务中，"统一经营"可以降低农业生产成本、实现规模经济；"分散经营"则能够减少交易成本支出、防止规模不经济。在"宜统则统、宜分则分"的服务模式下，如图 6-3 所示，最终达到降低生产成本、提高农产品产出和销售价格、增加家庭经营性收入的目的。规模化"统一经营"还会诱导技术变迁，加速机械替代人工的进程，如粮食由烘干塔烘干替代人工晾晒、飞防替代人工打药等，由此减少农业劳动投入。但农户在农业生产中普遍不会考虑自己的劳动成本，且当前不同农业经营方式下的机械化水平并无太大区别，不会对分析结果产生实质影响。因此关于机械替代人工进而降低劳动成本、增加经营性收入的路径与效果可暂时忽略不计。值得注意的是，随着"统一经营"规模的扩大，一些服务主体会选择延伸产业链，即增加农产品加工等服务，由此提升农产品附加值、拓展农户经营性增收渠道，以保证经营的稳定性与可持续性。

2. 工资性增收　一般来讲，规模化的"统一"服务还有助于释放大量的农村富余劳动力。尤其是农机服务的劳动替代效应，可促使人口红利进一步释放，加快劳动力转移，农民工资性收入得以增加（李谷成 等，2018）。这部分因规模化服务而从农业生产中解放出来的劳动力，一方面可以外出或就地就近就业，通过从事非农产业来获取工资性收入。农业生产性服务的产生能够从本质上减弱农业生产的季节性对农业劳动力流动的束缚，促进更多农业劳动力更加长久、稳定地参与非农就业，降低农业兼业化程度，从而获得更多工资性收入（王玉斌 等，2019a）。以山东省纯化镇农业生产性服务模式为例，土地托管后，农户可在城镇安心工作，节省了以往因农业生产而往返城乡的交通费用和误工成本，间接增加了农户总收入（徐勤航 等，2019）。总的来看，农业生产托管帮助农户实现了在非农就业和种地之间进行灵活选择（冀名峰，2018）。

另一方面，这部分富余劳动力还可以通过受雇于服务主体、参与供给服务的方式来赚取工资性收入。如在一些农业社会化服务模式中，"分片"田间管理通常需要雇用经验丰富的农业从业人员，这不仅使部分具有农业生产优势和愿望的小农户可以继续"留在"农业，也增加了小农户的工资性收入；而当受雇小农户参与服务主体的农产品精深加工业务时，在一定程度上相当于享受了农产品价值链增值收益。小农户参与服务供给、增加工资性收入的深层意义在于，农业社会化服务作为一个产业，其发展壮大有助于创造出更多的就业岗位，如飞防操作手、职业经理人等，从而带动农民转移就业、赚取工资，即"发展壮大农业社会化服务—促进农业分工深化、细化—增加就业岗位—带动农民实现转移就业、开展双创等"。毋庸置疑，小农户由供给服务所赚得的工资收入，实际很大程度上来自农业生产经营性收入，如图 6-3 中的①所示。

3. 财产性增收　根据《中华人民共和国农村土地承包法》（2018 年修正），出租和入股都属于土地经营权的流转。但在农业社会化服务中，土地经营权基本不会转移。农业社会化服务的意义也正在于此，避免了土地流转的风险，实现了"利益共享、风险共担"。因此理论上在农业社会化服务中不会产生土地租金或股权分红收入。这里将土地流转产生的租金和股权分红收入归为农业社会化服务中的财产性增收，主要是结合了现在一些服务模式的利益分配方式。如在农业生产全程托管中，为实现"利益共享、风险共担"，农业社会化服务供需双方大多采用"分红"或"保底＋分红"的利益分配方式。"保底"的内容一般为亩均保底产量或收入。当最终的产量或收入超过保底水平时，服务主体与服务对象（农户）按约定比例分成。土地租金收入则可视为农户将农产品销售给服务主体之后，所获得的扣除生产成本（或服务费用）的收入。从这个角度看，将土地租金和股权分红收入归为农户在农业社会化服务中增加的财产性收入也是可以的。除土地要素外，农户还可通过劳动、技术、农机、资金和产品等要素入股来获取股权分红收入。当然，农户所获得的财产性收入实际上也主要来源于经营性增收，即图 6-3 中的②所示。

4. 转移性增收　为支持农业社会化服务工作，政府专门组织实施了农业生产社会化服务项目。农业农村部的数据显示，2017—2020 年中央累计下达 155 亿元支持农业生产托管工作。虽然中央鼓励健全面向小农户的农业社会化服务体系，但由《农业部办公厅　财政部办公厅关于支持农业生产社会化服务工作的通知》可知，农业社会化服务项目的实施主体为服务组织。这反映了实施"统一经营"的农业社会化服务主体在申请政府奖补资金时比小农户更具优势。而且服务主体有能力将政府奖补资金的效用发挥到最大；小农户也能从中享受到更优惠的服务价格、分享政府奖补资金产生的利润，实现增收。如第五章中所分析的仁发合作社，在获得国家财政补贴 1 234 万元后，利用这些财政补贴与合作社发起人的 850 万元出资，购置了 30 多台大型农业机械，最终通过规模化农机作业不仅提高了社员的土地收入，也使社员平等地分享了国家补贴资金创造的分红。其实，服务主体在获得政府奖补资金后，一般都会将其用于改善生产经营条件，如仁发合作社就购置了现代化的农业机械，从而促进了农业经济效益的提升。也就是说，农业社会化服务中小农户的经营性增收会在一定程度上来源于转移性收入，即图 6-3 中的③所示。

第三节　案例观察与分析

一、案例选择与介绍

本章所用案例来自 2019 年农业农村部评选的全国农业社会化服务典型

案例。结合第三章的文本资料及调研经验可知，农业社会化服务实践中往往涉及多个服务主体。一个核心服务主体联合若干其他非核心但也发挥有重要作用的服务主体，共同构成了形式多样的农业社会化服务模式。基于此，在选择案例时本书尽可能涵盖了各种类型的农业社会化服务主体以缓解对分析结果的影响。最终根据需要，整理出了6个案例服务模式，如表6-1所示。

表6-1 案例服务模式的基本情况

核心服务主体	成立时间	服务内容	服务对象	服务范围和效果
山东宏基公司	2015年	农资采购、耕种管收、仓储、烘干、销售等	粮食种植户	2018年20个村实行订单式托管，4个村实行全程托管。目前12个村实行全程托管
安徽有农联合体	2016年	农资供应、育秧、技术培训、耕种管收、烘储运销、加工、金融保险、质检、全程追溯等	粮食和油菜种植户	粮食产量1.2万吨，利润超过300万元，带动农户近7 000户，涉及贫困户339户；2018年水稻全托管9 083亩，半托管13 640亩，油菜托管3 652亩
湖北春源联合社	2014年	农资采购、育秧、耕种防收、秸秆还田、测土配方施肥、烘储销等	水稻规模经营主体和小农户	全托管涵盖4个乡镇8个村，24 000亩；分段托管覆盖4个县市13个乡镇22个村，60 000亩
山西新翔丰公司	2007年（2012年）	农资采购、农机作业、绿色综合防控、测土配方施肥、销售等	粮食种植户	全县已发展6个乡镇托管服务中心、21个村级生产托管服务站；服务全县粮食播种面积的1/3，亩均增收350余元
四川川椒王子公司	2013年	农资供应、烘干初选分级、精深加工、产品营销、资金支持、培训等	藤椒规模经营主体与小农户	2018年销售收入2 685万元、利润249万元，带动农民增收800万元以上；服务全县85%以上藤椒基地
陕西美华果业公司	2014年（2016年）	农资供应、果树剪枝、技术指导、耕种防收、储运销等	果农（贫困户）	服务果园7 600余亩，覆盖13个行政村1 400多户农户，其中贫困户果园2 125亩，涉及贫困户356户1 300人

注：数据资料更新到2019年9月。

选择这6个案例的原因有如下几点：首先，案例覆盖了中国东中西部不同省份，有助于缓解区域间差异对分析结果的影响；其次，农业社会化服务的对象以小农户为主，有助于对"分散经营"逻辑及农业社会化服务带动小农户增收效果展开分析；再次，参与农业社会化服务的主体包含了服务公司、合作社及其联合社、供销合作社、村级组织和家庭农场等，有助于缓解服务主体类型对分析结果的影响；最后，案例服务模式所经营的作物范围涵盖了粮食和果菜等经济作物，有助于缓解作物类型对分析结果的影响。同时，所选案例都于 2012—2016 年开始采用生产托管服务模式且取得了积极的效果。其中，新翔丰公司成立于 2007 年，最初主要开展种子育繁推业务，2012 年开始从事生产托管服务；美华果业公司成立于 2014 年，初始业务仅涉及苹果营销，2016 年开始涉足以果园托管服务为核心的全产业链农业社会化服务。

二、农业社会化服务中"统分结合"结构的经济合理性

（一）"统"的做法及其经济合理性解释

1. 服务价格与标准的制定、技术培训与指导、农机作业、农资采购、品牌营销、农产品加工和销售、金融保险等是各案例服务模式中"统一经营"的主要内容 通过对 6 个案例的观察发现，品牌营销、农产品加工和金融保险服务在促进农产品增值方面可以发挥十分重要的作用。如表 6-1 所示，川椒王子公司通过建立藤椒初加工厂、注册"川椒王子"品牌 2018 年实现利润 249 万元，直接带动农民增收超过 800 万元。金融保险服务能够帮助农业经营主体缓解经营与财务风险。而由农业社会化服务主体"统一"提供信用背书服务，可以降低信贷成本，使经营主体更顺利地获取贷款。有农联合体就与上海宋庆龄基金会合作，由有农生态农业公司提供担保，为 20 个种粮大户每户提供了 5 万元 3 年免息贷款。但资产专用性问题的存在，使得这 3 项服务对核心服务主体的服务能力与规模的要求一般较高。从表 6-2 也可以看出，只有较少的服务模式中有提供品牌营销、农产品加工和金融保险服务。

表 6-2　各案例服务模式中"统""分"的具体情况

核心服务主体	"统一经营"的内容与方式	"分散经营"的内容与方式
宏基公司	公司建设为农服务中心，在此基础上，组建农机作业调度中心，统一调配农机作业；建设农资仓储配送中心，统一农资供应；统一服务价格和标准；统一技术培训；建设粮食周转库，引进烘干塔统一烘干储存；与企业建立合作关系，统一销售	整建制托管：村"两委"组织农户订单式购买服务；成立土地股份合作社、全程服务，农户负责田间管理
有农联合体	由企业、联合社、合作社和家庭农场组建，整合服务资源、统一服务，创建培训基地，建立健全优质粮油生产技术标准；有农生态公司提供农资采购、农产品加工和销售、金融保险等服务；有农科技公司负责全程追溯、质量检测等科技攻关和服务；农友种植和有机农机合作社提供从育秧到烘储的全程机械化服务	整村水田流转、整村全程托管、组建土地股份合作社；分片雇工经营管理

（续）

核心服务主体	"统一经营"的内容与方式	"分散经营"的内容与方式
春源联合社	5家合作社、1家公司组成，统一建造育秧基地、购置农机，建成粮食烘干生产线及配套厂房，成立农业社会化服务专门领导小组，统一种植计划、科技培训、农资配送、集中育秧、病虫害防治、农机作业、收储加工、财务结算	直接面向小农户和新型经营主体服务
新翔丰公司	统一作业标准、规范服务，三级机构统一领导、管理，统一团队，绩效奖惩统一考核	多环节或单环节托管
	县级成立"翼城县农业社会化服务联合体"，整合土地、农资、农机、人才等资源，统一协调管理；乡镇成立"农业生产托管服务中心"，由农机合作社运营，负责托管服务的组织实施、技术培训、农机调配、质量把关等工作；村级成立"农业生产托管服务站或合作社"。这种"三级服务体系"，同时具备了"统"和"分"的内涵	
川椒王子公司	与国资农旅公司合作，吸收23家藤椒合作社、32家家庭农场和种植大户及13家农资农机合作社组建"四川盐麻麻藤椒产业化联合体"，注册商标、建立信息服务平台，实行统一的栽植、管理、采摘、保鲜、加工等工艺和技术标准，建立加工厂、构建营销平台，提供信用贷款	企业拓市场、农场搞生产、合作社包服务；分社管理和结算，分别承担盈亏；推广股份合作
美华果业公司	整合村庄内外技术人力，成立剪枝服务队、机防服务队等专业服务团队，邀请专家对果农进行统一培训指导，统筹种植计划、生产管理、果品销售等环节，统一农资供应、技术指导、机械作业、储运销，统一品牌化运作	村企"联合党建"并成立村级托管委员会协助托管、"反托管"等

　　与品牌营销等服务不同，服务价格与标准的制定在很多案例服务模式中都有涉及。新翔丰公司制定了《耕翻整地作业标准》《粮食收割作业标准》等；有农联合体以图文形式制作了《有农优质粮油种植管理手册》。"统一"服务价格与标准，可以规范服务行为、保证服务质量。技术培训与指导同样也能在较大程度上确保服务质量，所以很多案例服务模式中有开展技术培训与指导。如美华果业公司邀请专家对果农进行"统一"培训指导；为提高农机操作水平，宏基公司与农机部门合作成立农机培训学校，到2019年上半年，已培训1000多人次，许多受训人员成了托管服务队伍中的骨干。而服务质量的提升最终会带来农业产出水平的提高。如春源联合社通过应用测土配方施肥、稻谷低温烘干等新技术，有效提高了稻米产量与品质，使得全程托管区域内的水稻单产比非托管区域普遍增加50千克以上，产品优质品率平均提高5～10个百分点。

　　然而，根据实地调研经验可知，通过"统一经营"而促使农业经济效益大幅提升的农业社会化服务主要是农机作业、农资采购和农产品销售。如表6-2所示,所有案例服务模式中都有涉及农机作业、农资采购和农产品销售等服务,由此达到了降低农业生产成本、增强经营主体市场谈判能力、提高产品销售价格的目的,实现了规模经济。如新翔丰公司通过统一协调农机作业和农资采购,每亩可以节省农资等生产投入270元;宏基公司的农机作业服务则可以节省260~280元/(亩·年)。在提高农产品销售价格方面,以有农联合体为例,有农公司会对联合体成员生产的经检测合格的稻谷,按高于国家收购价格0.2元/千克的价格回收;川椒王子公司则与规模种植户签订订单合同,执行保护价收购政策,市场价低于保护价时按48元/千克的保护价收购,高于保护价时以市场价收购;而美华果业公司会以高于市场价0.2~0.4元/千克的价格收购所服务农户生产的苹果。

2. 各案例服务模式中的核心服务主体及其构建的服务单元(节点)[①],较好地实现了对各类服务资源的"统一经营" 如表6-2所示,几乎每个案例服务模式中都有一个统筹全局、负责协调安排服务的核心服务主体。这些核心服务主体以公司、联合社、联合体等形式统筹整合与农业生产经营有关的农资、农机、资金、信息等服务资源,帮助服务供需双方降低服务外包的搜寻、甄别等市场交易成本。如有农联合体统筹整合了3家农业龙头企业、1家粮油联合社、6家合作社和21家家庭农场的服务资源;川椒王子公司统筹整合了国资农旅公司、23家藤椒合作社、32家家庭农场和种植大户及13家农资农机合作社的服务资源;春源联合社则整合了5家合作社和1家农业科技公司的服务资源。

而不同服务模式中的服务单元(节点),则不仅发挥了统筹整合服务资源的作用,还承担了服务的实操任务,以降低服务外包的搜寻、甄别及执行等市场交易成本。如新翔丰公司在县级层面牵头成立了"翼城县农业社会化服务联合体",整合当地的土地、农资、农机和人才等资源进行统一协调管理;在乡镇层面成立了"农业生产托管服务中心",负责托管服务的组织实施、农机调配、技术培训、质量把关等工作;在村级层面成立了"农业生产托管服务站或合作社"。这些处于不同行政层级的服务节点实现了对服务资源的统筹整合。再如宏基公司,在为农服务中心基础上以宏基合作社为依托,组建农机作业调度中心,实现了农机统一调配;建设农资仓储配送中心,实现了农资统一供应;与望乡、正大等知名企业建立合作关系,实现了

---

① 服务单元(节点),指在农业社会化服务模式中承担具体服务内容或管理、协调工作的主体或组织。单元的概念倾向于代指地位平行的主体或组织,而节点的概念指有上下级关系的主体或组织;无论哪种概念定位,都不影响本书的分析结果。

农产品统一销售。而在有农联合体的各服务单元中，有农生态公司负责农资采购、农产品加工和销售、金融保险等服务；有农科技公司负责全程追溯、质量检测等科技攻关和服务；农友种植和有农农机合作社则负责提供从育秧到烘储的全程机械化服务。

（二）"分"的做法及其经济合理性解释

1. 各案例服务模式中"分散经营"的服务内容，主要体现在田间日常管理和承包土地经营权流转等方面　就田间日常管理服务而言，由于其不易监督与核算，所以各案例服务模式中鲜有提供该项服务的。以宏基公司为例，虽然公司有提供耕种管收等全程服务，但田间日常管理通过村"两委"组织本村农民负责实施。由土地承包主体分散负责不易量化考核的田间日常管理服务，可以缓解监督难题、保证田间日常管理的质量。当然，田间日常管理服务质量对农业经济效益的影响还难以衡量。承包土地的"分散经营"源于农业社会化服务中小农户的土地经营权很少发生流转。美华果业公司多是协助组织果农承接受托管服务，并没有流转果园经营权；在宏基公司，虽然存在土地流转型全程托管服务，但更普遍的情况是，为农服务中心制定"宏发托管服务包"，逐项列出各环节的服务价格和服务标准，村"两委"组织农民根据需要选择要购买的服务项目，在服务过程中村"两委"负责引导服务中心对农户开展服务并代收服务费，农户的土地经营权不发生转移。如此一来，不仅可以获得农业规模经济效益，也在服务主体与小农户之间实现了"利益共享、风险共担"。

2. 划片分块进行规模化"承包"经营和开展农业社会化服务，是各案例服务模式在"分散经营"问题上的关键选择　前文所提及的服务单元（节点）不仅具有统筹整合服务资源的作用，其在承担服务实操任务的同时也实现了"分散经营"。新翔丰公司在各个行政层级所构建的服务节点就实现了"分级、分片"和"分村"开展服务；川椒王子公司在组建联合体基础上，通过实施"分社经营、分社结算、分别承担盈亏"的利益互联机制，实现了"分散经营"；针对流转而来的果园美华果业公司负责统筹种植计划、生产管理、果品销售等环节，其他环节委托给有能力的农户经营，依据"承包"耕种面积向农户支付报酬，这种"反托管"也在一定程度上实现了"分散经营"；春源联合社是由若干相对独立经营、独立核算的合作社与公司组成，其"分散经营"特征更为明显。虽然还没有具体的数据可以证明"分散经营"的经济合理性，但从理性经济人的角度出发，在"统一经营"基础上构建服务单元（节点）或采用其他"分散经营"方式的做法，从侧面反映出这些案例服务模式通过划片分块进行规模化"承包"经营和开展服务，应该可以降低组织内部交易成本抑或增加农业经济效益。

三、农业社会化服务促进小农户增收的效果与机制

(一) 节本增效与经营性收入增加

上文的案例分析已充分表明，通过重塑农业生产经营中的统分结合结构，农业社会化服务可以促进农业节本增效，帮助小农户实现经营性增收。如表6-3所示，新翔丰公司通过降低生产成本、增加粮食产出，使得农户亩均增收约350元；川椒王子公司与其主导组建的联合体对小农户、合作社等提供的托管服务，通过提高藤椒亩均产量，使亩均收益由2 400元增加到了7 200元；美华果业公司提供的标准化托管服务，在帮助贫困果农节约生产投入和增加产量的基础上，每亩增收可达800~1 200元。

表6-3　各案例服务模式带动小农户增收的路径与效果

核心服务主体	经营性收入	工资性收入	财产性收入	转移性收入
宏基公司	规模化农机作业可以减少成本260~280元/(亩·年)	2017年陈屋村全村进行托管，550人到工厂上班，月入4 000元左右；培训农机手成为托管服务骨干	2018年通过土地股份合作社，农户保底收入600元/亩＋利润分红60元/亩	—
有农联合体	农资成本节约20%以上；产品按高于国家收购价0.2元/千克的价格收购	流转经营和托管服务的2万多亩耕地，聘用了107名农民常年劳作	有农公司在宏村镇屏山村整村租赁水田1 270亩；2018年碧阳镇田川村分社660亩土地入股，每亩保底400元＋分红约403元	与上海宋庆龄基金会合作，提供免息贷款
春源联合社	全托管年收入不低于500元/亩；机插秧增效24倍、节本90元，飞防增效120倍、节本30元；单产普遍增加50千克以上，产品优质率平均高出5~10个百分点	减少了土地抛荒，农户将农事活动委托给联合社经营后外出打工、增加收入	—	—
新翔丰公司	每亩约节省生产投入270元；亩均增产10%，增收88元；每亩节本增收在350元左右	省城打工农户土地全托管后，每年节省返乡交通费和误工费2 800多元	—	—

（续）

核心服务主体	经营性收入	工资性收入	财产性收入	转移性收入
川椒王子公司	藤椒亩产由 200 千克增加到 600 千克，亩收益由 2 400 元增加到 7 200 元	—	联合体①成员间按交易量实行"保底＋分红"；推广"公司＋村集体＋农户"股份合作	财政土地流转、基础设施建设奖补、贷款贴息等
美华果业公司	每亩可节约生产投入约 600 元，增产约 400 千克，每亩增收 800~1 200 元	雇用农民"反托管"并支付工资，整合村庄内外技术人力成立专业服务团队	"反托管"中，高出保底收益的部分进行分红	—

注："—"表示没有收集到比较可靠的相关资料。
①指前文提到的"四川盐麻麻藤椒产业化联合体"。

（二）转移就业与工资性收入增加

农业社会化服务主体的"统一经营"有助于释放农村富余劳动力，进而增加小农户转移就业、赚取工资性收入的机会。在新翔丰公司的服务模式中，农户可以根据自身兼业及劳动力状况，选择将全部或部分农活外包给服务组织，以实现劳动力在外出务工和种地间的最优组合与配置，促进增收；调查显示，在省城打工农户将土地全托管后，每年能够节省返乡交通费和误工费 2 800 多元。高密市咸家工业区的陈屋村，全村于 2017 年加入了以宏基公司为核心服务主体所开展的生产托管服务，村内 550 人到附近工厂上班，每人月收入 4 000 元左右，远高于仅从事农业生产的收入。当然，这里的转移就业更多指的是转移到非农产业。

此外，小农户也可以通过继续从事农业来实现就地"转移就业"、赚取工资。①受雇于各类农业社会化服务组织，赚取工资。如在有农联合体的服务模式中，有农公司流转经营和托管服务的 2 万多亩耕地上就聘用了 107 名农民常年劳作，人均负责约 180 亩，帮助农民实现了就地"转移就业"、增加了工资性收入。②经服务组织或相关部门的培训，成为职业经理人、飞手等专业技术人员，参与供给农机作业、统防统治等农业社会化服务，促使小农户由生产者变为农业社会化服务供给者。这不仅会增加农户的收入，也将助推乡村人才振兴、提高服务质量。如宏基公司的农机培训学校，就培训农机手成为托管服务队伍的骨干；美华果业公司通过整合村庄内外技术人力，成立了各种专业服务团队。

（三）要素入股与财产性收入增加

前文分析框架表明，农业社会化服务中的财产性收入主要是基于承包土地经营权流转而产生的土地租金和股权分红。在有农联合体服务模式中碧阳镇田川村分社 660 亩土地实行了股份合作，2018 年该村入股农户每亩地获得了 400 元保底收入和约 403 元分红收入；在宏基公司"土地股份合作"式整建制托管中，以 2018 年为例，入股农户获得了 600 元/亩保底收入和 60 元/亩分红；在川椒王子公司的"公司＋村集体＋农户"股份合作模式中，农户以土地入股公司，投产前公司按每亩地 300 元支付固定租金给农户，投产后农户、公司和村集体按 5：4：1 的比例分成，确保农户亩均增收 3 000 元以上。除了基于土地要素的分红以外，实践中还存在基于农产品交易量、劳务等要素的诸多分红方式。川椒王子公司在统一藤椒收购价格基础上，采取了"保底＋分红"的利益分配方式，联合体从整体利润中提取公积金、公益金和风险金之后，再对盈余按产品交易量进行二次分红；而美华果业公司在"反托管"的经营方式中，将高出保底收益的部分在受公司委托的农户和公司之间进行分成，实现了基于劳务要素的分红。这些分红方式都在一定程度上促进了小农户财产性收入的增加。

（四）奖补支持与转移性收入增加

结合前文分析框架来看，6 个案例服务模式中确有服务主体比较容易地获得了来自政府和社会其他组织的信贷、奖补等支持。川椒王子公司争取到了各级财政土地流转、基础设施建设奖补、贷款贴息等财政扶持资金，并引入"农当家"平台的产业扶持资金、吸纳联合体成员金融资本，使联合体成员凭个人信用就可获得无抵押无担保贷款 10 万元，贷款期限 1 年；若信誉良好，次年金额可提至 30 万～50 万元，期限延至 3 年。有农联合体中的有农公司通过与上海宋庆龄基金会合作，为 20 名种粮大户提供了免息贷款支持。这些转移性支付或直接到农户手中增加农户收入，或通过完善服务主体的设施装备，提升其服务能力与实力，进而在提高服务质量、降低服务成本基础上增加小农户的家庭经营性收入。

第四节　本章小结

通过上述分析结果可知，农业社会化服务通过重塑农业生产经营中的"统分结合"结构，不仅赋予了中国农业双层经营体制新内涵，而且显著提升了农业经济效益、带动小农户实现了增收。具体来看：

就创新农业经营体制机制来看，在服务内容维度，服务价格与标准的制定、技术培训与指导、农机作业、农资采购、品牌营销、农产品加工和销售、金融保险等是不同农业社会化服务模式中"统一经营"的主要内容，不同服务模式中"分散经营"的内容则主要体现在田间日常管理和承包土地经营权流转等方面；在服务方式维度，不同服务模式中的核心服务主体及其构建的服务单元（节点），较好地平衡了对各类服务资源有效整合的"统"与划片分块进行规模化"承包"经营和开展农业社会化服务的"分"之间的关系。由此，最终在节本增效的基础上提升了农业经济效益，促进了小农户家庭经营性收入的增加。此外，农业社会化服务主体的"统一经营"还有助于释放农村富余劳动力，增加小农户从转移就业中获得的工资性收入；而农业社会化服务中实行的基于土地、农产品交易量、劳动等要素的分红方式，有助于增加小农户的财产性收入；服务主体获得的政府和社会其他组织的信贷、奖补等支持，则可以直接（或间接）地增加小农户的转移性（或经营性）收入。

值得注意的是，正如本书分析框架所指出的，上述 4 条增收路径在实际中并不是独立存在的。如小农户获得的分红收入基本来自农业节本增效后的经营性增收；服务主体获得的转移性收入也多用于提升服务质量、增加农业经营性收入，而非直接分配到农户手中；转移就业方面，如果小农户从事农业社会化服务相关工作，那么其工资性收入也很有可能来自农业经营性增收。可以明确的是，农业社会化服务通过重塑农业生产经营中的"统分结合"结构，能够有效多维度带动小农户实现增收。

第七章 中国农业社会化服务模式的未来

第一节 引 言

通过前面几个章节的分析可知，农业社会化服务模式选择的关键在于降低整个服务过程中的交易成本。这不仅涉及服务资源的统筹整合、小农户的组织协调，也包括服务方式的优化。进一步讲，一方面农业社会化服务主体要在实现耕地资源集中连片的基础上汇集各种服务资源，通过服务的规模化来降低服务的交易成本，获得规模经济；另一方面，服务供需双方需要因地制宜地选择二者进行合作或交易的方式，以最大限度地在降低服务市场交易成本的同时避免组织内部交易成本的增加。可见，农业社会化服务要在中国充分发挥出促进农业现代化的作用，关键要实现耕地的集中连片，即耕地的规模化。武舜臣等（2019）指出，不改变土地经营权的土地托管，或许会在一定程度上缓解土地流转带来的诸多问题，但流转存在的根本性问题并不能随着模式的转变而得到替代性解决，如不愿意托管户影响土地集中连片。显然，在不流转土地前提下要实现耕地的集中连片并非易事。于海龙等（2018）在对土地托管适用条件进行考察后指出，土地托管和土地流转会在一定条件下相互替代和转换。也就是说，农地规模经营与服务规模经营之间并非不相容的排斥关系，而是相互促进的关系（胡新艳 等，2016b）。为此，本章将通过对典型农业社会化服务模式演变过程的分析，讨论如何通过生产托管和土地流转的相互促进来实现农业社会化服务模式的创新完善，最终达到以服务规模化助推农业现代化的目的。

农民合作社是农业社会化服务的重要载体，农业社会化服务供给能力则是合作社得以产生与发展的根本。这一点在法律、学术、政策等多个维度都有阐释。首先是法律维度。2007 年《中华人民共和国农民专业合作社法》颁布施行，规定"农民专业合作社以其成员为主要服务对象，提供农业生产资料的购买，农产品的销售、加工、运输、贮藏以及与农业生产经营有关的技术、信息等服务"；2018 年该法修订后施行，再次强调农民合作社以其成员为主要服务对象，开展农资购买、农产品生产等一种或者多种服务业务。其次是学术维度。Hellin 等（2009）、Yang 等（2012）都曾指出，农民合作社的主要作用是为农户提供生产经营服务。黄祖辉等（2012）也认为，农民自愿联合、形成合作社的目的就是希望合作社为他们提供所需要的服务。服务功能是衡量合作社绩效的一个重要维度（杨丹 等，2016）。最后是政策维度。2007 年中央 1 号文件提出，"着力支持农民专业合作组织开展市场营销、信息服务、技术培训、农产品加工储藏和农资采购经营"；党的十七届三中全会则明确了合作经济组织在构建新型农业社会化服务体系中的基础性地位。

政府的政策推动与各地的实践探索，最终带来了中国农民合作社的快速发展。2018 年 10 月 16 日全国农民专业合作社质量提升整县推进试点工作现场会在苏州市召开。根据农业农村部时任副部长韩俊在该会议上的讲话①，到 2018 年 9 月底，中国依法登记的农民合作社已达 213.8 万家，入社农户占全国农户总数的 48.5％；2017 年合作社为其成员提供农业经营性社会化服务的总产值达到了 1.17 万亿元，而且 53％的合作社实现了产加销一体化；1.16 亿亩承包地流转入合作社，占全国耕地流转总面积的 22.7％；10 万家农民合作社实施了标准化生产，8.5 万家合作社拥有了注册商标，4.7 万家合作社通过了"三品一标"农产品质量认证。再如第五章中提到的仁发合作社，经过 10 年的探索实践，不断创新与其服务对象的利益联结机制，形成了独具特色的"仁发模式"。与此同时，仁发合作社的农业社会化服务内容也得到了持续拓展。在仁发合作社，既有基于土地流转（土地入股）的规模经营方式，也叫"服务内化"，也有基于生产托管的规模经营方式，是了解中国农业规模经营发展现状与趋势的典型案例。通过分析仁发合作社农业社会化服务功能的演变逻辑，一方面能够加深对生产托管和土地流转之间关系的理解，另一方面可以为中国农业社会化服务模式的创新完善，以及农业规模经营的道路选择提供重要启示。

第二节　合作社农业社会化服务功能的演变逻辑

在农业社会化服务中，不同类型的农民合作社所面临的资产投资、收益率等情况通常也是不同的，而这些因素会在较大程度上影响合作社服务内容的延伸。基于此，在分析合作社农业社会化服务功能的演变逻辑前，需要对仁发合作社的属性进行界定，以便后文进行更具针对性的研究。就仁发合作社的经营内容与模式来看，其明显兼备农机合作社与土地股份合作社的属性。孔祥智（2018b）认为，与标准的农民专业合作社相比较，农机合作社

---

① 肥料双交会信息平台，2018. 中央农办副主任韩俊：发展生产、供销、信用"三位一体"的综合业务模式 [EB/OL]. (11－09) [2022－12－19]. https：//www.sohu.com/a/274322611_739211.

更强调入社的股份，这是由于农机的价值较大，同时合作社股份构成较为复杂，但在管理方式上依然强调民主，强调民办、民管、民受益；而土地股份合作社是对成员承包的土地提供统一经营或流转服务。由此得出，固定资产投资大、对成员承包地和流转土地①进行统一经营服务是仁发合作社的典型特征。本章就以该类型的农民合作社，即"仁发模式"中的合作社为研究对象，构建合作社服务功能演变的分析框架。

农机合作社最明显的特征是专用性资产投资大，因此被"敲竹杠"的风险通常较高，即农机作业服务的市场交易成本偏高。孔祥智等（2017）曾指出，若合作社初始成员即创始成员投资资产专用性较高时，因专用性资产与新增成员要素匹配的需要，这种基于服务规模的扩张能催生出规范的合作社。也就是说，为了降低农机作业服务的市场交易成本，缓解被"敲竹杠"的风险，农机合作社需要一定规模的耕地要素来匹配其服务能力，即通过吸收耕地入股或租赁土地的方式（图7-1），实现农机作业服务的"内化"与规模化。现实中，很多农机合作社都经营耕地，正是源于降低农机作业服务市场交易成本的需要。同时，农机作业服务的"内化"会促使合作社配套提供农资采购、技术指导、营销等服务。显然，在这一阶段合作社以提供产中服务为主，聚焦解决"谁来种地""怎么种地"的问题。克鲁格曼等（2019）曾指出，专业化生产与非常大的初始开业成本是规模报酬递增的主要来源。可见，农机合作社的耕地经营模式无疑会带来规模报酬递增，即随着"内化"服务耕地面积的增加，各类农业社会化服务的成本将大大降低。

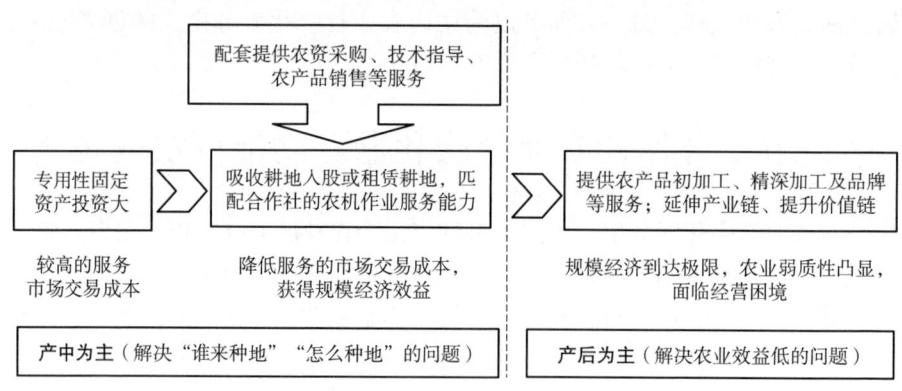

图7-1 农机合作社服务功能的演变逻辑

但规模经济有极限。随着规模的扩大，企业内部沟通与组织活动会变得

---

① 仁发合作社成员中有12个转入了耕地的专业大户，经营面积都在1 000亩以上。

困难，成本也更高，进而导致规模不经济（曼昆，2009；克鲁格曼 等，2019）。也就是说，合作社从服务成本降低中获得的经济效益不会一直持续，甚至会随其规模的扩大而减少。此外，合作社"自营耕地、服务内化"的经营收入还会受到农业弱质性，尤其是自然和市场风险的影响。这些都不利于保证合作社的收益，进而对稳定成员数量、维持耕地规模也将产生负面影响。在该阶段合作社就需要寻找新的经济增长点，以提高盈利水平、增加收入。王图展（2017）曾经指出，当合作社提供的服务功能改变农产品生产成本曲线，新的规模经济效应产生时，其自身就需要扩大外部资源投入和增加关联业务。于是，向产后服务环节拓展，通过产业链延伸和价值链提升来提高农产品附加值，成为多数农机合作社的选择，从而可以促进一二三产业融合，解决农业效益低的问题（图7-1）。如前所述，2018年从事产加销一体化服务的合作社占比高达53%。张晓山（2017）也提出，农民合作社通过办公司将经济活动向农资供应、农产品流通和加工领域拓展，使从事第一产业的农民社员能分享初级农产品进入第二、三产业的增值收益，是应该鼓励和倡导的发展方向。

第三节　基于仁发合作社的案例观察与分析

2009年成立以来仁发合作社大致经历了3个发展阶段。分别是：2009—2010年"代耕服务为主，租地自营为辅"的探索初创阶段、2011—2015年"土地入股、服务内化为主，代耕服务为辅"的稳步发展阶段、2016年至今"土地入股、服务内化＋托管服务为主，代耕服务为辅"的创新提升阶段。仁发合作社的服务内容也由农机作业、农资采购、技术指导、产品销售，拓展到了粮食烘干仓储、品牌营销、农产品精深加工及马铃薯育种等领域。

一、探索初创阶段：代耕服务为主，租地自营为辅

2010年初仁发合作社正式运营。当年合作社的经营模式为"代耕服务为主，租地自营为辅"。一方面，仁发合作社以240元/亩的价格向周边农户租赁了1 100亩土地，种植马铃薯；另一方面，仁发合作社利用其大型农机具为当地农户提供代耕服务，每亩地收取50元左右的农机作业服务费。但无论是租赁的地块，还是对外提供代耕服务的地块，分布都比较分散、不够连片，无法发挥合作社大农机的耕作优势，空跑成本过高。并且进行跨区作业时，合作社还经常面临违约的情形。如2010年仁发合作社组织农机手去海拉尔进行代耕作业服务，与对方签订了1.5万亩作业合同，但对方赖账，

仅承认 7 000 亩的作业面积；此外，对方提供劣质油（政府不允许跨区载油），造成了合作社机器磨损。最终导致仁发合作社在 2010 年的全年收入不足 100 万元。如果不考虑折旧，当年的净利润仅有 13 万元；考虑到农机具折旧，合作社则亏损 187 万元。可见，市场交易成本，即农机空跑、服务需求方违约等成本过高，是造成仁发合作社在 2010 年经营亏损的主要原因。

二、稳步发展阶段：土地入股、服务内化为主，代耕服务为辅

为了扭转第一年的亏损，2011 年仁发合作社 7 户发起人商议形成了"七条承诺"[①]，吸收有农业社会化服务需求意愿的农户带地入社，参与入股分红。自此仁发合作社与入社农户实现了"风险共担、利益共享"，合作社进入到以"土地入股、服务内化为主，代耕服务为辅"的农业社会化服务阶段。在该阶段，仁发合作社的服务范围从农机作业拓展到了农资采购、技术指导、农产品营销与初加工，并且各类农业社会化服务的市场交易成本也显著低于一般现货市场交易的成本，合作社获得规模经济效益，由此解决了"谁来种地""怎么种地"的问题。

1. 农机作业服务　仁发合作社以整村推进方式吸收农户带地入社的做法，使得耕地实现了规模化、连片作业，从而其大农机"吃不饱"的问题得到有效缓解，农机空跑成本也大幅降低。如表 7-1 所示，2011 年以来仁发合作社的农机作业服务盈余得到了大幅提高。

2013 年仁发合作社的农机装备总量达到 113 台（套）且开始实施深耕深松作业。尽管深耕深松的成本要高于普通作业成本，但深耕深松能够实现蓄水保墒、使农作物产量提高 10%～15%。此外，仁发合作社还会对农机手开展专门的技术培训，通过单车核算[②]的办法规范约束农机手行为以确保农机作业服务质量、控制作业服务成本。仁发合作社的农机作业服务价格统一为 25 元/标准亩（合作社通过一定的换算方法将自然亩折算成标准亩，不同作业环节的标准亩换算系数不同）。而验工单（农机手作业数量的证明，用于结算作业费用的依据）对于保证农机手的作业服务质量、控制作业成本

---

①　"七条承诺"的具体内容见第五章第二节。

②　第一，确定常年作业面积，作业面积不符合合作社规定面积的，超出面积×25 元/亩×50%的收入给农机手，不足面积×25 元/亩×60%惩罚农机手；第二，用油量规定 0.8 千克/亩，有 0.25～0.5 千克/亩用油量的节省空间（很多时候，农机手作业 1 亩地，用不了 0.8 千克/亩，可以省下一些油），油量节省（超出）部分×10 元/千克给农机手 100%的奖（惩）；第三，根据国产车和进口车的不同确定修理费，国产车为机耕费 25 元/亩×作业面积×3%，进口车为机耕费 25 元/亩×作业面积×2%；第四，驾驶员技术考核，每年举行 3 次，17 个驾驶员总共奖金 5 000 元；第五，合作社免费给驾驶员购买了人身保险，100 元/(年·人)。

等则起到了直接的监督作用。农机手每次作业完毕，需出示验工单，让接受服务的一方（仁发合作社的"片长"①或其他代耕服务需求主体）签字确认，如果服务需求方对作业质量等不满意，有权拒绝签字，农机手需"重复作业"，既浪费作业时间，也无疑增加了油耗等作业成本，从而激励农机手提高作业质量，保证"一次性"完成农机作业任务。

2011—2015年仁发合作社除针对入社土地开展农机作业服务之外，也会适当对外提供代耕服务，尽可能增加本社农机的作业量、实现农机满负荷运行，降低农机闲置成本。但这一时期对外代耕服务对象不固定，未形成稳定的契约关系，合作社仍以对内服务为主。如表7-1所示，2015年仁发合作社本社农机作业量达35万标准亩次（8 827 712元÷25元/亩次≈35万亩次），对外代耕作业量仅16万标准亩次（3 917 773元÷25元/亩次≈16万亩次），不足本社作业量的一半。从而证明，服务内化是该时期仁发合作社农业社会化服务的典型特征，即合作社农机具以服务本社自营耕地为主。

表7-1　仁发合作社的农机作业服务收入情况（2011—2018年）

年份	农机作业服务收入/元		盈余/元
	本区作业	跨区作业	
2011	5 454 875	1 729 875	941 132
2012	6 202 350	1 548 450	1 008 300
2013	8 900 000	1 500 000	1 482 500
2014	11 201 385	1 494 100	1 602 740
2015	8 827 712（本社作业）	3 917 773（代耕作业）	4 998 485
2016	8 442 000	4 232 950	4 816 481
2017	8 784 000	1 701 500	3 984 490
2018	9 681 750	1 775 600	4 545 410

注：2015年仁发合作社的农机作业收入是按照本社与代耕进行区分和统计的，其他年份则是按照本区和跨区进行区分和统计的。

2. 农资采购服务　仁发合作社的农资采购服务仅针对入社成员。统一、大批量采购农资，不仅能够降低成本，同时也确保了农资品质。在成本节约方面，仁发合作社入社耕地的亩均农资费用要比普通农户节省100元左右。原因在于，仁发合作社的农资采购量通常较大，各大农资生产厂家都争相与其开展合作，在与供货厂家进行谈判时，仁发合作社拥有较大的话语权；所

---

① 合作社将5万多亩入社土地划分成了22个连片区域，由22个"片长"负责承包经营，减惩超奖。

有农资由厂家直送、一级批发，不产生中间费用。其中，化肥比一般的市场采购节省 300～500 元/吨，农药节省 40～50 元/亩，农机具用油节省 500～600 元/吨，种子便宜约 20%（如 2015 年玉米种子的市场价是 49 元/千克，合作社采购价为 35 元/千克），而且仁发合作社还可以赊购 50% 的农资。当然，最重要的一点是，合作社的供货厂家为施可丰、田丰、龙峰等一些大型知名农资企业，从源头上确保了农资品质。

3. 技术指导服务　技术指导服务同样仅针对合作社的入社成员。2011—2012 年仁发合作社与当地政府农技推广站农技推广人员合作实施了"科技包保"[①]，择优选种、保证了产量。如玉米通过应用"大垄技术"，种植密度由每亩 4 000 株提高到 4 500 株，每亩比农户分散种植增产 50 多千克，亩均增收 400 多元。2013 年合作社购买了北京中绿华夏公司农产品检测服务，以确保产品质量符合销售订单要求。一般在马铃薯生产过程中，种植与病虫害防治技术是最难掌握的。而与麦肯公司的订单合作，使仁发合作社向麦肯公司技术员学到了先进的马铃薯种植与病虫害防治技术。截至目前，仁发合作社的玉米种植一直采用 110 厘米"大垄双行技术"、马铃薯种植采用 85 厘米"大垄单行密植技术"，并辅以测土配方施肥、深耕深松等先进技术，较普通农户而言，玉米亩均增产 120 千克、马铃薯亩均增产 1 500千克，农作物总体增产 10%～15%。

4. 加工营销服务

（1）粮食烘干与仓储服务。该阶段仁发合作社开展的农产品加工服务主要是粮食烘干仓储等初加工，未涉及对技术水平要求较高的精深加工。仁发合作社开展粮食烘干仓储服务的缘起是，2013 年在销售玉米给哈尔滨三金药业时合作社发现，自己进行玉米烘干有助于增收。基于此，合作社于2014 年初引进了粮食烘干仓储设施。同前述各类服务一样，仁发合作社的粮食烘干仓储设备也主要用于满足本社需要，很少对外开展服务；只有当合作社自身对粮食烘干需求较少或不足时才对外提供部分粮食烘干服务，每千克潮粮（湿玉米）获利 0.2～0.3 元不等。仁发合作社对内的烘干服务则促进了玉米增收。如第五章表 5－6 所示，2014 年烘干前的玉米销售单价为1.60 元/千克，烘干后为 2.18 元/千克；1 吨潮粮烘干后可得 840 千克干粮，除去烘干成本 80 元/吨，1 吨潮粮增收 151.20 元，相当于 0.5 千克湿玉米多收入近 0.08 元。

在产后服务中，相比烘干仓储等初加工，精深加工更有助于延伸产业链，提高农产品附加值，增加合作社经营收入，同时缓解农产品卖难的问

---

① 关于"科技包保"的具体内涵在第五章第二节中有详细解释，此处不再赘述。

题。2015 年由于天气干旱，玉米和马铃薯单产下降，加上玉米价格改革，导致合作社亩均利润大幅下滑（表 7-2）。为此仁发合作社一方面尝试通过改变种植结构，缓解自然与市场风险对经营收入的冲击；另一方面探索实施农产品精深加工业务，通过拓展产后环节服务、提升农产品价值链，增加合作社的经营收入。于是，2015 年由仁发合作社牵头，联合更好农机合作社、向阳农机合作社等其他 6 家合作社，共同出资成立了仁发农业发展有限公司，开展马铃薯、甜玉米等加工业务。公司注册资金为 5 000 万元，实缴资金 3 000 万元，其中仁发合作社的投资达到了 900 多万元，股份占比最高。公司成立当年，便投资 1 亿元建设了 30 万吨粮食烘干仓储设施。2015—2016 年，仁发农业发展有限公司基本处于建设期，并未正式运营。

表 7-2　仁发合作社土地经营的基本情况（2011—2018 年）

年份	经营作物	玉米亩均单产/（千克/亩）	马铃薯亩均单产/（千克/亩）	亩均利润/（元/亩）
2011	玉米、马铃薯	614	2 353	833
2012	玉米、马铃薯	690	3 140	909
2013	玉米、马铃薯、大豆、西瓜	697	3 150	1 078
2014	玉米、马铃薯、大豆	750	3 250	929
2015	玉米、马铃薯、大豆、有机大豆、甜玉米、白瓜	690	2 750	777
2016	玉米、马铃薯、大豆、有机大豆、甜玉米、白瓜、甜菜	560	2 800	699
2017	玉米、甜糯玉米、马铃薯、大豆、有机大豆、豌豆、杂粮	620	2 400	554
2018	马铃薯、玉米、鲜食玉米、大豆、有机大豆、高粱、豌豆、青刀豆、红小豆	605	2 750	596

（2）农产品营销服务。在进入农产品精深加工领域前，仁发合作社的农产品销售渠道基本限定为随行就市与订单农业。其中，马铃薯的订单合作对象主要是麦肯公司，2011—2012 年仁发合作社与麦肯公司签订了 2 000 亩大垄马铃薯订单；2013 年仁发合作社继续与麦肯公司合作，签订 1 万亩马铃薯订单，结算时由于合作社超额完成了订单，于是在原定 1.58 元/千克的订单价格基础上，麦肯公司每千克加价 0.25 元，使合作社增收 780 万元。2015 年在县政府支持下仁发合作社与北大荒薯业签订了 5 500 亩全粉专用薯订单，加上政府补贴，每千克马铃薯比市场销售增收 0.3 元。玉米方面，2013 年仁发合作社与河北唐山某企业签订了 3 500 亩水果玉米和糯玉米订单，最终亩均纯收益 1 114 元，是普通玉米收益的近 3 倍。

仁发合作社也积极通过打造农产品品牌、建立线上销售网络等各种方式，来促进农产品销售。如 2013 年以来，仁发合作社就先后注册了"龙哥""龙妹""仁发""仁发绿色庄园"等商标。然而，由于合作社本身缺乏相应的营销手段，这些商标都尚未能取得明显的品牌效应。2015 年仁发合作社进入互联网电商领域，建立"仁发特卖"网络营销平台，与知名电商合作，推进绿色有机产品线上销售；当年仁发合作社生产的 1 000 亩有机高蛋白豆浆豆通过电商直销上海某超市，售价达到 26 元/千克，比普通大豆高出近 10 倍，亩均纯收益 1 200 元以上，由此仁发合作社与该超市结成了固定的有机大豆销售合作关系。但因无法保证产品的及时、充足供应，"仁发特卖"网络营销平台未能继续运作。

三、创新提升阶段：土地入股、服务内化＋托管服务为主，代耕服务为辅

2016 年仁发合作社的农机装备总量增加到 130 多台（套）。同年还引进了 2 台大型马铃薯收获机。随着农机装备总量的增加，仁发的农机作业服务能力无疑也在增强。为保证农机作业服务市场稳定，确保大农机"吃得饱"，仁发合作社于 2016 年开始提供土地全程托管服务。当然，合作社仍会在其农机作业能力有余的情况下开展部分代耕服务。自此仁发合作社进入了以"土地入股、服务内化＋托管服务为主，代耕服务为辅"的发展阶段。

通过前文可知，仁发合作社的农机作业服务盈余、土地亩均利润和入社耕地分红在 2013 年都达到最高值，随后便开始呈逐年下降的趋势。其原因主要有 2 点：①耕地的规模经济到达极限，合作社再难以取得成本优势；②市场与自然风险的影响，2015 年黑龙江遭遇旱灾，导致粮食减产，2016 年玉米临时收储政策的取消对价格也产生了不利影响。早在 2013 年仁发合作社便试图以创建品牌的方式提高农产品附加值、增加经营收入，但品牌建设效果并不显著。2014 年通过引入粮食烘干仓储服务，合作社在增收方面取得了一定成效。2015 年合作社开始着手组建公司，延伸产业链。2016 年针对入社土地的产前与产中服务都渐进完善且其所产生的规模经济也到达极限，于是产后的加工、营销成为仁发合作社重点拓展与加强的"内部"服务，从而实现了产业融合，解决了农业经济效益低下的问题。

1. 产后服务的延伸状况 2016 年之后针对入社土地，仁发合作社正式开展农产品精深加工服务。为了更好地对不同种类农产品的加工环节进行管理，在仁发农业发展有限公司的基础上，仁发合作社又于 2016 年牵头成立了 4 家子公司，分别是主营甜糯玉米加工的仁发食品有限公司、负责马铃薯加工的华彩薯业、负责产业扶贫的仁人和食品加工有限公司和 1 家物流公

司。2019 年仁发农业发展有限公司已建成并运营的农产品加工生产线有糯玉米加工（2 条）、甜玉米加工（5 条）及青刀豆、豌豆加工等。但仁发公司的农产品精深加工能力目前还较为有限，价值链提升动力不足。如 2018 年仁发公司销售给广州中间商的甜玉米（大包装初加工）价格为 4 300～4 600 元/吨，中间商将甜玉米进一步加工成玉米冻粒并精包装（小包装）后，售价达到了 1.3 万元/吨。仁发农业发展有限公司还建立了马铃薯育苗中心智能化温室进行马铃薯种苗培育，实现了马铃薯繁育种植加工销售一体化。

在农产品营销方面，结合前文可知，仁发合作社一度探索尝试了多种营销方法，但仍未形成比较完善的营销模式，销售渠道呈现繁杂且不稳定的状态，品牌效果不显著。①仁发合作社自销模式，即将农产品销售给仁发农业发展公司，进行加工销售，包括合作社生产的全部豌豆和青刀豆、1/3 的马铃薯和部分甜糯玉米。②订单模式。仁发合作社 2011 年就与麦肯公司开展了马铃薯订单合作。由于克山县生产的马铃薯容易黏附黑泥，麦肯公司后来转为与内蒙古的马铃薯生产者合作。目前，仁发合作社的马铃薯有 2/3 通过订单销售给上海盘中餐、清美等龙头企业及随行就市销售给地方批发市场、商贩等。合作社的高粱主要订单销售给当地酒厂。③口头契约模式。2016年仁发合作社种植的有机大豆全部销售了上海某超市，当年合作社便与该超市达成了稳定的合作关系；但双方未签订合同，只是口头协议且合作社要根据超市的需求，分期销售；由于市场需求较大，目前能够确保产品全部销售。④随行就市模式。该模式下合作社的产品销售价格与客户都不固定。如甜玉米主要销给广州等一线城市的客户，高蛋白大豆主要销给山东等地的经销商。

2. 生产托管的基本情况　2016 年仁发合作社开始对外提供全程机械化作业服务。但合作社的服务对象只有 1 个，即五大连池市建设乡某种植大户。2016 年该种植大户在五大连池市建设乡流转了 4.2 万亩耕地，种植玉米、大豆和马铃薯，由仁发合作社为其提供全程农机作业服务。五大连池市建设乡距离克山县河南乡仅 100 千米左右，农机运输成本低，这为仁发合作社到当地开展农机作业服务提供了便利。2017 年该种植大户土地流转规模达到8.7 万亩并维持至今。也就是说，目前仁发合作社的全程农机作业服务面积为 8.7 万亩。此外，仁发合作社还开展农机具租赁服务。2017 年仁发合作社将 1 台大型马铃薯收获机，租赁给了内蒙古 1 家马铃薯专业种植大户使用，租金为 100 万元。凭借现有农机装备，仁发合作社的农机作业服务能力可达 15 万亩/年。仁发的自营耕地 5.6 万亩，加上全程农机作业服务耕地8.7 万亩，共计14.3 万亩服务规模，基本达到了仁发合作社服务上限，所以其租机业务和代耕服务的开展都非常有限。近 2 年来仁发合作社还陆续为克山县粮库、当地的联兴联合社提供粮食烘干仓储服务，以尽可能降低农机设备闲置成本，增加合作社收入来源。如 2018 年仁发合作社就为克山县粮库储存了 1 100 多吨水稻，每吨收费 60 元/月。

第四节　总结与进一步思考

一、总结

通过对"仁发模式"的分析可知，农民合作社在中国农业社会化服务供给中可以发挥重要的作用，是推进中国新型农业社会化服务体系建设、促进小农户与现代农业发展有机衔接的关键力量。总体来看，仁发合作社通过组织农户带地入社，统一经营、提供服务，降低了农机作业、农资采购等生产成本，并且依靠订单等直销模式，提高了农产品销售价格，最终获得规模效益，既增加了入社农户的耕地收入，又提高了农作物的耕种收综合机械化水平及先进技术的应用水平。但仁发合作社的服务内容是逐渐实现拓展的，并且其服务功能演变过程遵循一定的逻辑。具体来看，初始阶段降低农机作业服务市场交易成本的需要，促使合作社吸收农户以家庭承包耕地入股，从而匹配其农机作业服务能力，同时土地的统一经营进一步促使合作社配套提供农资采购、技术指导与产品营销等服务，最终获得农业社会化服务的规模经济效益，从而解决了"谁来种地""怎么种地"的问题，合作社由此进入到稳定发展阶段。但随着规模经济到达极限和农业本身自然与市场风险的日益凸显，合作社一般会继续拓展其在产后及产前等环节的服务，通过产业链延伸、价值链创新提升，来提高农产品附加值，以确保合作社及其成员能够稳定增收，从而在一定程度上促进了一二三产业的融合发展，解决了农业经济效益低下的问题。

二、进一步思考

中国地大物博，不同区域的农业发展各不相同，这也决定了各地农业现代化道路的选择应该是多样化的。但就世界各国的经验来讲，规模经营符合农业现代化的规律，其关键在于采取何种农业规模经营方式。在中国尽管政策上有鼓励、实践中有探索，但规模经营仍面临来自土地租金偏高、"非农化、非粮化"倾向严重、农村富余劳动力转移就业困难、规模经营风险严重等诸多困境。而这些困境也许可以通过土地流转型和服务带动型规模经营相结合的方式来予以解决。结合仁发合作社农业社会化服务功能的演变过程及其逻辑，就中国农业社会化服务模式的发展方向，作出如下几点思考：

首先，"土地股份合作＋农业生产托管服务"是实现农业规模经营的重要手段。经过10年的实践探索，仁发合作社的农资采购、农机作业及技术指导等产前与产中服务模式，总体上已渐趋完善和稳定。尤其是农机作业服务，作为仁发合作社最重要且关键的服务，经历了代耕、服务内化、生产托管、农机具出租等多种发展模式；最终在外部环境与合作社内部综合实力的共同影响下，选择了以"土地入股、服务内化＋生产托管"为主的服务模式，降低了农机具闲置与空跑成本，提高了合作社农机具运营效率，实现了农业规模经营。相比土地租赁，股份合作有助于缓解规模经营主体的资金压力及其所面临的自然和市场风险；而农业生产托管服务则在不流转土地经营权的条件下，帮助小农户实现了规模经营与现代化生产。中国各省（自治区、直辖市）的实践，如本书第三章节中所引用的案例——宏基公司的"土地股份合作社＋生产全托管"模式、谷丰源公司的"农工场"模式、川椒王子公司的"公司＋村集体＋农户"的股份合作模式等都充分表明，"土地股份合作＋农业生产托管服务"是实现农业规模经营的重要手段。其中，土地股份合作代表的是土地流转型规模经营，而农业生产托管服务代表的是服务带动型规模经营。

其次，工商资本是促进农业社会化服务向产后环节拓展的关键动力。就拓展产后环节的加工、品牌营销等服务领域而言，仁发合作社仍面临诸多困难。①仁发公司仍处于农产品初级加工层面，精深加工能力弱，农产品附加值更多地流向了下游中间商。②仁发公司尚未发展形成具有一定知名度和竞争力的产品品牌。尽管合作社注册了多个商标，如文中提到的"仁发绿色庄园"等，但由于营销人才的匮乏，这些商标都还没有真正打入市场和带来品牌效应。这从侧面反映出由农民自发成立的合作组织在进入第二、三产业时，会面临来自技术、人才和管理等多方面现代要素的约束。由于缺少产业链延伸所必需的要素，所以多数农民合作社开展农产品精深加工在经济上并不合算。

与农民自发成立的合作组织不同，工商资本在农产品精深加工、营销等方面具有明显的人才、技术、资金、管理等优势。资本下乡在某种程度上有助于组织带动农户分享农产品增值收益，实现产业链延伸和价值链提升。如中国江西的绿能农业发展有限公司，其经营模式与仁发合作社类似，即"土地流转自营、服务内化＋生产托管"；不同的是，绿能公司在开展稻谷精深加工业务的同时，打造了"绿能大米""凌继河大米"2大品牌，其中，"绿能大米"还通过了绿色食品认证（罗明忠 等，2019）。可见，工商资本有助于农业社会化服务向产后环节拓展，实现产业链延伸。从全球来看，农业价值链的构建，大多通过由下游加工销售环节向上游种植养殖环节的延伸、整合来实现，如美国生猪养殖龙头企业多由大型屠宰加工企业向上游收购而来（何宇鹏 等，2019）。基于此，结合中国农村的基本经营制度和农户缺乏现代农业生产要素的现状，何宇鹏等（2019）认为，要在政策上鼓励下游企业进入农业，用公司去加、去乘、去联结农户，而不是相反。

基于此，结合本章的研究结果，本书认为，对于缺乏现代生产、管理等要素的农民合作社而言，其进入农产品加工领域的路径可以有 2 种：①从事对技术水平要求较低的农产品初加工，如分级、清洗和包装等，既可以降低合作社进行技术、品牌等专用性资产投资的成本，也能够在一定程度上提高合作社的农产品增值收益。②与工商资本展开合作，引入农产品加工企业，通过组建农业产业化联合体，共同开展农产品精深加工及品牌营销等价值链提升业务的方式，拓展合作社的农产品加工服务，具体方式为：农民合作社入股到农产品加工企业，分享农产品的产业链延伸利润；或者由农产品加工企业入股到农民合作社，双方共同投资农业产业链延伸项目，共享农产品增值收益。

最后，政府的政策和资金扶持是推动农业社会化服务发展的有力保障。王图展（2017）曾指出，虽然外部支持，特别是获得政府资助，不可能让合作社获得长期的发展动力，但对于合作社缓解当前困难、逐步实现服务功能有其必要性。在仁发合作社的服务过程中，政府的政策、资金和项目等扶持便发挥了十分重要的作用。由文中表述可知，在成立初期仁发合作社便获得了共计 1 234 万元的中央与地方农机购置补贴资金，缓解了合作社前期的投融资压力。此外，2016 年通过农业综合开发项目，克山县政府为仁发合作社购置大型马铃薯收获机（2 台，购置成本高达 560 万元/台）补贴了将近 50% 的费用；以水利部试点项目建设为契机，中央为仁发合作社投资配套了 755 万元指针式喷灌设施，促进了合作社灌溉成本的降低。在农产品加工营销方面，仁发合作社也得到了政府的大力支持。如仁发合作社与上海盘中餐等龙头企业的订单合作，就是充分利用了克山县政府与上海市农委签署《马铃薯主食化项目战略合作框架协议》的有利契机。

实际上不仅是农民合作社，即便是实力雄厚的工商资本，同样也需要政府的资金或项目扶持。如本书在第四章节中提到的绿能公司，其土地流转便是与政府的高标准农田建设项目相配合的，绿能公司在哪里流转土地，高标准农田就建到哪里，以支持公司更好地开展生产托管服务。显然，政府的农机具购置补贴及水利、道路等公共基础设施建设项目，为农业社会化服务的顺利开展起到了保驾护航的作用。需要注意的是，政府的作用是以有限的资源来帮助具有潜在比较优势部门的企业消除它们自己难以解决的外部性或软硬基础设施完善的协调问题（林毅夫，2017）。对于农民合作社、企业等市场主体而言，要在农业社会化服务这项产业中获得长远稳定可持续的发展，必须注重培养自身的自生能力——在自由、开放和竞争的市场经济中，即使没有外部支持也能够通过正常的经营管理获得不低于社会可接受的正常利润水平的能力（Lin et al.，1999），而非一直依赖于政府扶持。

第八章 结论评述与政策建议

第一节 结论评述

一、中国农业社会化服务的发展现状

中国的农业社会化服务供需中整体存在不平衡、不充分的问题。即便如此，中国的农业社会化服务模式仍然呈现多元化的良好发展态势。具体而言：①各类服务主体主要通过自购农机和吸收或合作调度社会闲散农机2种方式来改善自己的装备设施条件，增强农机作业服务能力。②多数服务主体通过直接与农资生产厂商、农产品加工企业签订产品购销协议的方式，提供农资采购和农产品销售服务。但目前仅有少数服务主体开展了农产品初加工服务，农产品精深加工服务明显供给不足。③多数服务主体主要通过与正规金融机构合作的方式为农业生产主体提供信贷服务。很少有农业生产主体，尤其是小农户通过内部资金互助的方式来解决融资难题。④村集体经济组织在组织协调小农户中的优势明显，但其"统一经营"的服务功能呈现出弱化的趋势。⑤生产托管已成为当前不同类型农业社会化服务主体普遍采用的服务形式。

二、农业社会化服务模式的发展逻辑

农业社会化服务在本质上属于分工的范畴。基于此，农业生产经营活动的可分离性是农户进行服务外包的基本和重要前提条件。劳动分工可以带来专业化经济，提高生产率和收入水平，但分工同时也会受到市场范围和交易成本的限制。也就是说，市场交易成本是阻碍农户进行服务外包的重要因素之一。由此，降低交易成本就成为实践中存在不同农业社会化服务模式的重要影响因素。

首先从服务主体自身的组织结构来看，可以将中国现有的农业社会化服务典型案例分为层级型（职能型、事业部型）、平台型和网络型（普通网络型、网络"生态圈"）等3大类5种模式。平台型和网络型服务模式在带动小农户、拓展服务内容和降低服务成本等方面，明显强于职能型和事业部型等层级型服务模式。但采用事业部型服务模式的企业通过在组织结构中综合运用联邦分权制原则和平台化优势，也能够显著提升企业农业社会化服务业

务的经营绩效，促进公司与小农户增收。具体而言：①根据联邦分权制原则，通过在企业的组织结构中践行服务业务部门化和经营决策权下放，可以提高公司管理效率与农业社会化服务效率、增加农业专业化分工收益，提升企业农业社会化服务业务的经营绩效；②公司的服务业务部门在与其外部资源的协作中，可以通过充分利用企业组织结构的平台化优势，实现对相关资源的整合及农业的规模化生产与服务，进而提高服务效率、提升企业的经营绩效。值得注意的是，由于平台型和网络型服务模式中的服务内容复杂、所涉服务资源要素偏多，往往需要实力较强的农业龙头企业带动。针对当前中国多数农村地区，尤其是中西部地区，小农户缺乏龙头企业带动的现实状况，合作社等层级型服务模式更加具备可行性。

其次从服务供需双方的垂直协作模式来看，服务供需双方垂直协作紧密程度的提高有助于提高土地生产率。具体而言：①服务供需双方垂直协作紧密程度的提高能够使服务需求方已外包服务的成本降低、质量提高，从而在降低农业生产成本和提高农产品质量、产量及销售价格的基础上促进土地生产率的提高；②服务供需双方垂直协作紧密程度的提高能够增加服务需求方所接受服务的内容，从而在降低农业生产成本及提高农产品质量、产量和销售价格的基础上促进土地生产率的提高；③服务供需双方垂直协作紧密程度的提高为服务需求方带来的增收效果，可能会促进服务供给方土地经营（服务）规模的扩大，进而再次通过降低服务市场交易成本的方式来提高土地生产率。但组织内部交易成本的存在不利于服务供需双方选择垂直一体化协作模式——如果服务供需双方通过垂直协作紧密程度的提高所降低的市场交易成本，相对而言，越大于其可能增加的组织内部交易成本，那么服务供需双方选择垂直一体化协作模式的可能性就会越大。由于中国很多地方并不具备采取垂直一体化协作模式的条件，因此契约协作模式成为中国农业社会化服务供需双方的普遍选择。

值得注意的是，中国特有的供销合作社系统为现实中的农业社会化服务供需双方采取垂直一体化协作模式提供了有利条件。供销合作社系统自成立以来便扎根农村、服务农业，并且县级及县级以上供销合作社还属于政府参公事业单位，"上联政府、下接基层"的制度安排使供销合作社系统具备了一定的政府公信力和群众基础，尤其是在农村和农民中拥有较高的威信；并且供销合作社系统长期从事农资和农产品的供销，不仅积累了丰富的务农经验，其社会资源和资金实力也十分雄厚。在此基础上，供销合作社系统参与农业社会化服务不仅有利于降低服务供需双方进行垂直一体化协作所可能增加的组织内部交易成本，也有助于降低服务的市场交易成本。除此之外，村"两委"和村集体经济组织等村社组织不仅有助于降低服务供需双方垂直一体化协作的组织内部交易成本，其在提供农业社会化服务和降低服务市场交易成本方面也大有可为。

再次从服务过程来看，重塑中国农业生产经营中的"统分结合"结构，不仅赋予了中国农业双层经营体制新内涵，也提升了农业经济效益、增加了小农户的家庭总收入。就创新农业经营体制机制来讲，在服务内容维度，服务价格与标准的制定、技术培训与指导、农机作业、农资采购、品牌营销、农产品加工和销售、金融保险等是不同服务模式中"统一经营"的主要内容，不同服务模式中"分散经营"的内容则主要体现在田间日常管理和承包土地经营权流转等方面；在服务方式维度，不同服务模式中的核心服务主体及其构建的服务单元（节点），较好地平衡了对各类服务资源有效整合的"统"与划片分块进行规模化"承包"经营和开展服务的"分"之间的关系。从而最终在节本增效的基础上提升了农业经济效益，促进了小农户家庭经营性收入的增加。此外，农业社会化服务主体的"统一经营"还有助于释放农村富余劳动力，增加小农户从转移就业中获得的工资性收入；而农业社会化服务中实行的基于土地、农产品交易量、劳动等要素的分红方式，有助于增加小农户的财产性收入；服务主体获得的政府和社会其他组织的信贷、奖补等支持，则可以直接（或间接）地增加小农户的转移性（或经营性）收入。

最后从服务模式的发展方向上来看，土地流转型和服务带动型规模经营相结合的服务模式或许是中国实现农业现代化的主要和关键路径。具体来看，"土地股份合作＋农业生产托管服务"是实现农业规模经营的重要手段，相比土地租赁，股份合作有助于缓解规模经营主体的资金压力及其所面临的自然和市场风险；而农业生产托管服务则在不流转土地经营权的条件下，帮助小农户实现了规模经营与现代化生产。其中，土地股份合作代表的是土地流转型规模经营，而农业生产托管服务代表的是服务带动型规模经营。此外，农业社会化服务的发展还需要工商资本的主导和政府的引导。原因在于，工商资本是促进农业社会化服务向产后环节拓展的关键动力，由农民自发成立的合作组织在进入第二、三产业时，会面临来自技术、人才和管理等多方面现代要素的约束。由于缺少产业链延伸所必需的要素，所以多数农民合作社开展农产品精深加工在经济上并不合算；工商资本在农产品精深加工、营销等方面具有明显的人才、技术、资金、管理等优势，资本下乡在某种程度上有助于组织带动农户分享农产品增值收益，实现产业链延伸和价值链提升。而政府的扶持则是推动农业社会化服务发展的有力保障。实践中无论是合作社还是工商资本，都离不开政府的资金和政策扶持；当然，对于农民合作社、企业等市场主体而言，要在农业社会化服务产业中取得可持续发展，关键还是要培养自身的自生能力而非一直依赖于政府扶持。

第二节 政策建议

基于前文对本书研究结论的归纳评述，结合《中华人民共和国国民经济和社会发展第十四个五年规划和 2035 年远景目标纲要》《"十四五"推进农业农村现代化规划》《"十四五"全国农业绿色发展规划》《数字乡村发展战略纲要》等文件精神的要求，为进一步健全中国农业社会化服务体系，以更好地促进小农户和现代农业发展有机衔接、助推中国农业全面转型升级和乡村全面振兴，确保 2035 年农业现代化远景目标的实现，对于政府决策部门及社会相关主体而言，需要着重在以下 3 个方面发力：

一、准确把握中国农村基本经营制度内涵

首先要尊重小农户在中国农业生产经营中的主体地位。家庭承包经营是中国农村基本经营制度的根基，其他任何形式的经营方式创新都不能脱离这个基础。农业生产技术的改进与生产要素的市场化无疑会促进农业生产服务的规模化，而规模化服务并不以土地的集中和小农经济的消亡为前提（韩启民，2015），农业规模经营一定是在坚持家庭承包关系的基础上而进行的，规模经营并不是否定家庭经营。小农户是家庭承包经营的基本单元，坚持家庭经营的基础性地位就是维护小农户的利益，确保小农户在中国现代农业建设中不掉队。但中国的农户已分化为专业农户、一兼农户、二兼农户和非农户等 4 类（孔祥智，2018a）。当前很长一段时期内中国的很多农户将处于兼业化状态，对农业社会化服务的需求会相对多元。如契约协作服务模式中的农户仍需参与部分农业生产环节的决策或操作，对于有务农意愿的专业或一兼农户来说较为适宜。随着中国社会各行各业的分工深化、务农机会成本的不断增加，更多农户将倾向于脱离农业或将全部生产经营活动外包，即其对农业社会化服务垂直一体化协作的需求或许会增加。基于此，各地在探索实践农业社会化服务模式的过程中要充分考虑到不同类型小农户的不同需求。

其次要发挥村集体经济组织等在中国农业生产经营中的重要补充作用。由于小农户分散经营存在着种种不足，村集体经济组织需要在农业生产的某些领域和环节发挥其"统一经营"的服务功能与优势。随着中国农业经营体制机制的改革创新，"统一经营"的主体已远远超出了村集体经济组织的范畴，农民合作社、企业、供销合作社及越来越多的其他社会力量等都在承担着"统一经营"的服务功能，尤其是涉农公司正成为服务小农户和各类规模经营主体的重要力量；而村集体经济组织"统一经营"的服务功能则在持续弱化。为此，要不断加大对农机制造、农资生产、种子研发、农产品营销等

涉农公司转型从事农业社会化服务的政策支持力度，鼓励发展专业化市场化的农业社会化服务组织；继续培育家庭农场、合作社等新型经营主体和发展壮大村集体经济组织；持续深入推进高素质农民培育工程，强化对农户服务主体的支持，在农户中培育一批高素质农业社会化服务专业技术人才，从而为现代农业生产中的"统一经营"储备优秀的组织与人才资源。在此基础上，着力构建形成以企业为主体、市场为导向的现代农业社会化服务体系。

最后要坚持对中国农村基本经营制度的改革创新。中央反复强调，要坚持"以家庭承包经营为基础、统分结合"的双层经营体制，并不是说中国的农业经营主体只能够以农户家庭为单位，提供"统一经营"服务功能的只能够是村集体经济组织。实际上发展至今，中国的农村基本经营制度已经得到了大幅度的创新完善——农业经营主体涵盖了家庭农场、农民合作社、专业大户、小农户、供销合作社及涉农公司等，"统一经营"的主体范围也在村集体经济组织的基础上拓展到了合作社、供销合作社、企业等。由马克思主义政治经济学可知，生产关系一定要适应生产力的发展。而中国当前的农村基本经营制度就是适应当前农业生产力发展水平所作出的制度安排。中国农业现代化进程的不断推进，势必会对现有的农业生产关系安排产生新的要求，进而带来农村基本经营制度的变迁和进一步完善。为此，政府相关部门在决策中要注重把握历史规律和总结广大农民群众的实践经验，坚持从实际需求出发，坚持对现有制度安排进行持续的改革创新、实事求是，以更好地适应农业生产力的发展、推进农业现代化的建设步伐。

二、全面提升农业社会化服务的发展水平

首先要不断拓展农业社会化服务的内容和领域。目前，中国的农业社会化服务在粮棉油糖等大田作物生产中作用突出，而果蔬等经济作物的农业社会化服务发展水平明显偏弱；同时很多迫切需要"统"且增收效果显著的服务，如绿色专业防控、质量检测、测土配方施肥等都存在供给不足的问题。为此，政府部门：①应不断加大农业科技投入力度，促进产学研推用深度融合，通过对农业领域各项科学技术，尤其是测土配方施肥、统防统治等绿色生产技术的研发、推广与应用，不断深化农业分工、拓展迂回生产，从而在促进农业社会化服务产业发展的同时增加农户可外包的服务；②以贯彻落实中央农业生产"三品一标"（品种培优、品质提升、品牌打造和标准化生产）提升行动为契机，培育强化各类农业社会化服务主体的服务能力；③探索出台支持果蔬茶等经济作物领域农业社会化服务发展的专项政策与措施，鼓励各类科研机构和涉农公司针对农业生产的重点、薄弱环节加强技术研发，提高经济作物的机械化、信息化生产水平；④针对服务主体提高服务质量、改

善服务条件的投资行为，如田埂平整、仓储设施建设、水肥一体化技术应用等，应该给予政策鼓励和资金支持。最终，通过农业社会化服务内容和领域的拓展，增加农业社会化服务主体可"统一经营"的内容。

其次要着力降低小农户服务外包的交易成本。这里的交易成本涵盖了农业社会化服务的市场交易成本和组织内部交易成本。提高服务供需双方的垂直协作紧密程度，有助于降低服务的市场交易成本，但也会产生较高的组织内部交易成本。为此，政府部门及村社组织、供销合作社可以充分利用其在农民中的威信，为服务供需双方搭建业务交易平台，如成立合作社、建立为农服务中心等，从而促进农民组织化、降低服务供需双方垂直协作的内部交易成本；同时总结探索强化服务供需双方利益联结紧密程度的方式，通过"利益共享、风险共担"来缓解组织内部的协调成本，如鼓励服务主体与小农户建立股份合作机制，将政府奖补资金以股份形式落实到接受服务的小农户；引导农户以土地、产品、劳动等要素参股农业社会化服务；深化落实土地经营权抵押贷款，降低参股土地贷款的制度性交易成本等。政府还可以组织搭建和完善社会化服务数字信息服务平台，如农业农村部牵头建立的中国农业社会化服务平台，实现对农机、农资、信息、技术等服务资源的统筹整合，帮助服务供需双方以较低的交易成本实现对接；并在服务实施过程中大力推广应用电子监控系统、土壤传感器、智慧农机、大田物联网等数字技术，以农业社会化服务的集成化、信息化和智能化实现农业生产的标准化，达到促进小农户与现代农业发展有机衔接的目的。

最后要坚持贯彻因地制宜开展农业社会化服务的原则。中国地域辽阔，各地资源禀赋不尽相同，因此一定要因地制宜开展农业社会化服务。具体可从作物品种、生产环节、地域环境等维度确定不同服务模式的适用情况。①作物品种。玉米等大田作物的机械作业、规模经营水平普遍较高，面临的市场风险较低，单一合作社及其联合社或专业服务公司等，即层级型服务模式，就可提供全程农业社会化服务；果蔬茶等经济作物的机械作业和规模经营水平通常较低，但对种植技术要求高，所面临的各种风险也较高，需经济实力、服务能力和风险承受能力较强的主体来从事服务供给工作，因此应尝试发展平台型或网络型服务模式。②生产环节。耕种收等环节的市场化服务程度较高，服务体系渐趋完善，交易成本较低，简单的职能型或事业部型服务模式便可以满足农业经营主体的需求；统防统治、烘干加工等环节的农业社会化服务发展水平相对滞后，需要充分发挥工商资本的优势，调动各类服务资源，实行平台型或网络型服务模式。③地域环境。在农业现代化发展水平较高、经济实力雄厚的省份或优势农作物生产区，建议发展产业联合体、联盟等平台型或网络型服务模式，而在整体经济发展滞后的区域以提高小农户的组织化水平为首要任务，积极引导小规模经营主体成立合作社、发展联合社。

三、充分认识政府在农业社会化服务中的作用

农业社会化服务归根到底属于市场行为，必须发挥市场在服务资源和要素配置中的决定性作用，减少政府对农业社会化服务市场主体的无效干预。如政策顶层设计不应过度宣传某一种服务方式，厚此薄彼，"一刀切"地对服务主体的服务方式进行干预。实际上，只要能使小农户获益，实现服务供需双方共赢的服务模式，都应积极加以鼓励与引导，促进农业社会化服务模式"百花齐放"。新时代要进一步发挥市场在服务资源和要素配置中的决定性作用，减少政府对农业社会化服务市场主体的干预，以"有效市场、有为政府"共同推进农业社会化服务产业的发展。

政府在农业社会化服务中的作用主要是提供制度保障和政策支持。农业社会化服务质量的好坏直接影响农业产出水平及生产经营者，特别是小农户的利益。所以迫切需要出台一套完整的农业社会化服务行业标准来约束、监督农业社会化服务主体的市场行为，保障农业社会化服务的规范性。中央和地方政府部门都还未形成全面系统的农业社会化服务行业标准。目前也有部分省份如山东和山西等，针对农业生产托管服务，探索形成了相应的服务规范与标准方面的文件。但整体上，中国的农业社会化服务行业标准还有待完善和系统化。农业农村、市场监管等政府部门应联合出台相关规章制度，通过制定行业准入准则和具体的服务标准规范，加强对农业社会化服务市场主体的监管，确保专业化规模化的服务能够在农业生产经营中发挥积极作用，切实维护小农户的利益。此外，政府还应着重在用地、金融保险、农业基础设施建设、农业领域基础科技研发等收益不明显，或者投资回报周期过长的农业社会服务领域加大投入，为农业社会化服务主体开展服务，尤其是涉及薄弱、重点环节及重要农作物的服务营造良好的制度环境、提供相应的政策和资金支持。

第三节　未来展望

目前中国农业生产经营中的很多农事活动都已经实现了外包。如农机作业、农业生产资料采购、农产品的储运销等环节，都从农业生产经营中分离了出来，通过规模化服务，实现了"统一经营"。但本书研究也表明，中国农业中仍有很多环节的操作无法从整个生产过程分离出来进行外包和"统一经营"。如灌溉、除草等田间日常管理环节都属于不易衡量和监督评价的农

事活动，适合农户"分散经营"。

实际上，在农业技术水平一定的前提条件下，对于农业生产经营中这些难以分离的操作或服务可以通过全程托管的方式来实现外包和分工协作。杜润生（2018）在1982年的文章中曾经指出，农业的经济收益集中在最终产品上，生产过程中每个劳动环节，都影响最终产品的质量、数量，但又不是凝结劳动价值的实体。所以通常来讲，农业社会化服务质量的效果也仅仅会体现在最终产出的质量和数量上，而各个环节单独的服务质量是无法得到有效评价的。在全程托管服务中，通过赋予农业社会化服务主体以剩余索取权，可起到监督服务质量的效果，由此帮助小农户省去单环节和多环节托管带来的监管"麻烦"，以及缓解很多生产环节因监管成本过高而无法或难以托管的现状。当然，全程托管服务要由农业社会化服务主体承担几乎所有的市场交易成本和组织内部交易成本。单个服务主体承担、统筹所有环节的服务无疑存在能力与资源的限制。因此，全程托管服务中一般会面临二次外包或者合作的需求，也即本书研究中提到的联盟、联合体、联合社等农业社会化服务模式。2018年《中共中央　国务院关于实施乡村振兴战略的意见》也强调提出："促进小农户和现代农业发展有机衔接。……，推进农业生产全程社会化服务，帮助小农户节本增效。发展多样化的联合与合作，提升小农户组织化程度……"总而言之，规模化的农业社会化服务是帮助中国广大小农户融入现代农业发展框架的必由之路，而联合与合作则是农业社会化服务实现规模化发展的必然选择。

参 考 文 献

柏拉图，2016. 理想国 [M]. 谢善元，译. 上海：上海译文出版社.

蔡键，刘文勇，2019. 农业社会化服务与机会主义行为：以农机手作业服务为例 [J]. 改革（3）：18-29.

蔡荣，蔡书凯，2014. 农业生产环节外包实证研究：基于安徽省水稻主产区的调查 [J]. 农业技术经济，（4）：34-42.

蔡荣，韩洪云，2011. 交易成本对农户垂直协作方式选择的影响 [J]. 财贸经济（7）：103-109.

常明杰，2020. 困境与进路：小农户生产向现代农业转型的衔接机制探索　新时代中国小农户的出路何在 [J]. 新疆社会科学（2）：36-44.

常倩，王士权，李秉龙，2016. 畜牧业纵向协作特征及其影响因素分析：来自内蒙古养羊户的经验证据 [J]. 中国农业大学学报（7）：152-160.

陈超，黄宏伟，2012a. 基于角色分化视角的稻农生产环节外包行为研究：来自江苏省三县（市）的调查 [J]. 经济问题（9）：87-92.

陈超，李寅秋，廖西元，2012b. 水稻生产环节外包的生产率效应分析：基于江苏省三县的面板数据 [J]. 中国农村经济（2）：86-96.

陈春明，马希燕，张洪金，2016. 循环经济下制造企业组织结构创新研究 [J]. 浙江学刊（4）：193-198.

陈宏伟，穆月英，2019. 农业生产性服务的农户增收效应研究：基于内生转换模型的实证 [J]. 农业现代化研究，40（3）：403-411.

陈江华，罗明忠，张雪丽，2016. 禀赋特征、外部环境与农业生产环节外包：基于水稻种植户的考察 [J]. 新疆农垦经济（11）：1-11.

陈文浩，谢琳，2015. 农业纵向分工：服务外包的影响因子测度　基于专家问卷的定量评估 [J]. 华中农业大学学报（社会科学版）（2）：17-24.

陈锡文，2017. 论农业供给侧结构性改革 [J]. 中国农业大学学报（社会科学版），34（2）：5-13.

陈昭玖，胡雯，2016a. 农地确权、交易装置与农户生产环节外包：基于"斯密-杨格"定理的分工演化逻辑 [J]. 农业经济问题（8）：16-24.

陈昭玖，胡雯，2016b. 农业规模经营的要素匹配：雇工经营抑或服务外包　基于赣粤两省农户问卷的实证分析 [J]. 学术研究（8）：93-100.

程国强，罗必良，郭晓明，2015. 农业共营制：我国农业经营体系的新突破 [J]. 红旗文稿（9）：19-21.

程莹莹，张开华，2015. 龙头企业创新农业社会化服务模式的探索与启示：以湖北省老农民高新农业科技有限公司为例 [J]. 农村经济（4）：116-119.

德鲁克，2009. 管理：使命、责任、实务 [M]. 王永贵，译. 北京：机械工业出版社.

德鲁克，2018. 管理的实践 [M]. 齐若兰，译. 北京：机械工业出版社.

董欢，2017. 水稻生产环节外包服务行为研究 [J]. 华南农业大学学报（社会科学版）（2）：91-101.

董志勇，李成明，2019. 新中国 70 年农业经营体制改革历程、基本经验与政策走向 [J]. 改革（10）：5-15.

杜润生，2018. 中国农村改革发展论集 [M]. 北京：中国言实出版社.

段利民，霍学喜，2013. 基于交易成本理论的农民专业合作社创新研究 [J]. 西北农林科技大学学报（社会科学版）（5）：63-71.

范红忠，周启良，2014. 农户土地种植面积与土地生产率的关系：基于中西部七县（市）农户的调查数据 [J]. 中国人口·资源与环境，24（12）：38-45.

冯蛟，张利国，樊潮，等，2019. 组织结构变革背景下赋能型员工管理模式构建 [J]. 中国人力资源开发，36（5）：157-169.

冯小，2018. 多元化农业经营背景下农业服务模式的创新与农业发展道路：基于三个典型案例的实证研究 [J]. 南京农业大学学报（社会科学版），18（3）：75-83.

甘碧群，程凯，2001. 网络型组织：知识经济时代的企业组织创新 [J]. 经济评论（2）：120-122.

高强，孔祥智，2013. 我国农业社会化服务体系演进轨迹与政策匹配：1978—2013 年 [J]. 改革（4）：5-18.

龚道广，2000. 农业社会化服务的一般理论及其对农户选择的应用分析 [J]. 中国农村观察（6）：25-34.

桂华，2017. 土地制度、合约选择与农业经营效率：全国 6 垦区 18 个农场经营方式的调查与启示 [J]. 政治经济学评论，8（4）：63-88.

桂华，刘洋，2017. 我国粮食作物规模化种植及其路径选择：江苏射阳"联耕联种"做法与启示 [J]. 南京农业大学学报（社会科学版），17（1）：100-107.

郭庆海，2018. 小农户：属性、类型、经营状态及其与现代农业衔接 [J]. 农业经济问题（6）：25-37.

果洪迟，1998. 现代企业管理新趋势 [J]. 北京商学院学报（2）：12-14.

韩洪云，吕秀滢，2012. 交易成本与农户销售渠道选择：基于浙江省仙居县杨梅种植户的调查 [J]. 经济经纬（2）：105-109.

韩纪琴，王凯，2008. 猪肉加工企业质量管理、垂直协作与企业营运绩效的实证分析 [J]. 中国农村经济（5）：33-43.

韩启民，2015. 城镇化背景下的家庭农业与乡土社会：对内蒙古赤峰市农业经营形式的案例研究 [J]. 社会（5）：122-141.

韩庆龄，2019. 小农户经营与农业社会化服务的衔接困境：以山东省 M 县土地托管为例 [J]. 南京农业大学学报（社会科学版），19（2）：20-27.

郝爱民，2011. 农业生产性服务业对农业的影响：基于省级面板数据的研究 [J]. 财贸经济（7）：97-102.

何秀荣，2016. 关于我国农业经营规模的思考［J］. 农业经济问题（9）：4-15.

何宇鹏，武舜臣，2019. 连接就是赋能：小农户与现代农业衔接的实践与思考［J］. 中国农村经济（6）：28-37.

贺雪峰，2017. 保护小农的农业现代化道路探索：兼论射阳的实践［J］. 思想战线，43（2）：101-111.

胡霞，彭建仿，2019. 三峡库区农业社会化服务转型升级：目标取向、现实模式和路径选择［J］. 农村经济（8）：103-110.

胡新艳，杨晓莹，吕佳，等，2016a. 服务外包与我国南方地区农业机械化发展：理论逻辑与经验分析［J］. 中国农业资源与区划（3）：162-168.

胡新艳，朱文珏，罗必良，2016b. 产权细分、分工深化与农业服务规模经营［J］. 天津社会科学（4）：93-98.

胡新艳，朱文珏，罗锦涛，2015. 农业规模经营方式创新：从土地逻辑到分工逻辑［J］. 江海学刊（2）：75-82.

胡宜挺，肖志敏，2014. 农户农业生产环节外包行为影响因素分析：基于内蒙古宁城县玉米种植户调研数据［J］. 广东农业科学（19）：226-231.

黄宗智，2015. 农业合作化路径选择的两大盲点：东亚农业合作化历史经验的启示［J］. 开放时代（5）：18-35.

黄宗智，2021. 农业内卷和官僚内卷：类型、概念、经验概括、运作机制［J］. 中国乡村研究（18）.

黄祖辉，陈欣欣，1998. 农户粮田规模经营效率：实证分析与若干结论［J］. 农业经济（11）：3-8.

黄祖辉，高钰玲，2012. 农民专业合作社服务功能的实现程度及其影响因素［J］. 中国农村经济（7）：4-16.

黄祖辉，张静，Kevin Chen，2008. 交易费用与农户契约选择：来自浙冀两省15县30个村梨农调查的经验证据［J］. 管理世界（9）：76-81.

纪华道，2014. 企业组织结构的变革演化及趋势［J］. 学术界（11）：91-97.

纪月清，王许沁，陆五一，等，2016. 农业劳动力特征、土地细碎化与农机社会化服务［J］. 农业现代化研究（5）：910-916.

冀名峰，2018. 农业生产性服务业：我国农业现代化历史上的第三次动能［J］. 农业经济问题（3）：9-15.

冀名峰，2019. 社会化服务是我国农业现代化决胜阶段的重要力量［N］. 农民日报，12-09（08）.

冀名峰，李琳，2020. 农业生产托管：农业服务规模经营的主要形式［J］. 农业经济问题（1）：68-75.

江波，吴秀敏，2008. 农产品供应链垂直协作方式的选择：基于资产专用性维度的分析［J］. 农村经济（3）：42-44.

江雪萍，2014. 农业分工：生产环节的可外包性 基于专家问卷的测度模型［J］. 南方

经济 (12)：96-104.

江雪萍，李大伟，2017. 农业生产环节外包驱动因素研究：来自广东省的问卷 [J]. 广东农业科学 (1)：176-182.

姜长云，2016. 关于发展农业生产性服务业的思考 [J]. 农业经济问题 (5)：8-15.

姜长云，2018. 促进小农户和现代农业发展有机衔接是篇大文章 [J]. 中国发展观察（增刊 1）：47-50.

姜长云，洪群联，邱灵，2015. 服务业大趋势 [M]. 杭州：浙江大学出版社：192.

解晓晴，刘汉民，齐宇，2018. 层级结构与网络结构的混合：复杂情境下的组织结构设计 [J]. 现代财经（天津财经大学学报），38 (5)：79-90.

克鲁格曼，韦尔斯，2019. 克鲁格曼经济学原理：第 4 版 [M]. 赵英军，译. 北京：中国人民大学出版社.

孔祥智，2015. 为农、务农、姓农：从山东实践看供销合作社改革的出发点和归宿点 [J]. 中国合作经济 (9)：4-7.

孔祥智，2016. 中国农村土地制度：形成、演变与完善 [J]. 中国特色社会主义研究 (4)：16-22.

孔祥智，2018a. 农民合作、土地托管与乡村振兴：山东省供销社综合改革再探索 [J]. 东岳论丛，39 (10)：18-24.

孔祥智，2018b. 中国农民合作经济组织的发展与创新：1978—2018 [J]. 南京农业大学学报（社会科学版），18 (6)：1-10.

孔祥智，楼栋，何安华，2012. 建立新型农业社会化服务体系：必要性、模式选择和对策建议 [J]. 教学与研究 (1)：39-46.

孔祥智，穆娜娜，2018a. 实现小农户与现代农业发展的有机衔接 [J]. 农村经济 (2)：1-7.

孔祥智，徐珍源，2010. 农业社会化服务供求研究：基于供给主体与需求强度的农户数据分析 [J]. 广西社会科学 (3)：120-125.

孔祥智，徐珍源，史冰清，2009. 当前我国农业社会化服务体系的现状、问题和对策研究 [J]. 江汉论坛 (5)：13-18.

孔祥智，钟真，等，2018b. 合作社的再合作：山东供销社综合改革与联合社发展研究 [M]. 北京：中国农业出版社.

孔祥智，周振，2017. 规模扩张、要素匹配与合作社演进 [J]. 东岳论丛 (1)：41-53.

李春海，2011. 新型农业社会化服务体系框架及其运行机理 [J]. 改革 (10)：79-84.

李春海，沈丽萍，2011. 农业社会化服务体系的主要模式、特点和启示 [J]. 改革与战略 (12)：99-102.

李方勇，2010. 西方企业组织理论百年演变和发展综述 [J]. 北京航空航天大学学报（社会科学版），23 (3)：55-58.

李谷成，2020. 新冠肺炎疫情对武汉农产品供应链的影响及对策 [J]. 华中农业大学学报（社会科学版）(3)：7-13.

李谷成，李烨阳，周晓时，2018. 农业机械化、劳动力转移与农民收入增长：孰因孰果？[J]. 中国农村经济 (11)：112-127.

李冠艺，徐从才，2016. 互联网时代的流通组织创新：基于演进趋势、结构优化和效率边界视角 [J]. 商业经济与管理 (1)：5-11.

李虹韦，钟涨宝，2020. 熟人服务：小农户农业生产性服务的优先选择 [J]. 西北农林科技大学学报（社会科学版），20 (1)：121-127.

李乾，芦千文，王玉斌，2018. 农村一二三产业融合发展与农民增收的互动机制研究 [J]. 经济体制改革 (4)：96-101.

李俏，张波，2011. 农业社会化服务需求的影响因素分析：基于陕西省 74 个村 214 户农户的抽样调查 [J]. 农村经济 (6)：83-87.

李荣耀，2015. 农户对农业社会化服务的需求优先序研究：基于 15 省微观调查数据的分析 [J]. 西北农林科技大学学报（社会科学版）(1)：86-94.

李颖慧，李敬，2019. 农业生产性服务供给渠道的有效性：农户收入和满意度视角 基于西南 4 省市问卷调查数据的实证分析 [J]. 西部论坛，29 (2)：53-63.

林坚，马彦丽，2006. 农业合作社和投资者所有企业的边界：基于交易费用和组织成本角度的分析 [J]. 农业经济问题 (3)：16-20.

林毅夫，1998. 深化市场改革是解决当前农民问题的关键 [J]. 经济研究 (11)：20-24.

林毅夫，2017. 新结构经济学、自生能力与新的理论见解 [J]. 武汉大学学报（哲学社会科学版），70 (6)：5-15.

刘芳，罗军，陈梓蓉，等，2015. 广东省油茶产业垂直协作方式分析：基于油茶种植户视角 [J]. 广东农业科学 (8)：182-187.

刘凤芹，2006. 农业土地规模经营的条件与效果研究：以东北农村为例 [J]. 管理世界 (9)：71-79.

刘国臻，陈红，2002. 农村双层经营体制运行中存在的问题与对策 [J]. 中山大学学报（社会科学版）(5)：107-112.

刘明，王瑞波，孙炜琳，2018. 农业生产性服务业对农业生产效率的影响研究：以山东省为例 [J]. 中国农业资源与区划，39 (5)：28-35.

刘强，杨万江，孟华兵，2017. 农业生产性服务对我国粮食生产成本效率的影响分析：以水稻产业为例 [J]. 农业现代化研究，38 (1)：8-14.

刘守英，王瑞民，2019. 农业工业化与服务规模化：理论与经验 [J]. 国际经济评论 (6)：9-23.

刘同山，孔祥智，2014. 精英行为、制度创新与农民合作社成长：黑龙江省克山县仁发农机合作社个案 [J]. 商业研究 (5)：73-79.

刘同山，孔祥智，2015. 协作失灵、精英行为与农民合作秩序的演进 [J]. 商业经济与管理 (10)：29-38.

刘卫柏，彭魏倬加，2016. "三权分置"背景下的土地信托流转模式分析：以湖南益阳沅江的实践为例 [J]. 经济地理 (8)：134-141.

刘颖娴，郭红东，2012. 资产专用性与中国农民专业合作社纵向一体化经营 [J]. 华南农业大学学报（社会科学版），11 (4)：47-56.

卢峰, 2007. 服务外包的经济学分析: 产品内分工视角 [M]. 北京: 北京大学出版社.

芦千文, 2019. 农业生产性服务业发展研究述评 [J]. 当代经济管理, 41 (3): 38-44.

芦千文, 姜长云, 2019. 日本发展农业生产托管服务的历程、特点与启示 [J]. 江淮论
坛 (1): 59-66.

罗必良, 2008. 论农业分工的有限性及其政策含义 [J]. 贵州社会科学 (1): 80-87.

罗必良, 2015. 农业共营制: 新型农业经营体系的探索与启示 [J]. 社会科学家 (5):
9-14.

罗必良, 2017. 论服务规模经营: 从纵向分工到横向分工及连片专业化 [J]. 中国农村
经济 (11): 2-16.

罗必良, 等, 2017. 农业家庭经营: 走向分工经济 [M]. 北京: 中国农业出版社.

罗必良, 万燕兰, 洪炜杰, 等, 2019. 土地细碎化、服务外包与农地撂荒: 基于 9 省区
2704 份农户问卷的实证分析 [J]. 经济纵横 (7): 63-73.

罗明忠, 邱海兰, 陈江华, 2019. 农业社会化服务的现实约束、路径与生成逻辑: 江西
绿能公司例证 [J]. 学术研究 (5): 79-87.

罗小锋, 向潇潇, 李容容, 2016. 种植大户最迫切需求的农业社会化服务是什么 [J].
农业技术经济 (5): 4-12.

马克思, 1975. 资本论: 第 1 卷 [M]. 北京: 人民出版社.

马歇尔, 2007. 经济学原理: 二 [M]. 刘生龙, 译. 北京: 中国社会科学出版社.

曼昆, 2009. 经济学原理: 第 5 版 [M]. 梁小民, 梁砾, 译. 北京: 北京大学出版社.

米勒, 2002. 管理困境: 科层的政治经济学 [M]. 上海: 上海人民出版社.

闵继胜, 孔祥智, 2017. 新型农业经营主体的模式创新与农业清洁生产: 基于黑龙江仁
发农机专业合作社的案例分析 [J]. 江海学刊 (4): 67-73.

穆娜娜, 孔祥智, 钟真, 2016. 农业社会化服务模式创新与农民增收的长效机制: 基于
多个案例的实证分析 [J]. 江海学刊 (1): 65-71.

潘璐, 2021. 村集体为基础的农业组织化: 小农户与现代农业有机衔接的一种路径 [J].
中国农村经济 (1): 112-124.

庞晓鹏, 1997. 中国农村民间合作服务组织研究 [D]. 北京: 中国人民大学农业与农村
发展学院.

彭建仿, 胡森森, 2019. 农业社会化服务供应链的商业模式创新 [J]. 华南农业大学学
报 (社会科学版), 18 (6): 1-11.

彭柳林, 池泽新, 付江凡, 等, 2019. 劳动力老龄化背景下农机作业服务与农业科技培
训对粮食生产的调节效应研究: 基于江西省的微观调查数据 [J]. 农业技术经济
(9): 91-104.

钱克明, 彭廷军, 2014. 我国农户粮食生产适度规模的经济学分析 [J]. 农业经济问题
(3): 4-7.

仇焕广, 刘乐, 李登旺, 等, 2017. 经营规模、地权稳定性与土地生产率: 基于全国 4
省地块层面调查数据的实证分析 [J]. 中国农村经济 (6): 30-43.

邱海兰, 唐超, 2019. 农业生产性服务能否促进农民收入增长 [J]. 广东财经大学学报,

34（5）：100-112.

屈冬玉，2017. 以信息化加快推进小农现代化［N］. 人民日报，06-05（07）.

阮文彪，2019. 小农户和现代农业发展有机衔接：经验证据、突出矛盾与路径选择［J］. 中国农村观察（1）：15-32.

萨伊，2014. 政治经济学概论［M］. 赵康英，等，译. 北京：华夏出版社.

申红芳，陈超，廖西元，等，2015. 稻农生产环节外包行为分析：基于 7 省 21 县的调查［J］. 中国农村经济（5）：44-57.

盛洪，2006. 分工与交易：一个一般理论及其对中国非专业化问题的应用分析［M］. 上海：上海人民出版社.

史冰清，钟真，2012. 农户参与不同产销组织的意愿及影响因素研究：基于鲁、宁、晋三省（区）调研数据的分析［J］. 中国农村经济（9）：13-25.

斯蒂格利茨，1997. 经济学：上册［M］. 北京：中国人民大学出版社.

斯密，2016. 国民财富的性质和原因的研究［M］. 贾拥民，译. 北京：中国人民大学出版社.

宋海英，姜长云，2015. 农户对农机社会化服务的选择研究：基于 8 省份小麦种植户的问卷调查［J］. 农业技术经济（9）：27-36.

宋金田，祁春节，2011. 交易成本对农户农产品销售方式选择的影响：基于对柑橘种植农户的调查［J］. 中国农村观察（5）：33-44.

孙顶强，卢宇桐，田旭，2016. 生产性服务对中国水稻生产技术效率的影响：基于吉、浙、湘、川 4 省微观调查数据的实证分析［J］. 中国农村经济（8）：70-81.

孙晓雅，陈娟娟，2016. 网络型组织结构如何有效推动知识管理：基于 IBM 的案例研究［J］. 图书馆学研究（2）：13-17.

孙新华，2017. 村社主导、农民组织化与农业服务规模化：基于土地托管和联耕联种实践的分析［J］. 南京农业大学报（社会科学版），17（6）：131-140.

孙耀君，1980. 当代国外的专业化协作［M］. 山西：山西人民出版社.

谈存峰，李双奎，陈强强，2010. 欠发达地区农业社会化服务的供给、需求及农户意愿：基于甘肃样本农户的调查分析［J］. 华南农业大学学报（社会科学版）（3）：1-8.

仝志辉，侯宏伟，2015. 农业社会化服务体系：对象选择与构建策略［J］. 改革（1）：132-139.

涂维亮，黎东升，2003. 农村双层经营体制的完善与创新探讨［J］. 农业经济问题（4）：52-56.

托尼，2014. 中国的土地与劳动［M］. 安佳，译. 北京：商务印书馆.

王爱群，夏英，2006. 合同关系与农业垂直一体化应用比较研究［J］. 农业经济问题（7）：38-41.

王方红，2008. 产业链视角下我国现代农业科技服务体系建设与完善的路径分析［J］. 科学管理研究，26（6）：98-101.

王方红，2010. 产业链视角下现代农业服务模式的构建与完善［J］. 科学管理研究，28（2）：97-101.

王凤彬，王骁鹏，张驰，2019. 超模块平台组织结构与客制化创业支持：基于海尔向平台组织转型的嵌入式案例研究 [J]. 管理世界，35（2）：121-150.

王桂霞，霍灵光，张越杰，2006. 我国肉牛养殖户纵向协作形式选择的影响因素分析 [J]. 农业经济问题（8）：54-58.

王国敏，罗静，2011. 农村集体经济：辩证审视、现实困境与必然出路 [J]. 探索（3）：156-160.

王建平，2018. 工业 4.0 战略驱动下企业平台生态圈构建与组织变革 [J]. 科技进步与对策，35（16）：91-96.

王建英，黄祖辉，陈志钢，等，2018. 水稻生产环节外包决策实证研究：基于江西省稻农水稻种植数据的研究 [J]. 浙江大学学报（人文社会科学版），48（2）：33-54.

王丽佳，霍学喜，2013. 合作社成员与非成员交易成本比较分析：以陕西苹果种植户为例 [J]. 中国农村观察（3）：54-64.

王图展，2017. 自生能力、外部支持与农民合作社服务功能 [J]. 农业经济问题，38（5）：14-27.

王图展，吕唯因，邢立良，2016. 农产品产业链纵向协作及合作社模式研究 [M]. 北京：中国农业出版社.

王西玉，等，1996. 中国农业服务模式 [M]. 北京：中国农业大学出版社.

王玉斌，李乾，2019a. 农业生产性服务、粮食增产与农民增收：基于 CHIP 数据的实证分析 [J]. 财经科学（3）：92-104.

王玉斌，李乾，2019b. 农业生产托管利益分配模式比较研究 [J]. 改革（8）：119-127.

王钊，刘晗，曹峥林，2015. 农业社会化服务需求分析：基于重庆市 191 户农户的样本调查 [J]. 农业技术经济（9）：17-26.

王志刚，申红芳，廖西元，2011. 农业规模经营：从生产环节外包开始　以水稻为例 [J]. 中国农村经济（9）：4-12.

威廉姆森，2016. 治理机制 [M]. 石烁，译. 北京：机械工业出版社.

魏修建，李思霖，2015. 我国生产性服务业与农业生产效率提升的关系研究：基于 DEA 和面板数据的实证分析 [J]. 经济经纬（3）：23-27.

温菊萍，2009. 农业经济组织模式的比较与选择：基于组织效率的视角 [J]. 北方经贸（8）：36-38.

武舜臣，曹丹丘，李乾，2019. 抉择中的土地流转与土地托管：优劣之分还是条件差异？[J]. 江苏大学学报（社会科学版），21（4）：58-66.

夏蓓，蒋乃华，2016. 种粮大户需要农业社会化服务吗？基于江苏省扬州地区 264 个样本农户的调查 [J]. 农业技术经济（8）：15-24.

徐家鹏，李崇光，2012. 蔬菜种植户产销环节紧密纵向协作参与意愿的影响因素分析 [J]. 中国农村观察（4）：2-13.

徐鹏杰，2017. 互联网时代下企业竞争范式的转变：从竞争优势到生态优势　以韩都衣舍为例 [J]. 中国人力资源开发（5）：104-109.

徐勤航，诸培新，曲福田，2019. 小农户对接农业生产现代化的制度创新解析：以山东省纯化镇土地托管为例［J］. 干旱区资源与环境，33（11）：77-82.

许庆，田士超，邵挺，等，2007. 土地细碎化与农民收入：来自中国的实证研究［J］. 农业技术经济（6）：67-72.

许庆，尹荣梁，章辉，2011. 规模经济、规模报酬与农业适度规模经营：基于我国粮食生产的实证研究［J］. 经济研究（3）：59-71.

薛建良，朱守银，2018. 转型中的"仁发农业经营模式"：压力与突破 基于克山县仁发现代农机专业合作社的分析［J］. 当代经济管理（2）：34-40.

杨彩艳，齐振宏，黄炜虹，等，2018. 农业社会化服务有利于农业生产效率的提高吗？基于三阶段 DEA 模型的实证分析［J］. 中国农业大学学报，23（11）：232-244.

杨丹，刘自敏，徐旭初，2016. 治理结构、要素投入与合作社服务绩效［J］. 财贸研究，27（2）：85-94.

杨汇泉，朱启臻，2010. 新中国成立 60 年来农业社会化服务体系组织建构回顾及研究述评［J］. 华南农业大学学报（社会科学版），9（1）：21-27.

杨慧莲，霍学喜，王征兵，2014. 农业服务模式创新研究：陕西"大荔模式"运行机制及创新价值评价［J］. 科学管理研究，32（6）：103-106.

杨万江，李琪，2018. 农户兼业、生产性服务与水稻种植面积决策：基于 11 省 1646 户农户的实证研究［J］. 中国农业大学学报（社会科学版），35（1）：100-109.

杨小凯，黄有光，1999. 专业化与经济组织［M］. 张玉纲，译. 北京：经济科学出版社.

杨子，饶芳萍，诸培新，2019. 农业社会化服务对土地规模经营的影响：基于农户土地转入视角的实证分析［J］. 中国农村经济（3）：82-95.

姚寿福，2012. 农地规模经营、专业化与农业绩效［J］. 农村经济（3）：28-31.

姚文，祁春节，2011. 交易成本对中国农户鲜茶叶交易中垂直协作模式选择意愿的影响：基于 9 省（区、市）29 县 1394 户农户调查数据的分析［J］. 中国农村观察（2）：52-66.

殷，2004. 案例研究：设计与方法 第 3 版［M］. 周海涛，李永贤，张蘅，译. 重庆：重庆大学出版社.

应瑞瑶，2006. 农民专业合作社的成长路径：以江苏省泰兴市七贤家禽产销合作社为例［J］. 中国农村经济（6）：18-23.

应瑞瑶，孙艳华，2007. 江苏省肉鸡行业垂直协作形式的调查与分析：从肉鸡养殖户角度［J］. 农业经济问题（7）：17-21.

应瑞瑶，王瑜，2009. 交易成本对养猪户垂直协作方式选择的影响：基于江苏省 542 户农户的调查数据［J］. 中国农村观察（2）：46-56.

应瑞瑶，徐斌，2014. 农户采纳农业社会化服务的示范效应分析：以病虫害统防统治为例［J］. 中国农村经济（8）：30-41.

于海龙，张振，2018. 土地托管的形成机制、适用条件与风险规避：山东例证［J］. 改革（4）：110-119.

展进涛，张燕媛，张忠军，2016. 土地细碎化是否阻碍了水稻生产性环节外包服务的发展？[J]. 南京农业大学学报（社会科学版）（2）：117-124.

张琛，黄斌，钟真，2020. 农业社会化服务半径的决定机制：来自四家农民合作社的证据 [J]. 改革（12）：121-131.

张昆，王海涛，王凯，2014. 垂直协作模式与农户生产绩效：基于交易成本与风险的视角 [J]. 江海学刊（4）：88-93.

张清津，王新志，2016. 中国农村专业化分工与农业经营组织体系的演变 [J]. 江西社会科学（2）：194-199.

张文宣，2020. 小农户生产现代化的理论分析与经验证实 [J]. 经济问题（9）：92-99.

张五常，1999. 交易费用的范式 [J]. 社会科学战线（1）：1-9.

张五常，2003a. 定义与量度的困难：交易费用的争议之三 [J]. IT 经理世界（18）：102.

张五常，2003b. 比率问题：交易费用的争议之四 [J]. IT 经理世界（19）：84.

张小宁，赵剑波，2015. 新工业革命背景下的平台战略与创新：海尔平台战略案例研究 [J]. 科学学与科学技术管理，36（3）：77-86.

张晓山，2017. 有关中国农民专业合作社未来发展的几个问题 [J]. 农村经营管理（10）：11.

张燕媛，张忠军，2016. 农户生产环节外包需求意愿与选择行为的偏差分析：基于江苏、江西两省水稻生产数据的实证 [J]. 华中农业大学学报（社会科学版）（2）：9-14.

张永强，田媛，2021. 社会化服务模式对农户技术效率的影响 [J]. 农业技术经济（6）：84-100.

张忠军，易中懿，2015. 农业生产性服务外包对水稻生产率的影响研究：基于 358 个农户的实证分析 [J]. 农业经济问题（10）：69-76.

赵晓峰，赵祥云，2018. 新型农业经营主体社会化服务能力建设与小农经济的发展前景 [J]. 农业经济问题（4）：99-107.

赵玉姝，焦源，高强，2013. 农技服务外包的作用机理及合约选择 [J]. 中国人口·资源与环境，23（3）：82-86.

周丹，杨晓玉，刘翌，2016. 农产品生产环节中农户外包行为分析 [J]. 西北农林科技大学学报（社会科学版）（3）：125-129.

周曙东，戴迎春，2005. 供应链框架下生猪养殖户垂直协作形式选择分析 [J]. 中国农村经济（6）：30-36.

周振，孔祥智，2015. 盈余分配方式对农民合作社经营绩效的影响：以黑龙江省克山县仁发农机合作社为例 [J]. 中国农村观察（5）：19-30.

周振，孔祥智，2017. 资产专用性、谈判实力与农业产业化组织利益分配：基于农民合作社的多案例研究 [J]. 中国软科学（7）：28-41.

周振，张琛，钟真，2019. "统分结合"的创新与农业适度规模经营：基于新田地种植专业合作社的案例分析 [J]. 农业经济问题（8）：49-58.

朱祖平，2006. 企业系统管理模式的探索 [J]. 福建论坛（人文社会科学版）（11）：

28-31.

庄丽娟，贺梅英，张杰，2011. 农业生产性服务需求意愿及影响因素分析：以广东省 450 户荔枝生产者的调查为例 [J]. 中国农村经济 (3)：70-78.

AHOUISSOUSSI N B C, 1995. A principal-agent model for regional pest control adoption [J]. Journal of agricultural and applied economics, 27 (1)：301-309.

ALBERS S, WOHLGEZOGEN F, ZAJAC E J, 2016. Strategic alliance structures：An organization design perspective [J]. Journal of management, 42 (3)：582-614.

ALLYN A Y, 1928. Increasing returns and economic progress [J]. The economic journal, 38 (152)：527-542.

ANDERSON E, 1985. The salesperson as outside agent or employee：A transaction cost analysis [J]. Marketing science (4)：234-254.

ANDERSON E, SCHMITTLEIN D, 1984. Integration of the sales force：An empirical examination [J]. Rand journal of economics (15)：385-395.

ANDREW W, 1999. The flute factory：An empirical measurement of the effect of the division of labor on productivity and production cost [J]. The American economist, 43 (1)：82-87.

AUBERT B A, RIVARD S, PATRY M, 1996. A transaction cost approach to outsourcing behavior：Some empirical evidence [J]. Information and management (30)：51-64.

BRYAN L B, JACK W W, 1982. The division of labor is limited by the extent of the market：A test of the hypothesis [J]. Eastern economic journal, 8 (4)：301-307.

CARNEY D, 1995. The changing public role in services to agriculture：A framework for analysis [J]. Food policy, 20 (6)：521-528.

CHILD J, 1972. Organizational structure, environment and performance：The role of strategic choice [J]. Sociology, 6 (1)：1-22.

CIBORRA C U, 1996. The platform organization：Recombining strategies, structures and surprises [J]. Organization science, 7 (2)：103-118.

COASE R H, 1937. The nature of the firm [J]. Economica (4)：386-405.

COOK M L, CHADDAD F, 2000. Agro-industrialization of the global agrifood economy：Bridging development economics and agribusiness research [J]. Agricultural economics (23)：207-218.

CSASZAR F A, 2013. An efficient frontier in organization design：Organizational structure as a determinant of exploration and exploitation [J]. Organization science, 24 (4)：1083-1101.

DAFT R L, 2012. Organizational theory and design [M]. Mason, OH：Cengage Learning.

DAVIS G F, COBB J A, 2010. Corporations and economic inequality around the world：The Paradox of Hierarchy [J]. Research in organizational behavior (30)：35-53.

DUNCAN R, 1980. What is the right organization structure? Decision tree analysis provides the answer [J]. Organizational dynamics, 7 (3)：59-80.

FRANK S D, HENDERSON D R, 1992. Transaction costs as determinants of vertical coordination in the U. S. food industries [J]. American journal of agricultural economics, 74 (4): 941-950.

GARUD R, KUMARASWAMY A, SAMBAMURTHY V, 2006. Emergent by design: Performance and transformation at infosys technologies [J]. Organization science, 17 (2): 277-286.

GARY S B, KEVIN M M, 1992. The division of labor, coordination costs, and knowledge [J]. The quarterly journal of economics, 107 (4): 1137-1160.

GAUDIOSE M, MARIJKE D' HAESE, STIJN S, 2013. Exploring double side-selling in cooperatives, case study of four coffee cooperatives in Rwanda [J]. Food policy (39): 72-83.

GILLESPIE J, NEHRING R, SANDRETTO C, et al., 2010. Forage outsourcing in the dairy sector: The extent of use and impact on farm profitability [J]. Agricultural and resource economics review, 39 (3): 399-414.

GROSSMAN S J, HART O D, 1986. The costs and benefits of ownership: A theory of vertical and lateral integration [J]. The journal of political economy, 94 (4): 691-719.

GUPTA U, GUPTA A, 1992. Outsourcing the IS function: Is it necessary for your organization? [J]. Information systems management, 9 (3): 44-50.

HAGE J, 1965. An axiomatic theory of organizations [J]. Administrative science quarterly, 10 (3): 289-320.

HART O, MOORE J, 1990. Property rights and the nature of the firm [J]. Journal of political economy, 98 (6): 1119-1158.

HELLIN J, LUNDY M, MEIJER M, 2009. Farmer organization, collective action and market access in Meso-America [J]. Food policy, 34 (1): 16-22.

HOBBS T E, 1996. Transaction costs and slaughter cattle procurement: Processors selection of supply chain [J]. Agribusiness, 12 (6): 509-523.

HOBBS T E, 1999. Increasing vertical linkages in agrifood supply chain: A conceptual model and some preliminary evidence [R]. Saskatoon, Canada: University of Saskatchewan.

HOWARD A S, PETER G K, 1995. Empirical research in transaction cost economics: A review and assessment [J]. Journal of law, economics, and organization, 11 (2): 335-361.

JAN B H, GEORGE J, 1990. Alliances in industrial purchasing: The determinants of joint action in buyer-supplier relationships [J]. Journal of marketing research (27): 24-36.

JOHN D M, 1967. Enterprise-operations and administration: Some notes on a systematic theory of organized endeavor [J]. Public administration review, 27 (5): 421-428.

JONES G R, 2013. Organizational theory, design, and change [M]. Edinburgh:

Pearson Education Limited.

JOSKOW P L, 2002. Transaction cost economics, antitrust rules and remedies [J]. Journal of law, economics and organization, 18 (1): 95-116.

KAKABADSE A, KAKABADSE N, 2000. Sourcing: New face to economies of scale and the emergence of new organizational Forms [J]. Knowledge and process management, 7 (2): 107-118.

KENNETH A R, 1998. Rural non-farm development: A trade-theoretic view [J]. Journal of international trade and economic development (4): 1-17.

KLEIN B, 2000. Fisher: General motors and the nature of the firm [J]. Journal of law and economics, 43 (1): 105-142.

KOGUT B, 1991. Joint ventures and the option to expand and acquire [J]. Management science, 37 (1): 19-33.

KOOL M, 1994. Buying behavior of farmers [D]. Wageningen, Netherlands: Wageningen Agricultural University.

LAIOS L, MOSCHURIS S, 1999. An empirical investigation of outsourcing decisions [J]. Journal of supply chain management, 35 (1): 33-41.

LEE J, KOZLENKOVA I V, PALMATIER R W, 2015. Structural marketing: Using organizational structure to achieve marketing objectives [J]. Journal of the academy of marketing science, 43 (1): 73-99.

LIN J Y, TAN G, 1999. Policy burdens, accountability and the soft budget constraint [J]. American economic review, 89 (5): 426-431.

MACDONALD J M, 1985. Market exchange or vertical integration: An empirical analysis [J]. Review of economics and statistics, 67 (2): 327-331.

MARTA F, JORGE R, MANUEL A E, 2009. Vertical integration in the wine industry: A transaction costs analysis on the Rioja DOCa [J]. Agribusiness, 25 (2): 231-250.

MARTINEZ S W, 2002. Vertical coordination of marketing systems: Lessons from the poultry, egg and pork industries [R]. USDA, Agricultural Economic Report No. 807.

MARVIN B L, 1991. Determinants of vertical integration: An empirical test [J]. The journal of industrial economics, 39 (5): 451-466.

MASAYO I, HENDRIKSEN A, HEIJMAN W, 2008. Agricultural outsourcing: A comparison between the Netherlands and Japan [J]. Applied studies in agribusiness and commerce (2): 1-2.

MIGHELL R L, JONES L A, 1963. Vertical coordination in agriculture [R]. USDA, Economic Research Service, Agricultural Economic Report No. 19.

MILLER D, DRöGE C, 1986. Psychological and traditional determinants of structure [J]. Administrative science quarterly, 31 (4): 539-560.

MINTZBERG H, 1983. Structures in fives [M]. Englewood cliffs, NJ: Prentice Hall.

NELSON P, 1970. Information and consumer behavior [J]. Journal of political economy, 78 (2): 311-329.

NORTH D C, 1984. Transaction costs, institutions, and economic history [J]. Journal of institutional and theoretical economics, 140 (1): 7-17.

ORTMANN G F, KING R P, 2007. Agricultural cooperatives I: History, theory and problems [J]. Agrekon, 46 (1): 18-46.

OSCAR F B, ALI Z B, TIM B, et al. , 2015. Servitization and competitive advantage: The importance of organizational structure and value chain position [J]. Research technology management, 58 (5): 53-60.

PETTIGREW A M, 1990. Longitudinal field research on change: Theory and practice [J]. Organization science, 1 (3): 267-292.

PICAZO T A, REIG M E, 2006. Outsourcing and efficiency: The case of Spanish citrus farming [J]. Agricultural economics, 35 (3): 213-222.

POOLE N D, Del C G F J, et al. , 1998. Formal contracts in fresh produce markets [J]. Food policy, 23 (2): 131-142.

RAGASA C, 2014. The role of rural producer organizations for agricultural service provision in fragile stares [J]. Agricultural economics, 45 (5): 537-553.

ROYER J S, 1999. Cooperative organizational strategies: A neo-institutional digest [J]. Journal of cooperatives (14): 44-67.

SCOTT E M, 1986. The economic institutions of capitalism: A review article [J]. Journal of institutional and theoretical economics, 142 (2): 445-451.

SHI H, YANG X, 1995. A new theory of industrialization [J]. Journal of comparative economics (20): 171-189.

SYKUTA M E, CHADDAD F R, 1999. Putting theories of the firm in their place: A supplemental digest of the new institutional economics [J]. Journal of cooperatives (14): 68-76.

TAN S, HEERINK N, QU F, 2006. Land fragmentation and its driving forces in China [J]. Land use policy (23): 272-285.

TIWANA A, BUSH A, 2007. A comparison of transaction cost, agency, and knowledge-based predictors of it outsourcing decisions: A U. S. Japan cross-cultural field study [J]. Journal of management information systems, 24 (1): 259-300.

VERNIMMEN T, WIM V, GUIDO V H, 2000. Transaction cost analysis of outsourcing farm administration by Belgian farmers [J]. European review of agricultural economics, 27 (3): 325-345.

WAIRIMU W W, CHRISTOPLOS I, HILHORST D, 2016. From crisis to development: The policy and practice of agricultural service provision in northern Uganda [J]. Agriculture and human values (33): 799-812.

WILLIAMSON O E, 1975. Markets and hierarchies: Analysis and antitrust implications [M].

New York: Free Press.

WILLIAMSON O E, 1979. Transaction-cost economics: The governance of contractual relations [J]. Journal of law and economics (22): 233-262.

WILLIAMSON O E, 1984. The economics of governance: Framework and implications [J]. Journal of institutional and theoretical economics, 140 (1): 195-223.

WILLIAMSON O E, 1985. The economic institutions of capitalism [M]. New York: Free Press.

WILLIAMSON O E, 1989. Transaction costs economics [M] // SCHMALENSEE R, WILLIG R. Handbook of industrial organization. Amsterdam: North Holland: 136-178.

WILLIAMSON O E, 1991. Comparative economic organization: The analysis of discrete structural alternatives [J]. Administrative science quarterly, 36 (2): 269-296.

WILLIAMSON O E, 2005. Transaction cost economics [M] // MÉNARD C, SHIRLEY M M. Handbook of new institutional economics Dordrecht, Netherlands: Springer.

YANG D, LIU Z M, 2012. Does farmer economic organization and agricultural specialization improve rural income? Evidence from China [J]. Economic modelling, 29 (3): 990-993.

ZHANG X, YANG J, THOMAS R, 2017. Mechanization outsourcing clusters and division of labor in Chinese agriculture [J]. China economic review (43): 184-195.